高级酒店服务与管理专业主干课系列教材

客房服务与管理

主　编：杨　华
副主编：彭树青
孙　雪
肖海燕

中国商业出版社

图书在版编目(CIP)数据

客房服务与管理/杨华主编．—北京：中国商业出版社，(2021.12 重印)

ISBN 7－5044－5147－9

Ⅰ．客…　Ⅱ．杨…　Ⅲ．①饭店－商业服务②饭店－商业管理　Ⅳ．F719.2

中国版本图书馆 CIP 数据核字(2004)第 100266 号

责任编辑：刘洪涛

中国商业出版社出版发行

010－63180647　www.c－chook.com

（100053　北京广安门内报国寺 1 号）

全国新华书店经销

北京军迪印刷有限责任公司印刷

*

787 毫米×1092 毫米　16 开　17 印张　270 千字

2019 年 2 月第 2 版　2021 年 12 月第 2 次印刷

定价：45.00 元

*　*　*　*

（如有印装质量问题可更换）

编 写 说 明

科学化是21世纪高级酒店服务与管理的主流，科学化要求各类酒店企业拥有一批掌握高新技术和具备高级管理能力的酒店类专业人才。为促进和推动酒店业服务与管理，适应酒店专业教学发展需要，我们受全国职业培训教学工作指导委员会商贸专业委员会的委托，组织编写了这套高级酒店服务与管理专业系列教材，计12本，分别由中国商业出版社和中国物资出版社出版。

本系列教材根据部颁教学计划的要求，将重点放在学科体系、内容体系、结构体系创新上，既有简明易懂的理论知识，又侧重了强化知识应用和可操作性，具有一定的科学性，新颖性、实用性和示范性。本教材既是中、高职业院校教材，也可供酒店职业培训学生选用。

本书编写过程中，参阅大量的专著，在此对被参考和借鉴的书刊、资料的作者深表谢意。本书由山东省城市服务技术学院杨华老师主编、广西桂林烹饪旅游高级技术学校彭树青老师、湖南省商业职业技术学院肖海燕老师任副主编。参加编写人员有山东省城市服务技术学院于宗晓老师（第一章）、杨华（第七章）、张会静（第八章、附录）、湖南省商业职业技术学院肖海燕老师（第二章）、山东省聊城市商业技工学校孙雪老师（第五章）、广西桂林烹饪旅游高级技术学校彭树青老师（第三章）、济南技术学院商贸分院何静老师（第四章、第六章），全书由杨华老师总纂。

本书编写过程中得到了全国职业教育教学指导委员会康书民副主任和桂林烹饪旅游高级技术学校、山东省城市服务技术学院、湖南省商业职业技术学院（株洲）、济南技术学院商贸分院等院校领导的热情帮助和大力支持，同时得到北京科丰华文化发展有限公司的大力协助，在此一并致谢！

由于编写时间仓促，本书疏漏之处在所难免，我们企盼在今后的教学的实践中，能有所改进和提高，恳请读者不吝赐教，以便进一步修订，使之日臻完善。

高级酒店服务与管理专业教材编委会

2021年12月

目　录

第一章 客房部概述

● **学习提要**

一、客房部的地位、作用与工作任务。

二、客房部的商品及特点。

三、客房部的组织结构及各机构的职能。

四、客房部的主要工作岗位职责。

五、客房部与其他部门的业务关系。

● **学习目标**

通过对本章的学习，使学生能够陈述客房部的地位、作用、业务特点和基本要求，了解客房部的组织结构及主要岗位职责，能够描述客房部与饭店其他部门的关系。

客房是饭店的基本设施，客房部肩负着为客人提供清洁、环保、美观、舒适、安全，营造绿色的住宿环境，为其他部门提供一系列服务的重任。客房部因其所承担的工作而成为饭店的最基本的直接为宾客服务的职能部门。

第一节 客房部的地位、作用与工作任务

一、客房部的地位和作用

客房部又称房务部或管家部，它是饭店的重要职能部门，负责管理客房事务。它负责饭店所有客房及公共区域的清洁和保养，客房物品的配备和供应，并提供多样的服务。客房又是饭店收入的主要来源，而客房所有服务工作又是这种来源的基础，因而客房部是饭店最最重要的部门之一，其地位和作用主要表现在以下三个方面：

1. 客房收入是饭店经济收入的重要来源。

客房是饭店出售的最主要产品。在国内，客房收入一般要占饭店收入的40% ~ 60%，在欧美，该比例还要高一些。从我国的档次结构来看，高档次饭店中，客房的收入也占40%以上，而经济型饭店的经营主要以客房为主，客房收入所占的比例达到70%以上。客房出租率是饭店追求的主要指标，它是饭店经济效益的尺度。在饭店中，客房商品成本低，但创利率高，虽然初建的投资大，但耐用性强，其经营费用要远

低于其他部门，客房经过服务任意的清洁整理，可以重复销售，获取收入。同时，客人住店后，还要用餐、购物、娱乐等，所以提高客房的利用率不仅会增加客房的经济收入，还可以带动饭店其他部门的经济收入，提高整个饭店的经济效益。

2. 客房服务质量是衡量饭店服务质量的主要标志。

客房是旅游者在旅途中的"家"，是客人在饭店中逗留时间最长的地方，因此，客房服务工作是体现饭店服务水准的一个重要窗口，那么，客房是否洁净、舒适、无污染，按绿色要求进行装饰，布置是否美观宜人，房内的设施、物品是否完好齐全，服务态度是否热情周到等，对客人都有直接影响，客房服务质量水平是客人评价饭店服务质量的主要标志之一，客房部的服务水平直接反映出整个饭店的服务质量管理水平，对饭店的等级、声誉与形象起着举足轻重的作用。为此，科罗拉多温泉、布罗德穆尔饭店的董事长兼总经理卡尔·埃托尔指出："饭店高水平的标志是高质量的客房管理"。

3. 客房部的服务与管理直接影响整个饭店的运行和管理。

客房部负责整个饭店环境、设施的维护和保养，为饭店全体员工保管、修补、发放制服，为餐饮部提供各类布件。这样客房部就为饭店其他部门的正常运转创造了良好的环境和物质条件。从建筑面积来看，客房面积一般要占饭店面积的70%左右，在全体员工总数中客房系统所需的管理人员和服务人员也占了很大的比例。因此，客房部的管理直接与饭店的全局管理有关，客房部是影响整个饭店管理的管家部门之一。

二、客房部的工作任务

作为饭店的基本职能部门，客房部肩负着如下的工作重任：

1. 保证客房及其楼层、公共区域的清洁，符合21世纪绿色客房要求，使饭店保持其水准。

清洁卫生是客房商品使用价值和客房优质服务的重要标志。客人重视客房的设施设备、环境卫生清洁，这是一种普遍的正常的基本要求，也是客房部符合专业化管理不可缺少的一个重要组成部分。美国饭店基金会于1985年、1989年和1994年，对美国旅游市场上经常出门的旅游者的喜好进行调查表明，大多数人把清洁和价格放在首位，因此，高标准的清洁工作，不仅是对规格较高的旅游涉外饭店的要求，而且也是对所有饭店的基本要求。客房部担负着饭店绝大部分区域的清洁卫生工作，为客人提供一个舒适、干净、优雅的居住条件，是客房部的主要任务。

2. 为住店客人提供一系列的服务，使其在逗留期间更觉方便和满意。

饭店不仅是客人旅行中下榻的场所，而且也是客人出门在外的"家"。客房部为客人提供的各种服务，就是要使客人有一种在家的感觉。客房部为客人提供的服务有迎送服务、洗衣服务、房内小酒吧服务、托婴服务、擦鞋服务、夜床服务等。这些服务不仅是客人的需求，而且国家旅游局对星级饭店客房部提供的服务标准中也有明确的要求。

客房部管理人员的工作是按国家星级评定标准的要求，根据本饭店目标客源市场的特点，提供相应的服务，并不断根据客人需求的变化改进自己的服务，从而为客人创造一个良好的、无污染的、绿色的环境，使客人各种需求得到满足。

(1)不断改善人、财、物的管理，以提高效率，增收节支。随着饭店规模的不断扩大和竞争的日益加剧，对客房部人、财、物的管理，已形成了一项非常重要的工作。由于客房部是饭店人员最多的部门之一，对其人员的费用及物品消耗的控制成功与否，已关系到饭店能否盈利。客房管理者的职责也从单一的清洁质量管理，扩展到定岗定编、参与招聘与培训、制定工作程序、选择设备和用品、对费用进行控制等，从而降低客房各项费用，保证客房正常运转。

(2)保障客人的安宁环境。客房安全保卫工作是十分重要的，它直接涉及到客人的生命和财产安全，关系到饭店的声誉。因此做好饭店的安全保卫工作，为客人提供一个安宁的环境，是客房部工作任务的一个重要方面。

(3)为其他部门提供一系列的服务，保证饭店整个工作的顺利进行饭店是个整体，需要各部门的通力合作才能正常运转。在为其他部门服务方面，客房部扮演着重要角色，它为其他部门提供工作场所的清洁与保养，布件和洗涤，保管和缝补，制服的制作、洗涤与更新以及花木、场景的布置。以上这些服务水准的高低，直接影响饭店的服务质量，反映饭店的管理水平，所以客房部把为其他部门提供一系列服务作为重要工作之一。

第二节　客房部的商品及特点

饭店是为宾客提供住宿、餐饮服务的场所，随着经济社会的不断发展，旅游业作为朝阳产业发展迅猛，给现代饭店带来了生机，但满足客人的住宿要求，仍是饭店最基本、最重要的功能。因此，客房这一特殊商品成了饭店不可缺少的基本设施，客房部成为最容易显示饭店服务水平和经营管理水平的一个重要部门。

一、客房商品

(一)客房商品概念

客房是饭店的主体部门，是饭店向客人提供住宿、休息、工作和进行社交活动的基本设施，是以出租和劳务获得经济收入的特殊商品。

客房商品必须符合一定的标准要求，才能具备了与客人进行商品交换的基本条件，客人才能得到最低限度的满足，客房商品价值才能实现。客房作为商品出售，应有四个方面的基本要求。

1. 客房空间

客房必须具备一定的空间。不同类型和不同档次的客房，其空间面积差别较大。按国际标准，中低档饭店每个标准间为25平方米；中档偏上的等级饭店，每个标准间建筑面积为36平方米；豪华饭店，每个标准间建筑面积为48平方米。我国旅游涉外饭店星级标准规定：标准间客房净面积(不含卫生间)不能小于12平方米，卫生间面积不能小于4平方米;标准间的高度不能低于2.7米。

2. 客房的设备

客房设备是满足客人在客房中生活需要的物质基础，又是提高客房对客服务，达到饭店质量标准的重要依托。客房设备要达到应有的规格和质量要求，保证运转正常。设备有了故障，如家具损坏、马桶漏水、电视无法使用等，要及时修理，使客房处于完好的状态。

3. 客房供应物品

客房供应物品是指满足客人消费要求的各种消耗物品。饭店等级不同，客房种类不同，客房供应物品是有差别的，要根据饭店的等级、规格进行配备摆设。否则影响客人的生活起居，客房商品就无法实现。

4. 绿色客房

绿色、整洁的客房是其使用价值的重要标志，无论何种档次的饭店，客房的卫生标准不能降低。一家饭店的客房是否整洁，环保、无污染已成为中、外客人选择住宿的首要条件。

（二）客房商品的特点

正确认识客房商品的特点，对搞好客房服务、加强客房管理有着重要意义。客房是饭店出售的特殊商品，其特点主要表现在以下几个方面：

1. 所有权的相对稳定性

客房是以出租和提高劳务来获得经济收入的商品，这是客房商品最突出的特点。客房商品与一般商品不同，一般商品随着买卖双方商品交换实现，所有权即发生转让，商品完成了自己的历史使命，即退出流通领域。客房商品却不同，饭店将客房出租给客人，它并不出卖所有权，客人付出房租买到的仅仅是房间暂时的使用权和居住权。商品交换不发生实物转移，房间的所有权仍然归饭店，因此，客房商品的所有权是相对稳定的。

2. 生存因素、享受因素和发展因素的共存性

现代饭店的客房商品是一种高级消费品，它具有同时满足客人绿色、生存、享受和发展需求的功能。客人到异国他乡进行商务贸易或旅游参观，客房是客人外出期间的栖身之地，这是生存的最基本条件。客人住宿期间，客房设施清洁、舒适、安全，服务主动、热情、周到，这对客人是一种物质和精神上的享受。客人在客房进行业务洽谈、学术交流、访朋会友活动，客房又是发展才能必不可少的条件，同时又指出，客房享受因素和发展因素先于生存因素是现代饭店发展的必要结果，是旅游饭店客房的特殊性所在。

3. 客房商品的不可贮藏性

一般商品的价值具有贮藏性，一时卖不出去，可以贮存起来以后再销售。客房商品则不同，只有当客人住进饭店，客房商品的价值才能实现。如果某间客房当天出租不出去，绝对不能贮存起来，凡是未出租的客房，那一天的客房商品的价值就无法实现。因此饭店业的行家将客房比喻为易坏性最大的商品，是只有24小时寿命的商品。某些饭店在经营时，有时甚至以低于成本的价格销售客房，而不愿意让客房闲置，就是由客房商品价值不可贮存性所决定的。

二、客房设施及设计的发展趋势

（一）尽可能为客人提供宽敞的活动空间

随着工作和生活节奏的加快，越来越多的客人希望各方的空间更加宽敞，为满足客人的这种需求，大多数饭店现在开始改变房间的结构，例如:传统的客房走道设计把衣橱放在卫生间的对面，如果将衣橱设计到卫生间一侧，衣橱、走廊及卫生间的空间安排则会更灵活。

套房采用通间的形式，可扩大视觉空间，增加客房的装潢效果，有的酒店通过改变家具式样，扩大客房的活动空间，比如:采用可组合的家具、挂墙家具、家具玻璃化等。

（二）客房内设施更趋完善

消防越来越被人们所重视，国家有关部门在该方面的法规将越来越严格，客房普遍使用烟感、喷淋装置，使其安全性大大提高。

通信条件逐步改善，宽带正逐步进入客房，部份饭店还在客房内配置电脑，一些厂商也开发出专为饭店服务的集电视、电脑功能为一体的新型电视，并已在一些饭店投入使用。

（三）卫生间更舒适和方便

卫生间内环境更加轻松，环保用品使用较多，有的酒店淋浴逐步代替了浴缸，并且在酒店的浴室的卫生间内配备化妆镜、吹风机和小电视。

（四）绿色客房逐步代替了传统意义上的客房

21 世纪的社会将会更加重视对环境的保护，服务业更是注重绿色服务。绿色并非单指颜色，而主要指人类生存的环境，通过有效的保护，达到生态环境保护标准，对绿色饭店指那些对旅客提供的产品与服务，符合充分利用资源保护生态环境和对人体无害要求的饭店。绿色客房要求建筑使用绿色材料提供绿色用品及绿色服务。

绿色客房正逐步代替传统意义上的客房而成为酒店的一个新的服务产品。

第三节　客房部的组织机构与各机构的职能

一、客房部的机构形态

建立科学的组织结构，是保证客房部顺利开展各项工作，确保部门正常、高效运转的基本条件。客房部的组织机构应根据各饭店的实际而设计，并随着情况的改变而调整。

图 1－1 是某大型饭店的客房部组织机构，体现了某大型饭店客房部的许多共性。大中型饭店客房部一般分为楼层、公共区域和洗衣房三部分，有的饭店将客房中心和棉织品房单列，从而分五个部分。

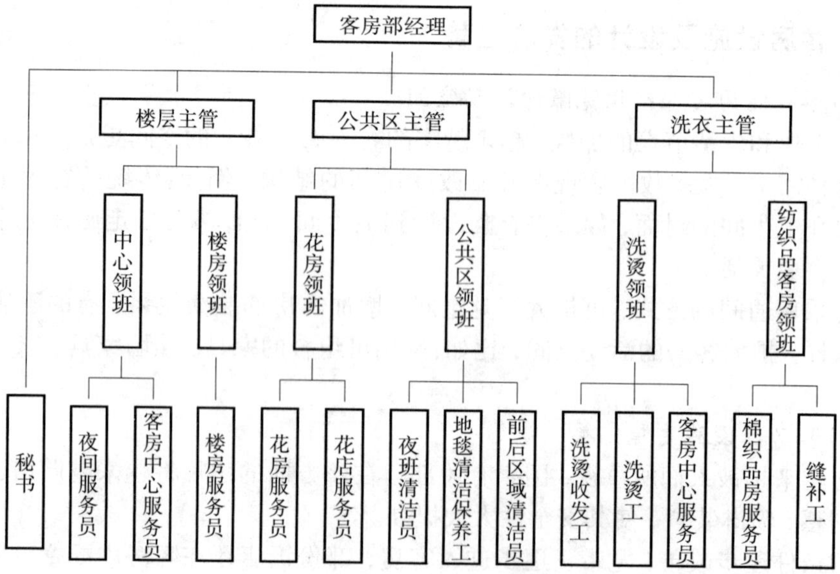

图 1－1　大型饭店客房组织机构

图 1－2 是某小型饭店客房部组织机构，该饭店的客房部隶属于房务部。相当一些小型饭店不设洗衣房和房务中心，饭店的棉织品和制服洗涤由社会上的专业公司承担。客房中心的对客房务电话的接听，由总服务台承担，中心的其他工作职责则由客房部经理根据部门的情况安排给其他岗位。

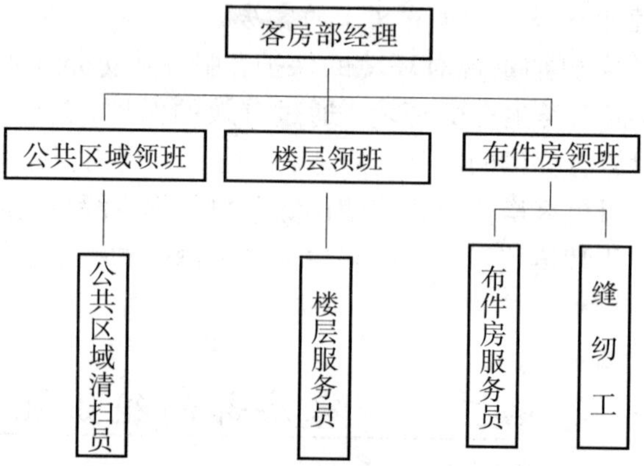

图 1－2　小型饭店客房部组织机构图

组织机构图反映饭店部门内部各岗位的基本职责，在设计组织机构时，要着重考虑以下几个问题。

1. 客房部的清洁范围

国际上大多数饭店，把厨房以外的所有区域的清洁工作都划归客房部。这些区域包括前台和后台的公共场所、各行政办公室、库房等区域。

2. 选择服务模式

客房服务通常有两种模式，一种是客房中心，另一种是楼层值台服务。前者注重用工效率和统一调控，后者突出面对面服务。从饭店业的现状和发展来看，将会有越来越多的饭店采用客房中心的服务模式。

3. 楼层服务与清扫岗位的分与合

将两个岗位合并是饭店业的发展趋势。

4. 确定洗衣房与棉织品房的关系

首先,应当考虑饭店的规模。一般来说,饭店规模越大,将洗衣房与棉织品房分开的可能性越大;其次,要看洗衣房负责人的经历与管理能力,服务意识强,棉织品房归其统一管理的可能性就大。

5. 洗衣房的归属

大部分的洗衣房归客房部管理,但随着饭店业的发展,也可根据情况使其从客房部分离出去,成为一个独立部门。

二、客房部下属各机构的职能

为更详尽地介绍客房部各分支机构的功能,现按客房中心及棉织品房单列的情况,将客房部的下属机构分为五个部分。

(一)客房中心

客房中心一般位于客房部办公室区域,它的基本功能是:

1. 传递信息

客房中心是客房部部门内部及与其他部门交流信息的中心,同时,也是对客服务的中心,所有有关的对客服务及管理信息都汇集于此。中心承担着大量的信息传递工作。

2. 协调工作

客房中心通常代表客房部经理协调部门内部的工作,并与相关部门联络,协调各方面工作。

3. 控制出勤

客房部所有员工均在客房服务中心签到、签离,中心负责对该工作的监督,并对出勤情况进行统计和整理。

4. 管理钥匙

客房部所有钥匙的发放、收回及保管均由客房中心负责。

5. 管理遗留物品

饭店所有区域内的遗留物品通常归客房部管理。

6. 管理资料

客房部的大部分资料由客房中心服务员整理归档。

(二)客房楼层

客房通常是饭店最主要产品,客房楼层部分也自然成为客房部组织机构中的主体。其职能包括:

1. 为前厅部及时提供符合饭店标准的客房。

2. 为宾客提供礼貌、周到的服务。

3. 管理楼层区域的设施、设备。

(三)公共区域

公共区域通常被称为PA组,在一些饭店也被称为厅堂组。其职能包括:

1. 负责除楼与厨房以外所有区域的清洁与保养。

2. 负责楼层的地毯及软面家具的定期清洁和保养。

3. 为全店提供绿色植物及花卉的布置，负责庭院绿化。

4. 为宾客提供公用卫生间的服务。

在一些饭店,公共区域还负责客房及其它部门、家具的搬运及布置。

(四)棉织品房

棉织品房，通常被称为布件房或布草房。其职能包括：

1. 负责全饭店棉织品及制服的收发保管和修补。

2. 负责全饭店棉织品的定期盘点，并负责棉织品与制服的补充。定期的盘点和定期的补充，可以确保棉织品及制服达到饭店定额标准;满足各部门的营运要求。

3. 负责棉织品的报废工作。对于报废的棉织品，可以根据情况进行改制，以充分利用其残值。

(五)洗衣场

洗衣场也称洗衣房，其职能为：

1. 负责全饭店棉织品及制服的洗涤。

2. 为住店客人提供洗衣服务。

此外，洗衣场在有条件的情况下，还可为社会提供棉织品洗涤及洗衣服务。

第四节　客房部的主要工作岗位职责

工作岗位职责对部门各岗位职责范围进行了明确划分，对组织关系、岗位职责进行了具体的说明，它使客房部各岗位员工明确自己在组织中的位置、工作范围、工作职责和权限。岗位职责是部门对岗位员工进行评估的依据，也是部门招聘员工的参照标准。部门在员工应聘时就应让其了解岗位的主要职责，以使其在被聘用后能适应岗位的要求。

图1－1是大型饭店的客房部组织机构，现参照该组织机构，详细介绍客房部经理的职责，有选择地简要介绍其它主要岗位的基本职责。

一、客房部经理的岗位职责

1. 岗位名称:客房部经理。

2. 直接上司:总经理、副总经理。

3. 管理对象:楼层主管、洗衣场主管、公共区域主管及员工。

4. 职责提要:全面负责客房部的经营管理，制定并监督实施本部门的工作计划，确保实现客房部的经营目标，达到饭店质量标准，为住店客人提供符合标准的客房服务及清洁、美观、舒适、安全的住宿环境。

5. 具体职责：

(1)根据饭店的总体目标，制定客房部年度工作计划并负责实施。

(2)负责制定本部门的各岗位职责、工作程序、规章制度；设计运转表格；定期评估客房部组织机构，并提出相应的修改方案。

(3)参与本部门员工的招聘，负责本部门员工的培训、评估与激励。

(4)看望病客，定期拜访常住客人，处理宾客投诉，了解、分析宾客对客房设施和服务方面的需求及投诉等，并采取相应的措施。

(5)合理安排使用人力，并根据客情变化，及时做好调整，在确保服务质量的前提下，努力降低人力成本。

(6)巡视检查并督导下属工作。

(7)负责客房部的安全工作，保证宾客和员工的人身及财产安全。

(8)与其他部门建立良好的合作关系。

(9)负责本部门管理物资的管理与控制。在不降低服务标准的前提下，努力控制客房部的成本。

(10)研究客房的装修布置、清洁器具及清洁剂的使用，根据饭店的具体情况提出改进建议。

(11)学习先进的管理方法，不断提高经营管理水平。

(12)完成上级布置的其他各项工作。

6. 任职条件

(1)有强烈的事业心、责任感与协作精神，工作细致、踏实，顾全大局。

(2)熟悉客房、公共区域和洗衣场的经营管理，掌握各种客房装饰布置、清洁保养、对客服务及安全、消防常识，具有一定的财务管理、市场营销、人事管理、旅游心理学及公共关系等方面的知识。

(3)具有较强的计划、组织、指挥、督导和协调能力，能较好的处理人际关系；有较强的口头及书面表达能力，熟悉一门外语，能够阅读本专业的外文资料，并能进行日常会话。

(4)具有大专以上学历或同等文化程度，有一定的工作经验(如从事客房部管理工作至少三年或从事饭店管理工作至少四年)。

(5)身体健康，精力充沛，仪表端庄。

7. 权力

(1)对本部门员工有工作调配和奖惩权。

(2)对本部门员工的聘用、晋升、辞退有建议权。

(3)对本部门物资申购计划有审批权。

二、楼层主管的岗位职责

楼层主管应协助客房部经理进行楼层及客房中心的日常管理，监督实施各项服务程序和规章制度，确保为住店客人提供符合标准的客房服务及清洁、美观、舒适、安全的住宿环境。具体职责如下：

1. 制定客房及楼层区域的定期清洁计划、并组织实施。

2. 抽查房间(不少于30间/天)的清洁质量。

3. 检查所有贵宾房，落实贵宾接待程序。

4. 主持每日内部晨会，根据客情变化，及时做好人员、物资方面的调整。
5. 巡视检查并督导下属的工作，负责下属的排班与考评。
6. 协助客房部经理制定下属的培训计划并负责实施。
7. 负责楼层安全工作。
8. 处理客人投诉及其他突发事件。
9. 负责楼层物资的管理与控制。

三、楼层领班的岗位职责

楼层领班的主要职责是检查、督导下属的工作，确保为宾客提供清洁、舒适、安全、高效的客房服务，使楼层各项工作均符合标准。具体职责包括：

1. 检查下属的仪表仪容与行为规范。
2. 督导下属按规定的标准和工作程序提供各项客房服务。
3. 检查客房、楼层、公共区域的清扫质量。
4. 掌握楼层的住客状况，及时收取房况表，送交客房中心。
5. 督导、检查客房的卫生工作。
6. 督导下属管理好楼层物资。
7. 巡视检查所有负责楼层的工作状况。
8. 接受并处理一般性的宾客投诉。
9. 负责下属的培训，并参与考核下属的工作。
10. 及时收拾客房小酒吧的消费账单，送交总台(供结账使用)及客房服务中心。

四、楼层服务员的岗位职责

楼层服务员的主要职责是负责客房和楼层公共区域的清洁保养及对客服务；为住客提供清洁、舒适、安全、美观的住宿环境。具体职责包括：

1. 为住店宾客提供冷热水供应、擦鞋、物品租借、房客接待等各项服务；并为贵宾、伤残客人和患病客人提供有针对性的服务。
2. 负责客房及楼层公共区域的清洁保养，承担楼层卫生工作。
3. 掌握楼层住客状况，填写房况表。
4. 负责客人结账时房间的检查工作。
5. 做好客人进店前的准备工作，根据要求布置贵宾房和有特殊要求的客房。
6. 根据总台通知，提供加床服务。
7. 负责杯具的更换，清洗和消毒工作。
8. 为住客提供客房小整理及夜床服务。
9. 负责与洗衣场的棉织品交换工作，协助完成客衣的收送工作。
10. 管理工作钥匙及楼层物资，合理控制客用消耗品、租借用品及清洁用品等；承担工作车及工作间的清洁、整理工作。
11. 负责本楼层客房小酒吧的存放、补充与调换。
12. 协助安全部做好楼层的安全工作。

五、客房中心服务员的岗位职责

客房中心服务员的主要任务是接听客人电话，及时反馈来自客人的服务要求，并督促及时满足客人要求，确保为客人提供高效率的客房服务；准确、迅速传递部门间及部门内部的各种信息，为部门正常运转创造良好的条件。具体职责包括：

1. 接听电话并做记录，将客人的要求或进店、离店、结账等信息准确、迅速的通知到相应人员。

2. 负责保存、发放、收取客房部的工作钥匙。

3. 核对房况。

4. 整理、传递通知、报告客情资料。

5. 熟悉客情，熟记当日进店、离店团队及贵宾的抵离时间、接待要求和规格，并督促有关人员提前准备。

6. 将客房维修要求通知工程部值班室，并做好当日客房维修统计工作。

7. 接受、登记、保管饭店范围内的遗留物品。

8. 负责客房部员工的考勤记录。

六、公共区域主管的岗位职责

公共区域主管的主要职责是协助各部门经理进行公共区域和花房的日常管理工作，确保为客人提供符合标准的清洁、美观、舒适、安全的公共环境。具体职责包括：

1. 制定公共区域清洁保养计划和花卉等植物的保护方案，并负责实施。

2. 巡视检查和督导下属按制度、标准和程序工作。

3. 负责下属的排班及考核工作。

4. 根据需要，做好人员、物质等方面的调整。在不降低标准的前提下，努力控制成本开支。

5. 制定对下属的培训计划并负责实施。

6. 负责清洁用品及鲜花的申购，确保物质的正常供应。

7. 负责所辖范围的清洁剂、清洁器具及插花用具等物质管理与控制工作。

8. 负责公共区域的虫害防治工作。

9. 负责按饭店规定的标准安排鲜花、绿色植物的装饰、布置工作。

10. 了解先进的清洁技术及质量好的清洁产品，不断提高清洁保养质量。

七、洗衣场主管的岗位职责

洗衣场主管的主要职责是负责洗衣场的日常管理工作，确保为宾客提高优质的客衣服务，为其他部门和员工提供符合饭店要求的棉织品和制服服务。具体职责包括：

1. 协助客房部经理制定洗衣场的岗位职责、工作程序、规章制度，设计运转表格。

2. 督导下属按程序进行操作，负责下属的排班、考评。

3. 负责机器设备的日常使用及维修保养管理工作，保证机器设备的正常运转。

4. 负责洗衣场物资的管理与控制。

5. 制定洗衣场员工的培训计划并确保其实施。

6. 计划、落实棉织品和制服的盘存工作，合理控制库存，严格控制流失。

7. 控制棉织品的报废量，制定废旧棉织品的处理方案。

8. 合理安排人力，根据客情变化，及时做好人员、物资等方面的调整。

9. 掌握洗涤技术和了解洗涤新产品，不断提高洗涤质量。

10. 在不降低标准的前提下，严格控制物品消耗，努力降低成本。

11. 研究市场新出现的织物，提出棉织品和制服的采购建议。

12. 负责洗衣场机器设备、棉织品、制服的档案管理。

13. 接受并及时处理客人和员工的投诉。

14. 负责洗衣场的安全工作。

八、棉织品房领班的岗位职责

棉织品房领班的主要职责是协助洗衣场主管进行棉织品的日常管理工作，确保为饭店各部门提供优质的棉织品和制服的收发服务。具体职责包括：

1. 负责棉织品房员工的排班和培训工作，并参与下属的考核工作，督导下属严格执行各项制度。

2. 督导下属按程序进行棉织品和制服的收发，存放及报废工作。

3. 负责棉织品的定期盘点及出库入库工作。

4. 抽查棉织品与制服的洗烫、修补质量，确保质量合格。

5. 监督有关制服的使用情况。

6. 负责棉织品房的物品申领和消耗控制。

7. 提出废旧棉织品的处理建议。

8. 协助洗衣场主管建立棉织品和制服档案。

9. 与洗衣场领班保持良好的沟通和合作关系。

第五节　客房部与其他部门的业务关系

饭店的正常、高效运转需要各部门的通力合作。客房部在饭店工作中扮演前台的角色，它一方面需要其他部门的配合、帮助和支持，另一方面又要为其他部门提供一系列服务。因此，客房部应与其他部门保持良好的沟通和合作关系。

一、与前厅部的关系

客房部与前厅部是两个有“热线”联系的部门，二者的联系成为彼此间最基本的工作内容之一。它们的关系是如此的密切，以至于许多饭店将其合并为一个部门，即房务部。前面已阐述了这两个部门的关系，现从客房的角度，就两者间的工作联系做进一步的论述。

两个部门相互间须不断的提供最新客房状况信息，确保房况的一致性，以最大限度的提高客房出租率。前厅部和客房部须随时将最新的房况输入电脑，如:前厅掌握的客人进店、离店、换房等信息，客房掌握的可售客房、待修客房等信息。在尚未使用电脑的饭店，这类信息交流一般通过电话进行，所以，两个部门通常有“直线”电话，即当一方提起电话时，另一方电铃即响起。

致性，客房部一般每天都要对客房状况进行两次以上的实地检查并将检查结果填入“房间状况表”，该表将分别送至前厅部和财务部。客房部通常还要将“房间状况表”上的房况与电脑上的状况进行核对，对有差异的问题进行核查，一些饭店还设计了“客房状况差异表”，将有疑问的情况填入该表并将其送至前厅部。

客房部须根据前厅部的工作指令，提供相应的服务。这些工作指令或以书面或以口头形式通知客房部。例如，贵宾接待通知单、报纸递送单、团体接待通知单、加床通知、离店通知等等。客房服务员还须协助前厅行李员为宾客开客房房间门。客房部在提供以上服务中要多为前厅着想，决不可只从本部门的角度出发而去抱怨前厅，因为前厅必须尽可能的满足客人需求。

客房部根据前厅部的客情预测，妥善安排人员，及时制定和调整定期清洁计划。在饭店出租率较低时，客房部可有计划的安排关闭楼层，以节能、节约人员费用和方便对客房的维修保养。预先的计划和部门之间的相互协调对有效管理楼层至关重要。

二、与营销部的关系

营销部肩负着销售饭店客房的重任，客房部是饭店产品的提供者，良好的沟通和协调对保证销售的完美性，最大限度的提高客房出租率和平均房价具有重要意义。客房应及时将本部门推出的新服务项目通报营销部，以使其更好的经营。客房管理人员应定期向营销部了解客人对客房产品的意见，并根据客人的反馈不断改进产品质量。

客房管理人员还应该就改进长包房的接待与营销人员进行探讨，对一些服务细节问题进行交流，如客人需清洁的时间与次数、需配备的物品、钥匙管理问题及其它特殊要求等。

营销部对次年的客情预测是客房部管理人员制定预算、计划的依据，此外，客房部管理人员还应根据预计的次年客情淡旺季的变化，合理安排本部门员工的年度休假时间，根据客情变化编制。

三、与餐饮部的关系

餐饮部是客房部的主要服务部门，客房部向其提供餐饮前台的清洁保养、环境布置及布件和制服的洗涤与保管服务。

在清洁方面，清洁职责的具体划定对做好餐厅清洁保养工作至关重要。各饭店职责划分不尽相同，有的饭店将所有清洁任务划给客房部，其中包括地毯的洗涤、吸尘、点清洁、墙面、天花板、家具等方面的清洁;有的饭店将其中的一些任务给餐饮部，如家具的清洁、地毯的一般性清洁等。制定定期清洁计划，尤其是地毯洗涤计划，是做好清洁工作的保证。客房部管理人员应主动与餐饮部管理人员一起，从饭店实际出发，制定切实可行的计划，并根据计划的实施情况不断进行调节。在计划实施过程中，客房部管理人员应与餐饮部管理人员保持良好的沟通协调，解决容易出现的问题。常见的问题有：地毯洗涤前后双方配合不默契，表现为家具移位和复位配合不好，地毯洗后，未干燥时保护不当，餐饮部员工对饭店成品保护意识不强，如随意让菜汁滴到地毯上，没养成随手拣垃圾的习惯等。

客房部应确保向餐饮部提供符合饭店标准的棉织品，应根据餐饮部的工作特点，制定棉织品的收发时间。餐饮部也应该注意教育员工爱惜棉织品，避免用啤酒、茶水当清洁剂，用台布当抹布去清洁餐桌转盘，及在送洗的棉织品中夹带餐具、垃圾的现象。两部间应建立重大接待活动的通报程序，以使客房部可以根据活动的要求，提供场所布置及公用卫生间的服务。

餐饮部提供客房部房内用膳及贵宾房水果、点心的布置，客房部应协助餐饮部，在客房内放置房内用膳菜单，及时收拾收取房内用膳的餐车及餐具。

四、与工程部的关系

客房部运转是否正常与工程部工作配合的默契程度，直接关系到饭店设施、设备能否得到良好的保养，处于正常状态。客房部的职责是使部门员工能够正常使用并妥善保养本部门的设施、设备；注意对设施设备的检查并及时将出现的问题报告工程部。为使本部门员工能正确使用设施设备，客房部管理人员应请工程部技术人员对客房部员工进行培训，使其掌握设施设备的使用方法及保养要领。

为使客房保持其设计水准并延长其使用寿命，饭店应定期对其进行维修保养。关闭楼层进行保养不仅可减少对客人的打扰，而且工作容易开展，节约维修保养时间。客房部管理人员应在计划关闭楼层前密切与工程部联系，确定关闭楼层后的工作步骤，以提高工作效率。

饭店在制定客房及其它区域更新改造设计方案时，应听取客房管理人员的建议，以使被改造后的区域更加有利于管理和保养。

总之，两部在工作之间要互为前提，更好配合为宾客提高优良的客房服务。

五、与财务部的关系

客房部应协助财务部做好有关账单的核对，固定资产的清点，以及员工奖金的核定工作。在小酒吧结账方面，要制定合理的程序，以减少跑账。另外对小酒吧的控制要掌握一定的度，两部门不能仅因个别客人的逃账，而去制定影响大部分客人利益的规章及程序。

在对客房部物资进行盘点及制作客房预算方面，客房部需要获得财务部的指导和帮助，与此同时，还应欢迎财务部对其监督。

在物品配备及采购方面，两部门应协作建立标准配备量，建立物品的书面及实物档案。客房部按程序提出采购计划，采购人员按标准及时采购到所申请的物品。两部门还要不断掌握有关市场新产品信息，互相提供信息，密切配合，力求以最低的价格采购符合本饭店标准的物品，降低费用，提高对客服务质量。

六、与人力资源部、培训部的关系

客房部是一个劳动密集型部门，其定岗、定员、招工、培训、辞退、奖惩和升迁，工作量较大，需要得到人力资源部的帮助和指导。随着社会的不断发展，饭店员工的流动也随着加快。因此，两部门之间应共同协作，确保有足够的新员工，确保建立良好的培训系统。客房部应重视人员培训，不应将培训视为一种负担，而应将其视为提高部门工作水准的一个重要手段，因为具有高素质的员工队伍，才能为宾客提供高质量的服务，树立饭店的整体形象，赢得良好的经济效益。

七、与公关部的关系

公共关系部应利用各种机会和场合，宣传客房的设施和服务项目。客房部配合公共关系部在客房内设置广告宣传品，扩大宣传和推销饭店的各种设施和服务，提高客房预订率，增加经济效益。

八、与安全部的关系

客房往往是全饭店建筑面积最大、投资最多，也是客人在饭店逗留时间最长的区域，因而安全要求很高。在防火、防盗方面，客房部要定期请安全部专业人员对部门员工进行培训。客房部管理人员要努力提高部门员工的安全意识，确保其在工作中注意发现安全隐患，并及时报告。把隐患消灭在萌芽之中，确保宾客住店期间的财物及人身安全。

【案例 1】

周女士是一家国际观光饭店的接待员。有一天，她接到两位的住客求助。其一人为常住的美国客人 A 先生，他对有关账目方面有疑问，因为他发现客账多了一笔莫名的国际长途电话费，且略带愠色，要求马上解决这个问题。另外一位住客是国内知名大公司的高级主管，他打来电话说，他要赶时间外出开会，发现身边的移动电话不见了，可能是午间在外用餐遗忘在某餐厅内，是否能协助他处理。由于周女士是位有经验的接待员，对这两个求助案例能从容的应付。对于前一件事，她立即调阅昨晚大夜班值班记录表，上面记载着，A 先生昨夜归来时醉的不省人事，被朋友搀扶回来至其客房，其友人停留半小时后离去。而这通电话的发话时间也与 A 先生的朋友停留时段相符，合理的推测应是其友人所打的，于是，周女士委婉解释说明缘由，最后 A 先生悻悻的接受了这番说词而愿意承担这笔账。对另外一个案例，周女士首先向该名主管询问是在哪家餐厅用餐，并查出餐厅的电话并联络查询，结果她得知餐厅服务员发现了他遗忘的电话，并且已保管起来。这名主管慌张的心情才如释重负，但因急着去主持一个重要会议，不便取回，周女士也答应饭店派人把移动电话领回来，客人心中充满感激。

【案例2】

某大公司的丁经理一行5人来到A饭店，准备参观一下开会场地，因该公司下个月要举办一连三天的训练讲习。

丁经理在饭店营销部林主任陪同下，前往大会议厅参观，由于场地宽敞，恰好符合这次大型讲习会人数的要求，且大会议厅格局、装潢和设施都令人满意。林主任也胸有成竹的准备接下这个单子。不过丁经理与随行人员始终觉得有点不对劲的地方，原来这里不时传来阵阵的微怪气味，似乎是霉味吧！弄清楚后原来是发自地毯上的怪味。

“好吧，谢谢主任的解说，我们会好好考虑。”自此以后，该大公司再也没有和林主任联络，后来林主任才知道，这笔生意被别家饭店接走了。

案例分析1

1. 一般而言，当住客遇到问题或困难时，自然会先想到与酒店有关部门联系，宾客提出的各式各样问题，身为饭店的员工要真诚相助，为宾客解决困难。

2. 本案例中身为饭店员工的周女士在接获客人的求助后，能有条不紊的进行处理，使问题得到圆满的解决，表明她能针对不同服务对象，灵活的做好接待服务工作，也达到了良好的服务效果，赢得了客人对饭店的信赖。

案例分析2

1. 客人都是敏感而挑剔的，而这些敏感也都是合理要求的权利。由于会议厅地毯所发出的霉味，证明该饭店的地毯缺乏经常性的清洁保养，日积月累难免会发出怪气味，终于使几乎到手的生意，功败垂成。

2. 该案的失败应该归咎于该区域负责地毯的人员，包括主管与下级人员。因为地毯的清洁分定期与不定期，而大面积的厅堂经常举行会议和宴会，必须经常清洗以使地面干净而无异味，这是负责地毯清洁人员的责任。这种疏忽而致使饭店失去接洽一笔大生意的机会，实在是相当可惜。

3. 营销部林主任应主动保持与丁经理的联络。假若某大公司虽已定妥到别家饭店，如尚未完全定案，只要靠林主任的努力争取，必要时饭店高层人士出面请托洽谈，仍有挽回的可能，但先决条件是向客人保证地毯及其它方面的干净无异味。要是已经无法挽回了，起码也要让丁经理知道A饭店工作管理人员有改善的诚意，那么下次接洽的机会仍然很大。

关键词： 客房部 客房商品 客房设备
洗衣场 公共区域 客房公用物品

本章小结

客房是饭店的主体，又是饭店收入的主要来源，客房的工作质量、服务质量，在很大程度上体现了饭店的水准。客房部的主要职责包括：

1. 发展客房及有关公共区域的清洁保养，使饭店始终保持其原来的设计水准。

2. 为住店客人提供一系列服务，使其在住店期间感到舒适、方便、安全、满意。

3. 不断改善对人、财、物的管理，以提高效率，增收节支。

4. 与其他部门搞好关系，并提供一系列的服务，保证饭店整体工作的正常进行。

在考虑设计客房部组织机构时，应根据饭店的规模等一些具体情况具体分析，充分考虑各种因素。

复习思考题

1. 阐述客房工作的重要性。

2. 客房部主要工作任务有哪些？

3. 客房商品有哪些主要特点？

4. 设计组织机构要考虑哪些因素。

5. 叙述客房部各部门的主要职责。

6. 阐述客房部与其他各部门的关系。

7. 走访几家不同类型饭店，了解客房部的机构设置情况及客房部与其他部门之间在沟通和合作方面存在的主要问题，提出解决问题的措施。

第二章　客房服务人员素质

● **学习提要**

一、客房服务人员应具备的素质与服务礼仪规范。

二、服务人员应注意的事项。

● **学习目标**

明确职业道德概念，提高自身的专业综合素质，掌握客房服务礼仪规范，培养分析、处理、解决客房服务中的实际问题的能力。

成功的酒店客房管理是以科学规范化管理为标志的。在现代客房管理中，管理的主体是人，人是最活跃的起决定性作用的因素。可见客房服务管理的关键取决于管理人员自身的综合素质。那么，客房服务人员应具备怎样的素质呢？

第一节　客房服务人员应具备的素质与服务礼仪规范

现代酒店客房服务要达到标准化、程序化、规范化的目标管理，迫切要求客房服务人员必须具备全方位的综合素质。主要包括服务人员的专业思想素质、业务知识、技能素质、身体心理素质、文化艺术素质等。

一、服务人员的专业思想素质

（一）树立牢固的专业思想与服务理念

人类跨入 21 世纪，旅游饭店走进“绿色”新时代，倡导绿色消费，强化绿色管理，提供绿色客房。无疑，这就迫切要求客房服务人员务必与时俱进，树立新的服务理念和牢固的专业思想。

现代绿色客房，要实行绿色管理，必须以绿色理念为宗旨，狠抓以人为本的“绿色行为”。然而，人的任何行为都是受思想支配的，牢固的专业思想和服务理念，能确立一个人的生活和从业方向。可见，作为一名客房服务人员，应树立强烈的职业责任感，积极强化绿色服务意识，不断推进以安全、健康、环保为主题的“绿色客房”服务工作，从而向着自己追求的目标而努力奋斗。

（二）高尚的职业道德素质

联合国科教文组织曾邀著名专家就“21世纪需要什么样的人才”进行讨论，专家们一致认为“高尚的品德永远居于前位”。可见，酒店客房从业人员的职业道德素质更是处于重要的地位。

道德是一种社会意识形态，是在一定的社会用以调整人与人之间和社会与个人之间关系行为规范的总和。人类社会生活可分为三大领域：家庭生活，社会公共生活，职业生活。由于各个生活领域的特殊要求，形成各具特点的道德意识与规范，如应该“做什么”，不应该“做什么”，应该“怎么做”，不应该“怎么做”，“怎么做”才是道德的，“不那么做就是不道德的”，这就是道德意识上调控的行为规范，这就是社会道德。

所谓职业道德是指人们在从事各项职业活动中所遵循的职业道德行为准则。它既是行业人员的行为规范，又是评价行业人员行为的尺度标准及对社会所承担的道德责任和义务。它是社会道德的具体化，是社会道德的特殊表现。

客房服务工作是社会生产和人们生活不可分割的部分，它兼有生产、销售、服务三种职能。所以，它有特殊的职业道德要求，即要有高尚的职业理想与服务精神，培养自己敬业乐业的道德情感，把个人的奋斗目标和自己的人生追求与高尚的职业理想融为一体，形成一种强大的职业动力、一种社会美德，视自己的职业为社会的财富与分工、人生的价值和最大的快乐，从而表现出满腔热情的服务精神、文明礼貌的职业风尚以及主动、热情、耐心、周到、优质服务的水平。

二、服务人员的业务素质

（一）丰富的文化知识素养

现代酒店客房服务工作，不仅是一项劳动密集型工作，更是一项涉足知识领域十分广泛的知识密集型、高智能型的工作，要求客房员工要特别注意发展和扩充自身的文化知识，其主要知识内容概括如下：

1. 掌握现代酒店经营管理的政策法规，熟悉服务经济学、民族学、心理学、地理学、历史学、旅游学、公共关系学、美学、自然科学。

2. 掌握客房经营管理知识、客房服务知识、客房销售及专业技能技术知识。

3. 具有相应的电脑管理知识，熟知电脑网络技术，正确操作使用电脑设备。

4. 具有一定的涉外国际知识，能阅读、翻译客房服务专业文献，流利、准确地与外宾交流。

5. 掌握酒店财务管理知识，懂得经营统计分析，准确核算并降低客房经营成本。

（二）服务礼仪规范

礼仪是现代社会文明的标志，是人际关系的“润滑剂”，也是彼此交往的行为准则。中国古代儒家学者非常重视“礼”的约束作用，曾提出过“非礼勿视，非礼勿听，非礼勿言，非礼勿动”等行为规范，并以此来约束自己的行为，实现友好的人际交往目的。

因此，随着“绿叶”时代的发展，现代礼仪不仅要倡导“无污染”的语言与仪表，更要树立全员“绿色意识”和全员“绿色行为”，同时还要遵循一定的礼仪原则，并规范日常礼节及仪表美、仪容美、仪态美、行为美、语言美、环境美等内容来提高自身的礼仪素质。

1. 礼仪原则

礼仪的原则是人们在社会交往中处理人际关系的出发点和指针。我们不仅需要学习和掌握礼仪标准，而且需要懂得和遵循礼仪的原则。这样，在社会交往和接待活动中就可以做到更加自觉，更加自然得体。

现代社会生活中，应当遵循礼仪的“尊重”、“真诚”、“遵守”、“自律”、“宽容”、“适度”等基本原则。

(1)“尊重”的原则

在社会交往和接待活动中，必须以相互尊重为前提，尊重对方的人格，不妨碍和损害对方的利益，同时又要保持自尊。对别人要诚心诚意，做到宽容、大度，要尊重交往对象，平等待人，对任何人都要做到一视同仁，给予同等程度的礼遇，不能因人而异、厚此薄彼、区别对待。尊重是礼仪的情感基础，只有人与人之间彼此尊重，才能保持和谐、愉快的人际关系。

(2)“真诚“的原则

礼仪的真诚原则，就是要求人们在人际交往中运用礼仪时，必须诚心诚意，言行一致，表里如一。礼仪从形式上看，是一个人的语言举止，表情动作，但这些都应当是发自内心的。“诚于中而形于外”，如果装模作样，弄虚作假，心口不一，把礼仪当作一种道具和伪装，用来骗取别人的信任和好感，是有悖于礼仪的基本宗旨的。即使能讨得别人的一时喜欢，最终还是得不到应有的信任。

(3)“遵守”的原则

礼仪作为社会行为的准则和规范，是为了维护社会的正常生活而形成和发展起来的，反映了人们的共同利益和要求。在社会生活中，每个社会成员都有责任和义务共同维护和自觉遵守。不论是什么人，都应该用礼仪来规范自己的一言一行、一举一动。如果违背了礼仪规范，就会受到社会舆论的谴责和公众的指责，交际也难以成功。

(4)“自律”的原则

礼仪的自律原则，要求人们从内心树立良好的道德信念和行为意识，并以此约束自己的行为，自觉按照礼仪规范去做，而无需外界的提示和监督。在交往中，要求别人做到的自己应首先做到，要“己所不欲，勿施于人”，严于律己、宽以待人，不断提高自我约束和自我克制能力，在礼仪上做到自律自觉。

(5)“宽容”的原则

宽容就是要求人们在与别人交往应用礼仪时要心胸宽广，宽宏大量，理解他人，容忍他人。每个人都有特定的环境，考虑问题会出于不同的角度，肯定都有一定的道理，不能要求别人都与你保持一致。理解别人就应当设身处地为别人着想，善解人意，体谅别人，而不能斤斤计较，求全责备，得理不让人。但是，宽容不是随波逐流，不是人云亦云，宽容不是纵容，不是胆怯，不是软弱可欺，宽容是一种美德。但在实际生活中，真正做到宽容确实是不容易的事情。

(6)“适度”的原则

礼仪交往中应把握好适度的原则，掌握好社交中各种情况下的社交准则和彼此之间的感情尺度。因为凡事过犹不及，社交也是同样，礼仪运用得过了头或不到位，都不能正确表达敬重之情。要把握好分寸，做到自然得体、恰到好处，不同场合、不同对象都要做到彬彬有理、不卑不亢、落落大方。

2. 服务礼节

礼节是向他人表示尊重与友好的外在行为规范和形式。

所谓服务礼节是指在服务工作中向宾客表示敬意的仪式和态度。

(1)常用礼节

问候礼节：“您好”、“欢迎光临”、“下午好”。

称呼礼节：“先生”、“太太”、“女士”、“总统阁下。

迎送礼节：“迎在前，送在后，保持二至三步”。

告别礼节：“再见”、“欢迎您下次光临”、“祝您旅途愉快”。

祝贺礼节：“祝您节日快乐”、“祝您生日快乐”、“祝您住店愉快”。

征询礼节：“您需要点什么”、“您需要帮助吗”。

道歉礼节：“对不起”、“实在抱歉”、“请原谅”、“打扰了”。

答谢礼节：“谢谢您下榻本饭店”、“谢谢您的理解”。

指路礼节：“请您往这边走”、“请您拐弯右(左)行”。

应答礼节：“不用谢”、“别客气”、“没关系”。

握手礼节：“一步为宜，使用右手行礼”。

介绍礼节：一般顺序：先把男子介绍给女子；
先把身份低介绍给身份高者；
先把年幼者介绍给年长者；
先把未婚者介绍给已婚者；
先把主人介绍给客人。

操作礼节 操作礼节是指服务人员在日常对客服务中的礼节。

①进客房时一定要敲门。因为客人一旦出租即成为客人的私人处所，不经允许任何人不得入内。即使明知道是空房或客人外出了也要敲门，防止万一记录有误遇到客人而失礼。敲门要有节奏的轻敲，不能猛敲，也不能凑上前从门镜中窥视或贴耳谛听房间是否有人。

② 进房间服务或工作时，一定要先向客人说：“我可以…吗?”

③ 在工作岗位上不能大声喧哗打闹、开玩笑、哼流行歌曲，不能双手插在衣袋里。工作中要“三轻”：说话轻、走路轻、操作轻，保证楼面安静。

④ 在清扫客房期间客人进房，要问候并说明自己正在清扫，征求客人意见是否继续下去。清扫客房时不要好奇翻看客人书籍物品，更不得试穿客人衣物。

⑤走廊行走时，迎面遇见客人要让路，同方向前行有客人时，不要匆匆超过。有急事要超过时须说“对不起”。有事要跟客人说时，如果客人正与他人讲话，不要急于上前插话，可在旁边稍等片刻，待客人注意并转向自己时，先道歉后讲事情，讲完再

次对打扰了客人表示歉意。

⑥ 在操作时要举止文明，员工在工作岗位上处处应体现文明举止，表明已经养成良好的文明习惯，而不是在严格约束之下不得已只向客人表示礼貌。客人需要的是员工发自内心自然流露的友好礼貌，这样会使客人感到亲切自然而不是拘谨生硬。

(2)礼节禁忌

① 称呼禁忌

称呼是指在日常工作中与宾客交谈或沟通信息时应恰当使用的称呼。但称呼不当会犯忌，使客人不高兴，如：把老人称为“老头子”或“老太婆”，把军人称为“当兵的”，把未婚女子为“太太”。

② 问候禁忌

问候礼节是指在日常工作中根据时间，场合和对象用不同的礼貌语言向宾客表示亲切的问候和关心，但使用不当会犯忌。如在我国，人们见面常说“您好！吃过饭了吗?”来表示问候，但在西方国家不能这么说，因会产生误解和犯忌。

③ 应答禁忌

应答礼节指服务人员在回答宾客问话时的礼节，应答不当会犯忌。如：“不知道”、“我不管”、“没空”、“自己去找”、“嗯”、“啊”。

④ 道别禁忌

如，“快走”、“快去”、“快滚”。

⑤ 介绍禁忌

如，“这个老头”、“这个当兵的”、“这个小东西”。

(3)礼节要求

① 上岗仪表端庄，符合酒店等级要求。

② 在工作时间要保持精神饱满，面带微笑，精力充沛，服务优质。

③ 遇节假日要向宾客特别问好，如“节日快乐”。

④ 对新婚度蜜月的宾客要说吉利祝贺语，如“十分荣幸为你们服务，祝你们新婚快乐”。

⑤ 接待访客时，要主动递巾上茶，征询宾客是否还有其他要求。

⑥ 当门柄上挂有“请勿打扰”的牌子时，绝对不要擅自入内。

⑦ 日常见到宾客时要注意主动招呼问好，微笑示意，不得视而不见。

⑧ 不可拾取宾客丢弃的任何物品。

⑨ 宾客离店时，要礼貌送客道别，如：“多谢光临”“祝您旅途愉快”。

⑩ 遇有宾客需要时，要主动帮助，宾客致谢时，应说“不用谢”，“不客气”。

3. 称呼礼仪

由于各国、各民族的历史文化不同、风俗习惯各异，因而人们的姓名结构和称呼习惯有许多的差异。在国际交往中，了解各国人民的姓名结构和称呼习惯，正确、恰当地称呼对方，不仅反映了自己的教养和对对方的尊重，而且还决定着社交的效果与成功。

(1)姓名

各国人民的姓名有很大的不同，除文字的区别外，在姓名的组成、排列的顺序、名字的意义等方面都不一样。按姓名的构成和排列的顺序大致可以分为三种情况。

①前姓后名

姓名的结构和排列顺序与我国基本相同，姓在前面，名字在后面。日本的姓名，常见多为四字组成，如“福田纠夫”、“小泽一郎”，前面两个字为姓，后面两个字为名。为了避免差错，与日本人交往，一定要了解姓名中，哪部分是姓，哪部分是名。在正式场合，把姓与名分开书写，如“二阶堂进”、“桥本龙太郎”等等。日本妇女婚前使用父姓，婚后使用夫姓，本人名字则一直不变。在日本，进行日常交往时，往往只称其姓，在正式场合，才使用全称。

姓名结构为前姓后名的国家还有韩国、朝鲜、越南、柬埔寨等国家，另外匈牙利也是姓在前，名字在后。

②前名后姓

在英国、美国、加拿大、澳大利亚等讲英语的国家，人们的姓名一般由两部分组成，通常名字在前，姓氏在后。例如，比尔·克林顿，比尔是名，克林顿是姓。女子结婚前一般都用自己的姓名，结婚以后，姓名一般是自己的名加上丈夫的姓。在交往中，日常只称其姓，加上“先生”、“小姐”等，而在正式场合，则应称呼其姓名全称，并加上“先生”、“夫人”等等。

法国人的姓名一般由两节或三节组成，前一、二节为个人名字，最后一节为姓。西班牙人的姓名常由三、四节组成，前一、二节为本人名字，第三节为父姓，最后一节为母姓。俄罗斯人姓名由三节组成，分别为名字·父名·姓。阿拉伯人的姓名由四节组成，分别为本人名字·父名·祖父名·姓。另外，泰国等国家人民的姓名排列顺序也是名字在前，姓氏在后。

③有名无姓

姓名结构只有名而无姓的人以缅甸、印度尼西亚等国家为多。常见缅甸人名字前的“吴”不是姓，而是一种尊称，是“先生”的意思。缅甸人名字前常冠以表示性别、长幼、地位的字和词，如“杜”意为女士，“玛”意为姐妹，“郭”意为平辈，“哥”意为兄弟，“波”意为军官，“塞耶”意为老师。一个缅甸男子名“刚”，同辈称他为“哥刚”，如果有一定社会地位被称为“吴刚”，如果是军官，则被称为“波刚”。

(2)称呼方式

称呼即称谓，指的是人们在交往应酬时，用以表示彼此关系的名称用语。不论是在口头语言，还是在书面语言中，称呼对交往都十分重要。称呼的运用与对待交往的对象的态度直接相关，是给对方的第一印象。因此，称呼对方时千万不可马虎大意。在交往中，我们既要注意学习、掌握称呼的基本规律和通常的做法，又要特别注意各国之间的差别，认真区别对待。在正式的交往场合，称呼应当庄重、规范得体，以表示对称呼对象的尊重和友好，经常选用的称呼主要有以下几种：

① 泛尊称

这种称呼几乎适合各种社交场合。对男子一般称“先生”，对女子称“夫人”、“小姐”、“女士”。应该注意的是，在称呼女子时，要根据其婚姻状况，已婚的女子称“夫人”，未婚的女子称“小姐”，对不知婚否和难以判断的，可以称之为“女士”。在一些国家，“阁下”一词也可以作为泛尊称使用。

泛尊称可以同姓名、姓氏和行业性称呼分别组合在一起，在正式的场合使用。如:“克林顿先生”、“玛格丽特·撒切尔夫人”、“上校先生”、“秘书小姐”等等。

②职务称

在公务活动中，可以对方的职务相称。例如，称其为“部长”、“经理”、“处长”、“校长”等等。

职务性称呼还可以同泛尊称、姓名、姓氏分别组合在一起使用。例如，“周总理”、“桥本龙太郎首相”、“部长先生”等等。

对职务高的官方人士，如部长以上的高级官员，不少国家可称“阁下”。例如，“总统阁下”、“大使先生阁下”。对有官衔的妇女，也可称“阁下”。但在美国和德国等国家没有称“阁下”的习惯，对这些国家的相应人员，应该称“先生”。

③职衔称

对交往对象拥有社会上备受尊重的学位、学术性职称、专业技术职称、军衔和爵位的，可以“博士”、“教授”、“律师”、“法官”、“将军”、“公爵”等称呼相称。

这些职衔性称呼还可以同姓名、姓氏和泛尊称分别组合在一起在正式场合使用。例如:“乔治·马歇尔教授”、“卡特博士”、“法官先生”等等。

④职业称

对不同行业的人士，可以被称呼者的职业作为称呼。比如:“老师”、“教练”、“警官”、“医生”等等。对商界和服务业的从业人员，一般约定俗成地按性别的不同分别称为“小姐”、“先生”等等。

在这些职业称呼前面，还可以同姓名、姓氏分别组合在一起使用。

⑤姓名称

在一般性场合，彼此比较熟悉的人之间，可以直接称呼他人的姓名或姓氏。例如，“乔治·史密斯”、“张志刚”等等。中国人为表示亲切，还习惯在被称呼者的姓前面加上“老”、“大”、或“小”等字，而免称其名，如“老王”、“小张”。更加亲密者，往往不称其姓，而只呼其名，如“志刚”、“卫东”等等。

⑥ 特殊性的称呼

对于君主制国家的王室成员和神职人员应该用专门的称呼，如在君主制国家，应称国王或王后为”陛下“；称王子、公主、亲王等为”殿下“；有爵位的应称爵位或“阁下”。对神职人员应根据其身份称“教皇”、“主教”、“神父”、“牧师”、“阿訇”等等。

除以上常用的称呼外，在交往中还有以“你”、“您”相称的“代词称”和亲属之间的“亲属称”。社会主义国家和兄弟党之间，人们还以“同志”相称。

4. 仪表礼仪

(1)端庄仪表

仪表主要包括仪容修饰、鞋帽着装、言谈举止等方面，可见仪表是指人的外表，人的整体形象。国外学者就人的外表、人的整体形象设计已发展成为一门卓有成效的专门学科，其研究推进了四个层面。即第一层包括美容、美发、健美；第二层面包括服装、鞋帽、装饰；第三个层面包括举止、谈吐、风度、仪表；第四层面包括公关行为、职业行为、伦理行为和政治行为等。可见人的自我形象是可以通过设计、修饰、塑造的。自我形象的定位可分为下列几种类型：

① 清纯型(给人以恬静、纯洁、柔和、自然的印象)。

② 活泼开朗型(给人以动感、健康、向上的印象,给客人以活力,表现出灵活、爽快、矫健的总体感觉)。

③ 潇洒型(给人以帅气、爽朗、随意、正直的印象)。

④ 典雅型(给人以高雅、庄重、成熟、深沉的印象)。

所以要求客房员工要根据自己的个性特点和工作环境来培养自己端庄、大方、独特的气质形象,做到仪容修饰、鞋帽着装、言谈举止符合客房服务规范标准,塑造最佳的客房服务形象。

(2)仪表要求

客房员工得体的仪表仪容是尊重宾客,保持自身风貌的需要,是讲究礼节礼貌的具体表现,因此应做到:

① 上岗必须穿酒店规定的制服、鞋袜,保持清洁光亮。

② 面容淡妆,男员工不留胡须,女员工不浓妆艳抹。

③ 发型美观大方,男员工侧不过耳,后不过领;女员工不留披肩发、不系头饰。

④ 不可戴戒指、项链、耳环(结婚戒指除外)。

⑤ 面带微笑、亲切和蔼、端庄稳重、不卑不亢。

⑥ 勤洗澡、勤剪指甲、勤洗头、勤换衣服,不许涂指甲油,保持身上无异味,保持皮肤健康。

总之,服务人员的仪表仪容要克服衣冠不整、穿戴不适、礼貌不周、礼节不妥、举止不雅、表情不佳、化妆不当、修养不足、精神不正、卫生不洁等不良习惯,要培养自己良好的文化修养、个性气质、情操美德,不断提高自我素质,使之符合酒店等级规范要求。

5. 仪态礼仪

(1)举止仪态

仪态美即姿态、行为、动作美,是人体具有造型性因素的静态美和动态美。培根说:“相貌的美高于色泽的美,而秀雅的美又高于相貌的美。”这是因为姿态比相貌更能表现人的精神气质,由此说来,举止仪态是现代酒店客房员工的基本素质,主要包括站立、就座、行走等。

整体规范标准:“立如松”、“座如钟”、“行如风”。

① 站立(站姿)

客房员工典雅优美的姿态是以正确的站姿为基点而表现的,主要规范如下:

A. 标准:“立如松”,是指头、颈、躯干、脚的纵轴在同一垂直线上,挺胸收腹,精神挺拔向上。

B. 方式

a. 侧放式站姿(侧放式直立)两脚跟靠拢成“V”字形(10cm),两臂自然下垂,中指贴于裤中线缝。

b. 前腹式站姿(前腹式直立)两脚跟靠拢成“V”字形(10cm),两手叉于脐前。

c. 后背式站姿(后背式直立)两脚跟靠拢成“V”字形(10cm),两手叉于背后。或两脚自然分开与肩同宽(男)两手叉于脐前或叉于背后。

侧放式站姿　　前腹式站姿　　后背式站姿

C．站立要领

挺胸立腰，两肩对称，肌肉张弛协调，表情自然，面带微笑，两臂自然下垂，双手叉于脐前或背后。

D. 注意事项

a. 不可东倒西歪或斜靠物体站立。

b. 不可双手环抱胸前或叉于衣袋。

c. 不可瞪眼、挖耳、鼻孔或搔痒。

②就座(坐姿)

坐姿是一种静态造型，端庄优美的坐姿会给人以文雅、稳重、自然大方的美感，故要求员工应有规范的坐相。

A．标准:“坐如钟”，指端正的坐相，挺胸收腹，肩平头正，四肢摆放规矩。

B. 方式:正位坐、左侧位坐、右侧位坐、双腿分开坐。

正坐式　　坐姿一　　坐姿二　　坐姿四

C 坐姿要领及要求

腰背挺直，端庄轻盈，安稳平静，两肩对称，双目平视，面带微笑，表情自如，双臂弯曲置于腿部。头、胸、髋三轴与四肢的开、合、曲、直对比得当，协调配合形成优美的坐相。

D．注意事项

a. 不要坐满全椅或背靠椅首。

b. 不要上下踮脚晃腿或置于椅物上。

c. 双脚不跷二郎腿，双手不玩弄拍打。

③ 行走(走姿)

A 标准:“行如风”，指正确的走相、轻盈灵巧、平稳协调、步伐利落、节奏鲜明，有助于塑造体态美

B. 方式:碎步、快步、踮步、常步(直线行进)

走姿

走姿

C. 要领及要求

头正腰直，目光平视，收腹挺胸，两肩对称，双臂自然摆动(30°～40°)，步伐稳健，节奏鲜明，行进自如，协调优美，轻盈大方。

D．注意事项

a. 不走内八子或外八字

b. 不晃头扭腰，左顾右盼

c. 行进间双手不环抱胸前或叉于背后或插于衣袋

d. 步伐及双臂摆动幅度不要过大(30°～40°)

(2)体态语言

体态是指人在行为中的姿势和风度，是一种无声的语言，是通过面部表情、身体姿态、手势动作来传递信息的，并进行交流沟通的。一个好的服务员，首先要成为一个善于沟通的人。服务员整天与客人打交道，时时刻刻离不开沟通。在服务过程种，与客人沟通经常使用的方法是听、说、写及体语，体语就是体态语言。你的一个动作，一个眼神及面部表情都将影响着你与客人之间的每一次沟通过程是否完美。目前世界上有70多万种可以用来表达思想意义的态势动作，这个数字远远超过当今世界上最完整的一部词典所收集的词汇数量。的确，体态是一种很广泛很实用的语言，往往比有声语言更富有魅力，可收到“此处无声胜有声”的效果。同时，美国心理学家艾伯特·梅拉比安通过实验把人的感情表达效果总结为一个公式，即感情的表达=70%的语言+38%的声音+55%的表情，这就足以说明了表情在人际间的沟通占有相当重要的位置。因此，体态语言具有形象性，它以生动直观的形象告诉别人所要表达的意思，使人际交往更富有表达性和感染力。

例如，“摇头不算点头算”，在许多国家和地区被使用不同语言的人所理解，这就是体态语言的典范，且还表现在下列态势动作上。

① 手势

A. “O”形手势

“O”行手势19世纪流行于美国,代表“OK”。但是在法国、中国代表“零”和“没有”，在日本则代表钱，在一些地中海国家用来暗示一个男人是同性恋者。

B. 翘大拇指手势

在英国、澳大利亚、新西兰等国代表搭车，在表示数字时用作表示五，但是在中国是表示积极的信号，通常指高度的赞扬。

C. “V”字形手势

第二次世界大战期间，英国首相温斯顿·丘吉尔推广的表示胜利，在欧洲各地也表示数字二。

D. 背手

英国皇家的几位主要人物的走路时昂首挺胸、手背身后的习惯而著称于世，显然这是一种拥有至高无上的权威、自信或狂妄态度的人体信号，将手背后还可以起到一定的“镇定”作用，使人感到坦然自如，赋予使用者一种胆量和权威。

②微笑

微笑是一门学问，是一门艺术，是人际交往中的润滑剂。笑脸常会使服务生辉。显然，微笑是文明服务的规范标准，是优质服务的基本要求。因此，客房员工务必重视提高“微笑服务”的业务素质。

A．微笑服务的作用。

a. 微笑能增进友好交流、装点生活。

b. 微笑能沟通心灵，调节紧张空气。

c. 微笑能拨动宾客的心弦，架起友谊的桥梁。

d. 微笑有巨大的感染力，能使暴躁的宾客变得平静。

e. 微笑能换取宾客的同情与谅解。

所以，成功的酒店管理是以“微笑服务”作为工作信条的。如康纳·希尔顿先生在世界各地视察他的成员酒店时，经常向下级问的一句话是“你今天对客人微笑了没有?”。它的经营发展信条是:“无论酒店遭到何种困难，希尔顿员工脸上的微笑永远是属于顾客的阳光”。

日本新大谷饭店把微笑看成是“通向五大洲的护照”。广州东方宾馆把微笑看成是“打动顾客心弦最美好的语言”。南京金陵饭店为了使员工笑口常开，一个“笑”字训练了3个月。可见微笑服务功能的确是重要的。

B．微笑必须做到四结合：

a. 笑必须是口眼结合，做到眉开眼笑。

b. 笑必须与神、情、气、质相结合。

c. 笑必须与面部表情、语言相结合。

d. 笑必须与仪表、举止相结合。

6. 服务日常工作礼仪

客房是宾客主要的休息和工作场所，客房服务人员承担着宾客大部分的日常生活服务。在服务中，应注重礼节，使用礼貌用语，动作要轻快、敏捷，服务周到、细致，有服务意识，有针对性地为宾客提供一个清洁、卫生、舒适、安静、安全可靠、温馨体贴的生活环境，确保服务质量。

当接到总台接客通知后，应做好迎接准备，等在楼梯口或电梯口，宾客一到要热情欢迎，亲切问候：“××小姐（先生），您好，欢迎光临！”如没有引领人员提行李时，要主动帮助提行李，然后，招呼宾客“请跟我来。”带房途中，应走在宾客左前方二至三步处，拐弯处应主动向宾客示意。

打开房门，应礼貌地用手示意，请客人先进；进入客房后，要为客人送上茶水和毛巾，提供该服务时，要尊重宾客习惯，讲究卫生。

待客人坐下休息时，应根据实际情况，礼貌地向客人介绍房间、设备、使用方法，以及服务设施，如餐厅、商场等情况。要帮助宾客熟悉附近环境。在问清客人没有其他需求后，应及时退出客房，轻轻将门关上。

每天早上客人起床后，应把开水送到房间，如宾客尚未起床，可将热水瓶放至门外左侧。客人在房间会客或外出回来，都应按要求送上茶水或毛巾。

每天上午要打扫房间，打扫客房前要先按门铃或轻轻敲门，征得宾客同意后方可进入，当房门上挂有“请勿打扰”的牌子时，不得擅自闯入。清扫房间要按照程序进行，操作时不能擅自翻动宾客的物品。

要尽量满足宾客提出的一切正当需求，及时供应日常用品，如毛巾、肥皂、火柴等。

工作中不要与别人嬉笑或大声喧哗，不得向宾客打听年龄、收入、婚姻等私人情况。不可聚在一起议论宾客的仪表、仪态等，不应当着宾客来访朋友的面要求客人付账收款。

应根据性别、年龄和身份有礼貌地称呼宾客。平时见到宾客要主动打招呼，与宾客讲话要“请”当头，您领先，“谢”结尾，说话时要注意语气、语调和语速，不得夹带粗话、脏话，工作中发生差错要主动诚恳地道歉，求得谅解，不得强词夺理，推卸责任。

7. 国际礼仪

国际交往中，中国人同外国人直接打交道的机会越来越多，不论是旅游接待，还是友好往来，都有一个既要尊重对方，又要维护好我方的国格人格的问题。处理好这个问题的关键，就是要在涉外交往中学习、应用国际礼仪，遵守国际交往惯例。

国际礼仪指的是在国际交往活动中，符合国际惯例，向交往对象表示尊敬和友好的约定俗成的习惯做法。由于历史的原因，西方礼仪在某种程度上似乎成了国际礼仪。但是国际礼仪并不等于西方礼仪，并且随着社会的发展，国际礼仪也在不断地进步与完善，并形成了国际礼仪通则。

国际礼仪通则就是指国际礼仪的基本原则，它既是对国际礼仪的高度概括，也是在国际交往活动中应遵循的基本准则。了解和掌握国际礼仪通则并在交际中遵守和应用，可以更好地进行沟通和交流，并起到事半功倍、举一反三的作用。

（1）遵守最基本的共同生活准则

共同生活准则是在公共生活和人们交往中公认的、最简单的公共生活准则。遵守最基本的公共生活准则是礼仪的起码要求，如在公共场所遵守公共秩序，不打搅别人，不干扰影响别人，不给别人造成麻烦和不方便，尊重别人，讲究社会公德等等，如果连最起码的共同生活准则都不能遵守，就根本谈不上讲究国际礼仪了。

(2)信守时约

信守时约是国际礼仪的基本原则之一。交往中必须遵守时间，不能无故迟到，否则是极不礼貌的。西方人士惜时如金，对每天的日程都作了详尽的安排，工作作风严谨，办事井井有条。不遵守时间，往往打乱了工作的秩序和安排，是西方人士所不能容忍的。

交往中要严格遵守自己的承诺，说话一定要算数，许诺别人的事一定要兑现。在现代生活中，讲信誉、取信于人是建立良好人际关系的基本前提，“信守时约”就是取信于人的主要要求。在人际交往中，言而无信，失信、失约是违背礼仪的基本要求的，既不尊重对方，也会严重损害自己的形象。

(3)相互谅解、求同存异

国际礼仪最基本的原则之一是人与人之间要相互谅解，和睦相处。了解、掌握礼仪的基本常识固然十分重要，但更重要的是对别人的理解，尤其是当别人在交往中出现失误时，不要使对方因此产生不愉快，不使对方难堪。

另外，由于各国的礼仪和习俗在一定程度的差异性，在交往时“求同存异”就十分必要了。“求同”就是要遵守国际通行的礼仪，“存异”就是不要否认他国的礼仪习俗，同时对他国的利益习俗要加以了解，并予以尊重。

(4)入乡随俗

世界上各个国家和民族在长期的历史发展过程中，都形成了各自的文化、风俗和习惯，“入乡随俗”就是对对方特有的习俗加强了解，予以尊重并遵从。只有如此，才能增进相互之间的理解，保证良好的沟通并向对方表达亲善友好的情意。相反，如果对对方的习俗少见多怪、妄加非议，甚至以我为尊、厚此薄彼，对交往是不利的。另外，在交往中自己作为东道主时，讲究“主随客便”；而当自己作为客人时，又讲究“客随主便”，也是对贯彻落实“入乡随俗”，尊重对方的具体表现。

(5)女士优先

“女士优先”的原则起源于欧洲中世纪的骑士之风，是传统的欧美礼节的基础，后来成为国际社会公认的重要礼仪原则。“女士优先”就是指在一切社交场合，每一个成年男子都有义务尊重、照顾、关心、保护妇女，想方设法得为妇女排忧解难。国际社会强调“女士优先”的原则，主要原因并非因为妇女是弱者，需要同情、帮助和保护，而是认为妇女是人类的母亲，对妇女处处给予优待，是对母亲的尊敬和感恩。在国际交往的各个场合，“女士优先”的原则已逐渐演化成为一系列具体的、操作性很强的做法。当然“妇女优先”的原则主要适合于国际社交场合，而在公务场合则不强调“女士优先”。另外在阿拉伯世界和一些亚洲国家，人们还依然讲究“男尊女卑”。但在国际社交场合，“女士优先”仍是被广泛采用的社交基本原则。

(6)以右为尊

国际社会的习惯做法是以右为大、为长、为尊，以左为小、为次、为偏。在各类国际交往中，大到外交活动、商务往来，小到私人交往、社交应酬，凡是需要确定和排列具体主次尊卑位置时，都要坚持“以右为尊”的原则。在并排站立、行走和就座的时候，为了对客人表示尊重和友好，主人应主动居左，而请客人居右。“以右为尊”的原则在国际社会上是普遍使用的，只要遵循这一原则，就能以不变应万变，轻而易举地处理好各种情况，不会发生失礼于人的问题。以正确表达对客人的情谊。

在国际交往中，还会遇到一些新的具体问题需要正确处理，如在无所谓对错的灰色领域，没有明文的规定，如何判断礼仪的正确与否呢？在这种情况下，判断礼仪是否正确的重要标准就是看其是否符合多数人的意向，要注意听取多数人的意见，以多数人满意为原则。

除了要遵循国际礼仪通则外，对其他方面的礼仪，诸如：礼宾次序、国旗悬挂、日常交往等亦不可忽略。

（1）礼宾次序

礼宾次序是在社会交往中，特别是在重要的礼仪场合中，为体现参与者的身份、地位、年龄等差别，而给予特别的尊重，或者是为了体现所有参加者一律平等，而按照一定的惯例和规则对出席者进行排列的礼仪规范。在涉外交往中，礼宾次序是一个政治性较强而又较为敏感的问题。因为它体现了东道国对各国宾客所给予的待遇。如果安排不当或不符合国际惯例，则会引起不必要的争执和交涉，甚至会影响到两国之间的关系。礼宾次序，看起来只是个先后排列的事，一旦出了问题，就是大事，所谓“外事无大小”就是这个意思。因此，在组织涉外活动时，对礼宾次序应给予高度重视。

常见的礼宾次序有两大类：一类是要明确区分参与者在身份高低、上下、长幼等方面的关系，目的是给高者、上者、长者相应的尊重和礼遇，以表现主人的谦谦风度；另一类是为了表示所有参与者在权利、地位上是完全平等的。

① 关系不对等时的排列规则

参与者关系不对等时，排列次序应按照地位高低、职务上下、年龄长幼、关系亲疏、实力强弱来排列。其基本原则是：上级在先、下级在后；尊者在先，次者在后；长辈在先，晚辈在后；实力强者在先，弱者在后；女士在先，男士在后。高者、尊者的具体确定，根据活动的目的、内容、主人的价值取向和客观需要等不同情况来决定。如：官方活动，可以职位高低为标准；经济活动，可以实力强弱为依据等等。

就主席台上的位次而言，按前后排关系，前排就座者为高、为尊、为强，后面各排依次递减。在同一排上，中间为高、为尊、为强，两边各位置依次递减。就两侧的同位置而言，右边为高、为尊，左边次之。

在行走、就座、乘车等方面也有次序可言。走路、入座时，两人并行，右为高，左次之；两人前后行，前为高，后次之；三人并行，中为尊，右次之，左更次。三个人前后行，前为尊。若是在不平坦的路上或是到达不熟悉的地方，则应有人在前面引路，尊者在一人之后，其余人之前。上楼梯时，前者为尊；乘电梯时，前者为尊。

国际交往中，由于各个国家的体制不同，部门之间的高低也不尽一致，同时各个国家还有不同的习惯，这就需要根据具体情况，恰到好处地予以安排。

② 关系对等时的排列次序

参与者的关系对等时，可以采用下列方法排列：

A．按字母顺序排列

在多边活动中，礼宾次序常采用按参加国的国名字母顺序排列的方法。使用这一排列方法一般以英语字母顺序排列最为常见。如在国际会议、国际比赛中，公布与会者名单、悬挂国旗，以及座位安排时，往往按各国国名的英文字母拼写顺序排列。但为了避免有些国家总是占据前排席位，也常用每年抽签一次的方法，来决定本年度的席位以哪个字母打头，以便让各国都有机会排列在前。在国内礼仪活动中，按个人姓名和组织名称的第一个字母的笔划多少和笔顺列次序排列，也是同一道理。

B．按代表团组成的日期先后排列

在一些国家举行的多边活动中，按代表组成的日期先后顺序排列礼宾次序，也是经常采用的办法之一。其具体做法可分为以下三种情况：

a. 按派遣国通知东道国该国代表团组成的日期先后顺序排列。

b. 按派遣国决定应邀派遣代表团参加该活动的答复时间的先后顺序排列。

c. 按各国代表团抵达活动地点的时间先后顺序排列。

采用何种排列方法，东道国须在致各国的邀请书中加以说明。

在实际工作中，遇到的情况往往比较复杂。所以礼宾次序往往不能按一种方法排列，而应用几种方法交叉排列，并考虑其他有关因素排列，如：国家之间的关系、地区所在、活动性质和内容、对活动贡献大小，以及参加活动的威信、资历等，都可以作为排列顺序的因素。

（2）国旗的悬挂

国旗是国家的象征和标志，是由国家法律规定的具有一定形式和格式的旗帜。国旗能唤起国民的爱国热情，培养公民对国家的责任感和荣誉感，国际上人们通常以悬挂国旗的形式来表达对祖国的热爱或对他国的尊重。但在一个主权国家的领土上，一般不得随意悬挂他国国旗，不少国家对悬挂外国国旗都有专门规定。在国际交往中，已形成了悬挂国旗的一些惯例，并已为各国所普遍接受。

①悬挂国旗的场合

按照国际关系准则，一国元首、政府首脑到他国领土访问，其住所及主要交通工具上悬挂本国国旗，这是一种外交特权。

作为一种礼遇，东道国接待来访的外国元首或政府首脑时，可在隆重场合，如在贵宾下榻的宾馆、乘坐的汽车上悬挂对方的国旗。

国际上公认，一个国家的外交代表在接受国境内有权在其办公处和官邸以及交通工具上悬挂本国国旗。

有些展览会、体育比赛等国际活动，也往往悬挂有关国家的国旗。

②悬挂国旗的方法

在建筑物上或室外悬挂国旗，一般应日出升旗，日落降旗。如遇特殊情况，需悬旗致哀时，可将国旗升至杆顶，然后再下降至离地面约杆长的1/3处；日落降旗时，也应将旗升至杆顶，然后再降下。

按照国际惯例，在悬挂双方国旗时，以右为上，左为下。两国国旗并排，以旗身面向为准，右面挂客方国旗，左面挂本国国旗。汽车上挂国旗时，以汽车行进方向为准，驾驶员左手为主方，右手为客方。所谓客方，以举办活动的主人为依据，而不是以举行活动的所在国为依据。

国旗的几种悬挂方法，如下图所示。

A. 两面国旗并挂

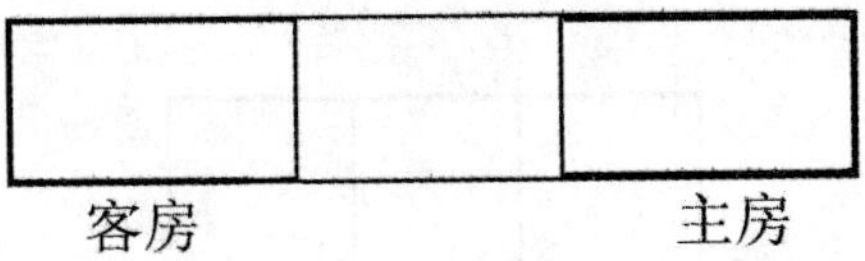

B. 三面以上国旗并挂

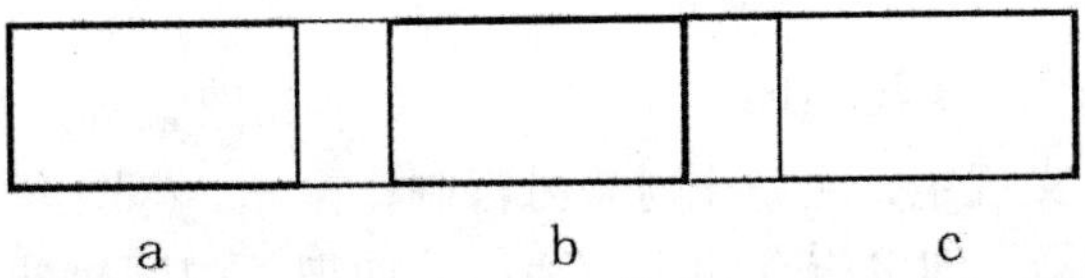

多面国旗并挂，主方在最后，如属国际会议，无主客之分，则按规定的礼宾顺序排列。

C. 并列悬挂

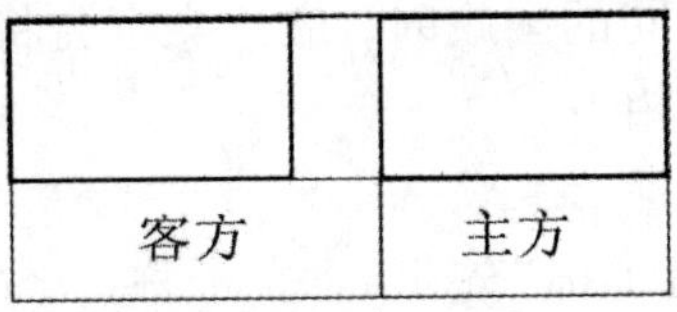

D. 交叉悬挂

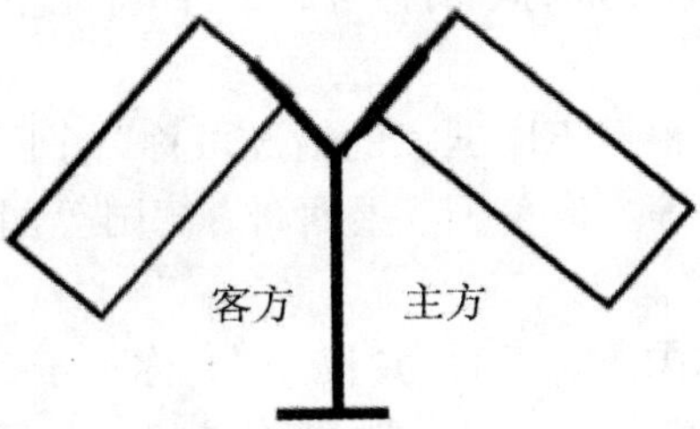

E. 交叉挂

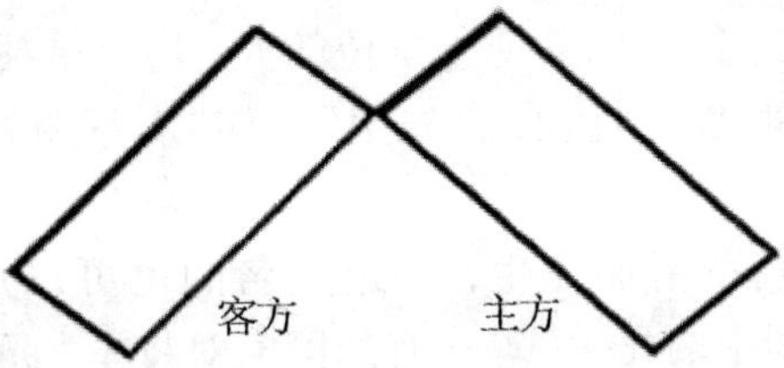

F. 竖挂（客方为反面，主方为正面）

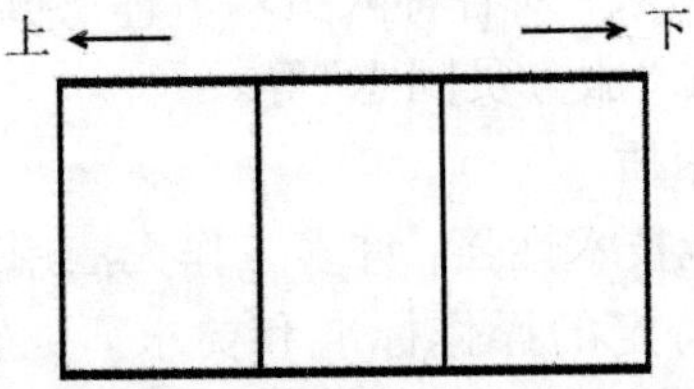

G. 竖挂(双方均为正面)

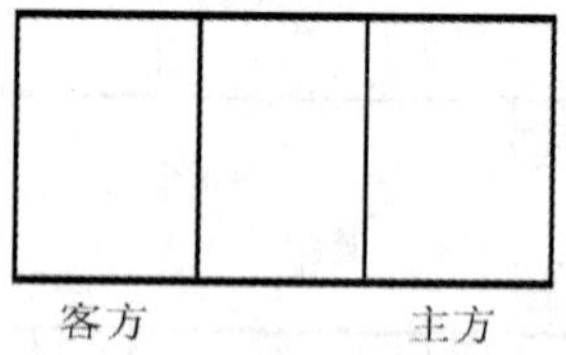

国旗不能倒挂，一些国家的国旗由于文字和图案的原因，也不能竖挂和反挂。有些国家甚至明文规定，凡竖挂则需另行制作国旗，将图案转正。正式场合悬挂国旗要把正面面对观众，即以旗套的右边为准。如把两国国旗挂在墙上，应避免采用交叉挂法或竖挂法。

各国国旗的式样、图案、颜色，尺寸、比例都是按照本国宪法中的有关规定制作的。由于不同国家的国旗比例不同，两面旗帜悬挂在一起时，一大一小会显得很不协调。因此，在并列悬挂比例不同的国旗时，应注意事先将其中一面适当放大或缩小，以使人们在视觉上感觉对称、相当。

(3)国际交往中的称呼

在国际交往中，一般对男子称“先生”，女子称“夫人”、“女士”、“太太”、“小姐”。已婚女子称“夫人”，未婚女子统称“小姐”，不了解婚姻情况的女子，可称“小姐”。这些称呼均可冠以姓名、职称、衔称等，如“怀特先生”、“议员先生”、“护士小姐”、“密特朗夫人”等。

对地位高的官方人士，根据不同国家的情况可称“阁下”、“先生”或职衔。如“部长阁下”、“总理先生阁下”等。但美国、墨西哥、德国等国家没有称“阁下”的习惯，对有地位的男士可称“先生”。

君主制国家，按习惯称国王、王后为“陛下”，称王子、公主、亲王等为“殿下”，对有公、侯、伯、子、男等爵位的人士，既可称爵位，也可称“阁下”，一般也称“先生”。

对医生、教授、法官、律师以及博士学位的人，均可单独称“医生”、“教授”、“法官”、“博士”等，也可同时加上姓氏或“先生”。如“史密斯教授”、“法官先生”、“琼斯博士先生”等。

对军人一般称军衔或军衔加先生，知道姓名的也可以冠以姓和名。如“少将先生”、“彼得上校”、“莫利中尉先生”等。有的国家对将军、元帅等高级军官称“阁下”。

在日本，只有对教师、医生、年长者上级和特殊才能的人才称“先生”。对妇女一般称“女士”、“小姐”，而对身份高的也称“先生”。

凡与我国有同志相称的国家，对各种人员均可称“同志”。有职衔的可加职衔，如“大使同志”、“列车长同志”、“服务员同志”等。

3. 全面的专业技能技术素质

客房服务工艺性强，技能技术性强，许多工作无法用高科技机械所替代。每一服务项目，服务环节都有自己特定的操作标准和要求。如客房预订网络、客房状态控制、客房服务文字处理、商务中心电脑应用、客房产品销售、客房服务综合应变、中西式铺床、楼面接待服务、客房卫生整理等都有特定的技能与技巧、服务规格与规范、操作程序与方法及操作要领与要求等，要达到服务规范化、标准化、程序化，就务必要求客房员工具备全面的技能技术素质，懂得各种服务规范、操作程序、要领要求，并通过自己娴熟的技艺、开拓发展的服务意识、敏锐、前卫的推销、观察判断能力，揣测客人的心理和生活忌好，给宾客以美的服务空间，美的服务体验和享受。

三、服务人员的身体心理素质

客房服务日常工作强度很大，可谓“日行万里不出门”。因此，要求客房员工具备健康的体格，良好的身体素质，做到有规律的起居、科学合理的饮食、坚持体育锻炼、定期进行体检，保持旺盛的精力和体能，是保障服务质量的关键。与此同时，客房员工还应建立积极健康的心态，不断提高自己的心理素质，有较强的自我调控能力，善于控制自己的情绪和调节自己的心理，并积极引导、诱发、刺激客人的消费心理，以达到推销客房产品的目的。

可见，作为客房员工，树立自信的信念和健康的心理是十分必要的。因为，自信就是力量，努力就会成功，只要坚持，就能使客房服务工作做得优秀。

积极健康心态的特点：

1. 保持乐观而稳定的情绪，对工作、生活充满热情、活力。
2. 有强烈的事业心和目标意识，组织行为与公众利益协调。
3. 正确地认识自己，公证地评价他人，豁达大度，协调关系。
4. 积极进取，勇于追求，自我克制，与时俱进。
5. 坦然冷静地接受所发生的各种事情，迅速作出应变反映。

四、服务人员的文化艺术素质

文化艺术是通过塑造具体、生动的感性形象来反映社会生活的审美活动。要提高自身的文化艺术修养，要尽可能把自己置身于内容健康、情趣高雅、艺术性强的环境中培养，积极倡导“无污染”的绿色语言与行为。可见服务人员要努力加强自身的文化素质的塑造。具体表现为下列两个方面：

(一)语言艺术修养

语言是一门应用艺术。美的语言能表达美的心灵、表现美的行为。要使自己的语言美，就得强化自身的文化素养和艺术语言的表达能力与应变能力。只有这样才能实现语言的艺术表现力。

1. 言谈技巧

恩格斯认为：幽默是“具有智慧、修养和道德上的优越感的表现”。在言谈中，幽默确实具有妙不可言的功能。同时也是一种含蓄而充满智慧的境界。

如广州东方宾馆有位员工在整理客房时一位宾客不小心踢了她一脚，顿时宾客神色紧张，慌忙道歉：“对不起，我踢了你”，员工立即风趣的回答：“不，是我的脚放错了地方”。这时宾客如释重负的笑了。

又如客房员工为新婚蜜月旅游者在进行客房用餐服务中，客人不小心把筷子掉了，顿时该员工立即捡起筷子，幽默地说：“祝您新婚快乐(筷落)，快乐(筷落)，新婚早添贵子(筷子)。”此时说得客人幸福地笑了，并说：“谢谢美好的吉言。”上述这些实例就充分表现了客房员工语言幽默、宽容、豁达的服务风范和良好的语言艺术修养。

可见，语言幽默和机智绝不单单是言谈技巧的问题，它是一个人智慧、胸怀、文化艺术修养的综合体现。因此，要求客房员工还要学会礼貌地拒绝他人。客房服务要重视培养自己的语言表达上的机智应变能力，技巧地掌握拒绝语言，学会说“不”字。当然要讲究表达的艺术方式方法，一方面要表达自己的原则和态度；另一方面又要保持对方的自尊心和面子。故为了达到不说“不”而达到“不”的目的有许多巧妙的做法。如迂回寓意、偷换概念、反被动为主动。

例①:有位先生在客房要求正在提供服务的员工合影纪念时，这位员工不失风雅地说:“谢谢您的好意，以后会有机会的。”

例②:陈毅曾在记者招待会上，有位外国记者问他:“陈毅先生，中国已成功地发射了第一、第二颗人造卫星。请问第三颗何时发射?”陈毅微微一笑，很坦诚地说:“我不知道这是不是秘密。”记者说:“不是”。“那么，既然不是秘密，你肯定知道了”，陈毅镇定自若地回答了记者有意刁难的问题。可见，应用语言实施拒绝的技巧与艺术手段，是客房服务重要的业务素质。的确，语言是人际交流的工具和媒介。常言道:“言为心声”。美的语言能表达美的心灵。因为，语言表达的简洁、明快、准确、鲜明、生动、幽默风趣会赋有很强的感染力；语音、语气、语调、语速的平稳、清晰、文雅、谦逊、协调、优美，会表现出神奇的艺术效果。

因此，要求客房员工必须要重视培养自己的语言技巧与艺术修养，培养在语言表达上的机智应变能力，艺术地把握拒绝语言，学会说“不”字，学会通过语言，一方面表达自己的服务原则和态度，另一方面又保持了对方的自尊和面子。

2. 常用服务用语:

(1) Welcome to this floor!

欢迎您来到我们楼层。

(2) Is there anything you need?

您还需要些什么?

(3) Sorry for the inconvenience。

对不起，给您带来了不便。

(4) Your luggage will arrive soon。

您的行李马上就到。

(5) There is a special express service。

有一种特殊的加急服务。

(6) Thank you for your cooperation。

谢谢您的合作。

(7) I wish you a pleasant journey!

祝您旅途愉快!

(8) Could I know your room number?

您的房号是多少?

(9) I show you to your room。

我领您去您的房间。

(10) Could I clean your room now?

我现在可以打扫您的房间吗?

(11) Your room is at the end of the corridor。This way, please。

您的房间在楼道的尽头，请您这边走。

(12) Our hotel has very good room service。

我们饭店有非常优秀的送餐服务。

(13) Could I have your room card?

我能看看您的住房卡吗?

(14) The extention number of the room is the same as the room number。

分机号码与房间号码一样。

(15) Leave the laundry in the laundry bag behind the door in the bathroom。

将要洗的衣服放在浴室门后的洗衣袋里。

(16) Take it easy, madam。We have express laundry service。

别急，女士我们有快件洗衣服务。

(17) Our computer will record the time and your room number。

计算机会记录下时间和您的房间号码。

(18) Would you please sign the bill, sir?

先生，请在账单上签字。

(19) We are sure to have it fixed right away。

我们保证马上修理。

(20) At what time would you like us to call you up?

您什么时间需要我们叫醒您?

3.注意事项

(1)服务工作中应注意“请”字当头，“您”字领先，“谢”字结尾。

(2)与客人谈话时，应站立，间距一步半(80厘米)。

(3)与客人谈话时精神集中，不可左顾右盼，不开过分玩笑。

(4)语言表达明白、准确、简练，注意语气、语速、语调。

(5)谈话时目光注视对方，面带微笑，表情自然大方。

(6)回答问询不能说“不知道”，应婉言回答。

(7)如须找谈话中的客人时，应注意先说“对不起”。

(二)特殊情况的艺术性处理

客房服务是一个复杂性的整体运作系统。由于客人对服务需求的多层次、多样化，难免会出现不尽人意的地方，作为客房员工不仅要具有处理常规服务问题的业务能力，同时要具备处理超规服务中突发事件的艺术素质。

常规服务是指按酒店正常的工作程序，服务规范所进行的服务。其特点表现为具体化、规范化、程序化、制度化。

超规服务是指在常规服务工作基础上，将服务技能灵活地运用于不同的服务场合、服务对象和时间，使同样的人力、物力发挥最佳的服务效果。超规服务是现代酒店竞争中提出的新概念、新方式，要求服务员工具有较高的个人素质。

2. 客人投诉处理

（1）投诉方式与途径

① 方式：分为电话投诉、书面投诉、当面投诉三种。

② 途径

A．直接向酒店投诉。

B．向旅行代理商投诉。

C．向消费者协会一类的社会团体投诉。

D．向工商局、旅游局等有关政府部门投诉。

E．运用投诉方式起诉酒店。

（2）投诉原因

① 对设备设施的投诉

指由于对客消费环境、消费场所、设备设施未能满足客人的要求而引起的投诉。如空调、音响系统使用不正常、水电气能源供应不到位、电梯控制失灵等。

② 对服务质量的投诉

指协调沟通不力、服务礼仪不周、业务不熟练、技能水平不高、服务效率低、叫醒服务不准、预订客房不兑现、客账累计错误等。

③对服务态度的投诉

指客人对服务态度的不满，具体表现为冷冰冰的面孔、无礼粗暴的语言、嘲笑戏弄的行为、不负责任的答复等。

④对服务项目的投诉

指经营的服务项目单调、服务内容不丰富、项目形式不灵活等。

（3）投诉处理的技巧与方法

处理投诉要掌握客人投诉的心态，把握投诉客人求发泄、求尊重、求补偿的心理，然后进行艺术性的处理。具体处理技巧与方法如下：

①让客人“降温”

“降温”是一种投诉处理的技巧和艺术手段。让客人自由发泄，恢复理智，获得心理平衡，从而在平静中实事求是地看待、分析、处理解决问题。

②用“替代”的方法

“替代”法实际上是一种角色互换的方法。要针对客人投诉的心理，让客人相信，是站在客人的立场努力帮助客人的。从而把不满的情绪转化为感激之情。这是解决问题最积极有效的方法。

③果断地解决问题

在受理客人投诉后，要善于分析。如果是自己能解决的问题，应迅速果断地处理，回复客人。如果是明显的工作失误，应迅速做出补偿性处理。如果是自己能力范围内不能解决的问题，应及时请示上级处理。

④维护客人和酒店双方利益。

在处理客人投诉中，既要代表客人利益为客人排忧解难，又要维护酒店形象和利益。要兼顾双方，互不受损。

⑤做好投诉记录

凡是接到客人投诉，不管投诉形式如何，都要记录在案、整理归档，以利改进日后的工作。

(4) 投诉处理原则

① 处理投诉要有一定的依据

要参照行业惯例，制定合理、行之有效的有关处理投诉的规定，以便投诉处理工作有据可依。

② 尽快地解决投诉问题

遇到客人投诉，要按酒店所确认的投诉受理范围、权限规定及时解决，以免引起客人更大的不满。

③解决投诉不应在公共场合进行

公共场合人群复杂，不利于冷静、安抚客人，影响同客人的沟通、问题的解决，影响正常的对客服务工作和其他客人对酒店的感受。

④处理客人投诉时要保持冷静

当对客服务中引起客人投诉时，服务人员应以礼让为主，主动而积极的改善与客人的关系，即算客人使用过激的语言及行为，也一定要在冷静的状态下同客人沟通。

⑤处理投诉不能转移目标、推卸责任

对于客人的投诉应从酒店整体利益角度出发，不能单单保全自己或本部门不受理而盲目随声附和、转移目标，更不能贬低他人、推卸责任。

⑥ 处理投诉不能损害酒店利益和形象

投诉处理结果的好坏因客人站在不同的角度、其标准也不同。处理投诉时应真为客人解决问题，保护客人利益，但也要注意维护酒店正当权益和整体形象，对涉及经济问题的投诉，要以事实为依据，具体问题具体研究，使客人不蒙受经济损失。酒店也不无故承担赔偿责任。仅从经济上补偿客人的损失和伤害并不是解决问题的惟一有效方法。应研究并科学的运用处理投诉的技巧与解决问题的艺术办法。

1. 突发事故处理

(1) 客人休克或猝死

客房员工发现宾客休克或死亡事故时，要立即采取以下措施：

①立即通知主管和值班经理。

②立即联系医院急救中心予以急救，注意不要随便搬动客人。

③努力抢救无效并经医生确认死亡，应开出“抢救报告”和“死亡诊断证明”。

④与公安、保安部门联系，核查死因并保护现场。

⑤通知客人接待单位、家属、随行人员等。

⑥不要对此事到处张扬，以免引起混乱和不利该客房的出租。

(2) 醉酒客人处理

酒醉客人有着一定的危险性和破坏性，轻则行为怪异，重则行为失控、大吵大闹，造成严重后果。遇有这种情况，客房员工要保持冷静、理智、机警的头脑，根据客人酒醉程度妥善处理。处理过程中注意以下几点：

①遇有酒醉客人要谨慎行事，尤其是女员工不宜单独搀扶进房，更不能为客人脱衣，以免发生误会或被客人纠缠，可主动招呼其他员工协助。

②询问客人是否需要浓茶或醒酒饮料，并提供服务。

③对客人的呕吐物进行及时清理。

④密切观察房内动静，防止客人吸烟引起火灾，如果客人行为过分，要立即通知上级和保安部门。

⑤对客人损坏物品，待客人醒酒后，向其说明情况，并要求按照规定赔偿。

⑥注意对事发经过及处理情况做好记录、整理归档。

第二节　客房服务人员应注意的事项

1 注意仪表整洁、仪容端庄，符合酒店等级规范标准的要求。

2. 引领宾客时要位于宾客的左前方二、三步处。按宾客行走的速度前往，途中如有拐弯，应主动伸手示意。

3. 介绍设施时语言表达要清晰、简练、准确、明白。

4. 对房内冰箱里的饮料物品的收费方式要向客人婉言说明清楚。

5. 在客房服务中，当客人没有其他需要时，要礼貌告别，退出房间，以免影响客人休息。

6. 遇有宾客提出设施维修时，应立即通知工程部及时处理解决，不可无动于衷。

7. 进入房间时应先敲门或按门铃，明示自己的身份，得到明确回答后方可进入，不得从门缝里窥视。

8. 不得打听宾客个人年龄、收入、婚姻状况等。

9. 遇到宾客交谈时，不得上前插话或中间穿过，干扰客人。

10. 不要当着访客的面要求宾客当场付账取款。

11. 如工作失误时，要主动、诚恳道歉，求得宾客的体谅，不得强词夺理、推卸责任。

12. 宾客叫服务员进房间时，应将房门半掩，客人让座，礼貌道谢不坐。

13. 客房员工不得使用客房所有设备，不得借用客房同私人谈话。

14. 客房员工不得藉卫生整理之名翻看客人物件，更不能动用客人的东西。

15. 来访者未经客人同意，不得进入客房。

16. 未经客人允许不要抱摸客人小孩，更不要给小孩食品吃。

17. 不要议论客人的穿戴和相貌，更不允许讥笑客人的生理缺陷。

18. 不能在走廊或服务台大声喧哗、说笑，打闹、议论是非，操作时要注意“三轻”。

19. 整理房间要尽量选择客人外出时进行，并将房门半掩，以免打扰宾客。

20. 发现客人生病发高烧时，应立即报告主管，采取积极措施，以免发生意外。

21. 发现易燃易爆的危险品、毒品、走私品及枪支药弹等，要及时报告领导和公安、保安部门。

22. 注意观察客人动态，熟悉客人特征，发现疑点，及时报主管、领导和保安部门。

23. 认真填写交接班记录，没办完的事情要交代清楚，以免服务中断或脱节，使客人不满。

24. 有宾客询问时，不允许回答“不知道”，应该婉言礼貌的回答。

25. 不得向宾客介绍其他客人的姓名、住房情况、不得向宾客介绍自己的姓名及家庭住址。

26. 门柄上挂有“请勿打扰”的牌子时，绝对不能擅自入内。

【案例1】

小李从某旅游学校毕业，在一家大酒店客房当实习生。一天，他遇上一名年龄较大的员工正在为两位外宾提供客房用餐服务，他们交流十分困难。见此，他立即上前用流利的外语协助沟通，使外宾得以满意的服务，并翘起大拇指说：“谢谢！你的外语太出色了。”

案例分析

本案例既体现了实习生小李主动补位协助沟通的服务意识，也反映了他高素质的外语水平，这些正是客房服务人员应具备的基本素质。

【案例2】

一天，两位着装简朴的外宾来到南国饭店的高尔夫球场，小王主动上前问好，引领他们就座。接着，问客人需要点什么？客人点了两盒香烟。随后，小王递上香烟，并放好烟灰缸。不久，客人叫小王马上结账。在付款时，小王发现那两个镀金边的烟灰缸不见了。在客人刚要离开时，小王来到他们面前，对他们的光临表示感谢，接着问客人是否喜欢这里的烟灰缸；客人很快意识到了他们的行为被小王发觉，便拿出烟灰缸。小王见此，又说：“二位先生非常喜欢这里的用品，实在是我们的荣幸。如果二位确实喜欢的话，我们饭店商场部有售。”

案例分析

在高尔夫球场，用于服务的备品，其款式和做工一般都很新颖别致。有些客人出于好奇，或其他目的（如收藏），常擅自拿走。由于高尔夫球场是高雅的场所，因此，服务员发现这种情况时，不能生硬地命令客人当场把收起来的物品交出来。这样做会把事情弄僵，有时会扰乱高尔夫球场的正常秩序和高雅的气氛。

小王在解决这个问题时很注意方法和语言技巧在动员客人拿出时，没有使用挖苦、讽刺的语言，而是用商量、启发的口吻，用客人可接受的语言，使客人感到这种做法仅仅是“好奇”或留做纪念而已，不使客人难堪。这个案例充分体现了小王在服务中的语言艺术素质。

【案例3】

某桌球室，来了两位客人打桌球，要求服务员帮助裁判。可新来的服务员小赵说，他不懂裁判的规则，客人很不高兴，并向经理投诉，说服务员素质太差。

案例分析

(1)如果你是一名桌球室的服务员，你应掌握哪些专业知识，才能上岗？

(2)如果你是部门经理，你应负什么责？并怎样解决此问题？

本章小结

本章重点探讨了客房服务人员的专业思想、职业道德、业务技能、文化修养等综合素质，强化了客房服务礼节礼仪规范，阐明了客房服务人员的素质是客房经营成败的关键，是加强日常管理、文明优质服务的标志。

关键词：职业道德 服务礼节

复习思考题

1．何谓职业道德？

2．何谓服务礼节？

3．列举客房常用服务礼节。

4．如何站立、就座、行走？

5．举例说明微笑服务的作用。

6．客房服务人员积极健康心态有何特点？

7．如何处理客房突发事件？

8．投诉处理的技巧与方法有哪些？

9．举例说明客房服务中语言技巧与艺术的作用？

10．试分析客房服务人员应具备的素质？

第三章 客房服务与管理

● **学习提要**

一、客房种类与客房设备。

二、客房清洁作业。

三、客房清洁后的检查。

四、客房服务的组织模式及管理方法。

五、客房服务项目及服务规范。

六、客人类型和服务方法。

七、提高客房服务质量的途径。

● **学习目标**

1. 了解客房的种类
2. 明确客房用品配置规格
3. 明确客房清扫顺序和标准
4. 掌握客房清扫程序及技能
5. 了解客房服务的三种不同的组织模式及服务方法
6. 了解日常的客房服务项目
7. 掌握客房服务中不同类型客人的服务方法

第一节 客房类型与客房设备

客房是饭店的重要设施，饭店要适应不同类型和档次客人的需要，同时考虑饭店类型和所处的地理位置，应设计和布置各种类型和档次的客房。

一、客房类型

（一）单人间（Single Room）

单人间是放一张单人床的客房。单人间又称单人房，适合于从事商务旅游的单身客人住用，是饭店最小的客房。饭店单人房数量一般不多，而且常常把面积较小或位置偏僻的客房作为单人房。

由于这种客房的隐私性强，近年来受到很多单个旅游者的青睐，不少饭店增加了此类客房的数量，而且在房间的面积和装饰布置及用品配备上也日趋讲究，摆脱了传统单人间仅仅是经济客房的说法。

（二）大床间（Double Room）

在房内配备一张双人床。大床间又称双人客房，适合夫妻旅游者居住；新婚夫妇使用时，称“蜜月客房”，“鸳鸯房”。单身客人一般也选择这类客房。

（三）双人间（Twin Room）

在房内配备两张单人床，可住两位客人。同样，也可供一人居住。通常在酒店称“标准房”（Standard Room），适合安排旅游团队或会议客人，这类客房在饭店占绝大多数，为了出租和方便客人，有的饭店配备了单双两便床（Holly Wood Bed），在大床间供不应求时，可将两张床合为大床，作为大床间出租。

也有某些饭店为了突出其客房的经营方式，在双人间中放置两张双人床。这种两个双人床的客房称（Double – Double Room），可供两个单身客人居住，也可供一对夫妇或一个家庭居住。（Double – Double Room）的面积一般比标准间大。

此外，根据客人要求，客房内可以加床，通常加床用的是折叠活动的单人床，可供单身客人居住。

（四）三人间（Triple Room）

在房内配备三张单人床，可供三位客人同时住宿的客房。属经济型客房。这类客房在饭店特别是星级饭店很少见，当客人需要同住一个房间时，往往以在标准间中加一张活动床的方式解决。

（五）标准套间（Standard Suite）

标准套间又称普通套间，一般为连通的两个客房。一间做卧室（Bed Room），另一间为起居屋（Living Room），即会议室。卧室中放一张大床或两张单人床，配有卫生间，起居室也可设盥洗室，内有便器与脸盆，可不设浴缸，一般供来访客人使用。

套间可用固定的分室隔墙隔离，也可用活动隔离墙隔离。起居室在下，卧室在上，两者用小楼连接的套间称双层楼间（Duplex Room），而连接套房（Connecting Room）即连通房，是指两个独立的双人间，用中间的双扇门相通时，一间可布置成卧室，另一间布置成起居室，作为套间出售。需要时，仍可作为两间独立的双人间出租。但这种连通房中间的双扇门上均需安装门锁，关上时有密闭的效果和良好的隔音性能。

（六）豪华套间（Deluxe Suite）

由两间或三间房组成，带一个或二个卫生间。其主要特点是客房选用的家具用具，可用物品高档和室内装饰布置豪华、高雅、有气派。此外还有三至五间或更多客房组成的多套间。有两个卧室各带卫生间，以及会客室、餐厅、书房及厨房等，房内设特大号双人床。

（七）总统套间（Presidential Suite）

总统套间又称特别套间，是现代酒店中档次规格最高的一种客房，装饰布置极为豪华讲究，造价昂贵。一般由七八个客房组成。主要有：套间内总统与夫人卧室分开，男女卫生间分开。拥有客厅、写字室、娱乐室、会议室、随员室、警卫室或酒吧以及厨房，室内花园等。但这类房间出租率较低。

三星级以上的饭店才设有总统套间，它是标志该饭店已具备接待总统条件和档次，但总统套间并非总统的才能住，一般来说，只要付房租，谁都可以住。实际上住总统间的客人，多数是大商人和大老板们。

二、床的类型

床是饭店为客人提供休息和睡眠的主要设备。由于饭店等级和客房的面积大小不同，所以床的大小规格也有差异。配备何种类型的床与确定客房的种类也有密切关系。

（一）基本类型（见表3－1）

（二）特殊类型

1. 沙发二用床（Studio Bed）

2. 隐壁床（Murphy Bed）

这种床在夜间做床使用，在白天可翻做沙发使用，或翻起后隐藏在墙壁里，目的是增加客房的功能。

3. 水床（Water Bed）

该床是当今最理想的床具之一。床垫坚韧柔软且密封性能好，床垫用PVC聚氯乙烯薄膜材料制成，内充有大量的水，并配有加热器和恒温器，使水温与人体温度相适应；它能填充人体的空隙部分，扩大受力面积，使体压分配趋向均匀，给人以舒适感。

4. 单双两便床（Holly Wood Bed）

两个单人床即可独立做单人床使用，又可做双人床使用，以满足不同的需要。

表3－1　床的类型及尺寸

类　型	长　度（m）	宽　度（m）
单人床（Twin－size Bed）	2.0 1.0～1.35	
双人床（Double－size Bed）	2.0	1.4
大号双人床（Queen－size Bed）	2.0	1.6
特大号双人床（King－size Bed）	2.0	2.0
加床（Rollaway Bed）		
婴儿床（Cot）		

三、客房布局及设备的配备

客房是客人在饭店逗留期间的主要生活场所，这就是要求饭店合理地设计客房的布局并配备与其相应的家具和设备，使客房具备能满足客人生活的各种功能。下面以标准间配备为例说明。

(一)睡眠空间

1. 床(Bed)

床是睡眠空间也是客房最主要、最基本的设备。酒店使用的床通常为西式床，它由床架、床垫和床头软板组合而成。床的质量要求是重量要轻，牢度要好，席梦思(床垫)软硬适宜，床架底部有活动走轮和定向轮，方便移动。

2. 床头柜(Night Table)

酒店使用的床头柜是一种多功能的床头柜，通常都配有音响设备，供客人收听有关节目及欣赏音乐。此外还带有多种控制开关，如电视机、床头灯、夜灯、走廊灯、房门外请勿打扰灯等开关以及时钟和呼唤服务员按钮等。这样，客人不用下床，便可完成他所要做的许多事情，从而方便客人。但面对如此繁多的控制开关，一些客人反映在夜间识别起来较麻烦，常常影响客人休息，针对这一问题，一些酒店在床头柜上放置一个可移动的，带有房间内各种电器设备开关的电子触摸遥感器，这样，即方便客人，又显示了客房的档次。

除了安装有音响设备和控制开关以外，床头柜上通常还放有一部电话，以及便条纸和一支铅笔。为客人通讯联络提供方便，有的酒店还在床头柜上放上晚安卡、能源节约卡(绿色环保卡)、早餐卡、"请进房整理"卡和常用电话号码卡。

床头柜的长度为60厘米左右，宽度40~60厘米之间。床头柜的高度必须与床的高度相协调，通常为50~70厘米。

(二)盥洗空间

盥洗空间即浴室，又称卫生间。主要包括下列设施：

1. 浴缸(Bath Tub)。豪华客房的浴缸内还可以装上能产生漩涡的水疗装置，也可在卫生间装上带有小型电动蒸汽发生器的桑那浴的蒸汽浴装备。

2. 淋浴器(Shower)

3. 水龙头(Tab)。可调节水温，为客人提供冷、热水。

4. 淋浴帘(Shower curtain)。悬挂在浴缸外侧，防止客人洗澡时，浴缸里的水或淋浴的水外溅。

5. 毛巾架(Towel rack)。供放置洗脸巾和大小浴巾等使用。

6. 马桶(Toilet)。分坐式和蹲式两种，一般客房只装坐式，但高级客房两种都装，并在坐便器后侧设有冲洗器。

7. 电话机(Telephone)。以便客人在使用卫生间时接听电话。通常安装在座侧后面的墙壁上。

8. 洗脸盆及云石台(Sink)。盆内安装有可调节水温的水龙头。在云石台上可放置各种梳洗、化妆及卫生用品。

9. 镜子(Mirror)。供客人在卫生间梳洗打扮时使用。

10. 电源插座(Socket)。供客人在卫生间使用电动剃须刀或电吹风时使用。

(三)起居空间

除套房以外，标准客房的起居空间基本上都位于窗前区，供客人休息、会客、饮食、看电视时使用。

1. 茶几(Tea table)。上面摆放有各种茶水具、烟缸等。

2. 坐椅(Chair)。

3. 落地灯(Standing lamp)。

(四)书写和梳妆空间

标准间的书写与梳妆空间在床的对面，沿墙设计一长条形的多功能柜桌，主要包括：

1. 行李架(Luggage rack)。它可设计成写字、化妆中的扩充部分或作为单独的一件家具。高度为45厘米，宽65厘米，长为75～90厘米。

2. 写字台(Writing desk)。通常配有圆珠笔、信纸、信封等文具。

3. 椅子(Chair)。

4. 台灯(Desk lamp)。

5. 电视机(TV set)。位于写字台或写字台一端。

6. 小冰箱(Fridge)。位于写字台下面的柜子里。

7. 梳妆镜(Mirror)。写字台还可以兼做梳妆台使用，因此，此处的墙壁上往往装有一面梳妆镜。客人在此即可书写看书，也可梳妆打扮。

(五)贮存空间

贮存空间主要是指设在房门进出过道侧面壁橱和紧靠壁橱的小酒柜。

1. 壁橱(Close)。贮存空间的主要设备是壁橱，通常位于客房卫生间的一侧，供客人存放衣物使用，里面配有衣架。此外，壁橱还可供酒店存放客房备用的被子、毛毯、枕头等。壁橱内应有照明灯，以方便客人存取物品。

2. 小酒柜(Mini - bar)。小酒柜上方摆放各种烈酒、酒具、茶水具及各种小吃食品，下层存放饮料的小冰箱(迷你吧)。以满足客人饮用。除以上设备外，客房设备还包括：

(1)窗帘(Window curtain)。酒店客房的窗帘通常分两层，一层为厚窗帘，另一层为纱窗帘。厚窗帘主要起遮蔽、隔音、挡光、装饰和调和作用。

(2)地毯(Carpet)。作用是减少噪音，美化环境。一般分有羊毛毯、合成纤维地毯。

(3)房门安全装备(Emergency escaping guide)。客房门上装猫眼和安全链及双锁。门后张贴安全指示图，标明客人现在所在位置的安全通道方向。

(4)空调(Air - conditioner)。有中央空调系统或客房空调器。可调节房内温度和湿度，还能通风换气，保持空气新鲜、清洁，起到净化空气的作用。

(5)烟感报警器(Smoke - detector)。当房内烟雾达到一定程度时，“烟雾报警器”会自动报警，酒店防灾中心的指示灯自动闪亮，机器驱动器会自动喷淋灭火。

(6)自动喷淋器(Auto - spray head)。

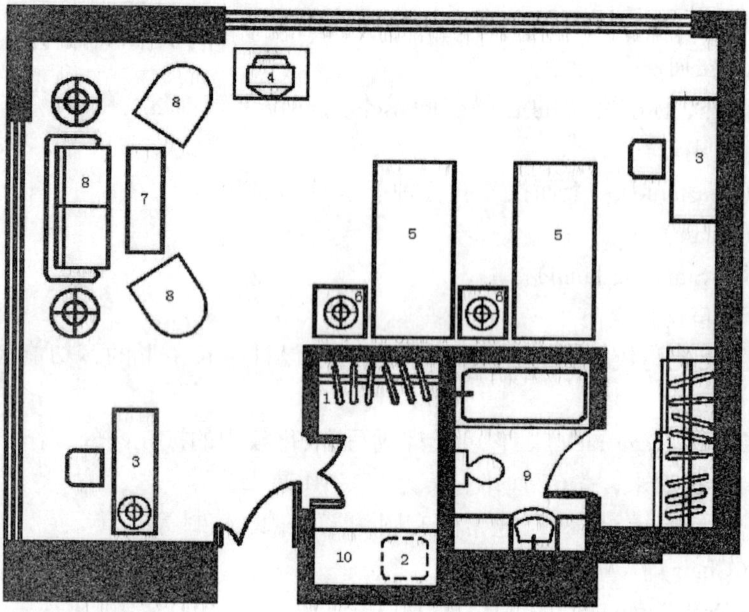

1. 衣柜　2. 小冰柜　3. 写字台　4. 电视机　5. 床　6. 床头柜
7. 茶几　8. 坐椅　9. 卫生间　10. 行李架

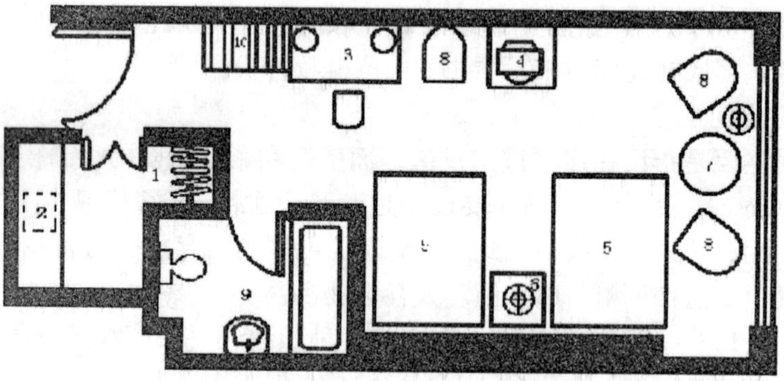

1. 衣柜　2. 小冰柜　3. 写字台　4. 电视机　5. 床　6. 床头柜
7. 茶几　8. 坐椅　9. 卫生间　10. 行李架

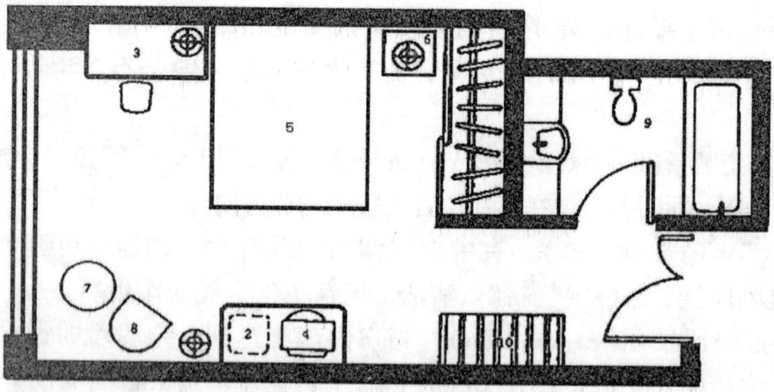

1. 衣柜　2. 小冰柜　3. 写字台　4. 电视机　5. 床　6. 床头柜
7. 茶几　8. 坐椅　9. 卫生间　10. 行李架

四、客房用品配置规格

为了满足客人在客房中生活的需求，饭店在客房中除配备各种家具、设备之外，还应配置各种用品，供客人使用，真正为客人创造一个舒适、方便的生活环境。同时，也能提高客房的吸引力和规格。这样不仅让客人感到饭店对其住店生活的关心，还能使客人更容易接受饭店的房价，有“物有所值”之感。另外，饭店通常在客房用品上印有饭店的名称，标志及地址、电话等，使之成为饭店宣传、扩大社会影响的销售手段之一。

客房内正常配备的客用物品通常可分为两大类，即一次性消耗用品和多次性消耗用品。

(一)多次性消耗用品

多次消耗用品是指可供多批客人使用，正常情况下不会在短期内损坏或消耗的物品。这类物品仅供客人在住店期间使用，但不能损坏、消耗或在离店时带走。如布件、烟缸、酒具、衣架等，也称备用品。

(二)一次性消耗用品

一次性消耗用品是指供客人一次性使用消耗或用作馈赠客人而供应的用品，如香皂、信封、明信片、礼品袋、针线包等，也称供应用品。但是现在的绿色客房管理提倡一次性消耗用品尽量重复使用。如，不使用一次性毛巾、一次性牙刷、一次性梳子、一次性容器。下面以一个标准间客房为例，介绍客房内配备的供应物品和备用品。

1. 房间用品。见表3－2。

2. 卫生间用品。见表3－3。

除上述用品外，客人或许会要求使用一些较特殊的用品。对此，客房部可备这样的用品供客人租借使用。

上面所列的客房用品是标准间客房所应配置的。在豪华套房、总统套间内，还应配置相应的特殊用品。在此不一一列举。

不同饭店的各类客房由于等级、规格、风格不同，在配置客房用品上可根据各自的经营决策及实际需要而增减。

传统酒店的卫生间每天都要为客人配备肥皂、洗发液、沐浴液等卫生用品，凡客人用剩的都要扔掉,既浪费资源,又污染环境。现在的客房绿色管理是将房内用过的洗发液、沐浴液改为安装在浴室墙上的固定容器中。并将所用洗浴产品的品牌标识印制在液盒中,使客人放心使用。

表 3－2　　　　房间用品

放置位置	备用品	数量	供应品	数量
床	床单	4条或6条		
	枕套	4条		
	枕芯(鸭绒、木棉)	4只		
	毛毯	2条		
	床罩	2床		
	保护垫	2条		
	丝棉被	2床		
床上柜(上面和下面)	电话簿	1本	信纸	5张
	电话立卡	1个	铅笔	1支
	请勿卧床吸烟卡	1份	一次性拖鞋	2双
	晚安卡、早餐卡	各一个	擦鞋纸	2张
梳妆台上	服务夹	一本	火柴	1盒
	烟缸	1支		
梳妆台抽屉内			洗衣袋	2个
			洗衣单(干、湿)	各2份
			购物袋(大、小)	各2个
			衣服刷	1个
			鞋拔	1个
服务夹	饭店介绍册	2份	普通信封	各5个
	服务指南	1份	大信纸、中信纸	各5张
	电话指南	1份	明信片	2或4张
	房间用餐菜单	1份	电传纸、传真纸	各2张
	安全须知	1份	箱贴	2张
	游览图	2份	行李牌	2－4张
			宾客意见书	2份
			针线包	2只
电视机	电视节目单	1份		
	遥控器	1只		
小酒吧	开瓶器、电茶壶	各1只	调酒棒	2根
	冰桶、冰夹	各1个	杯垫	每杯一张
	酒篮或酒盘	1只	餐巾纸	若干张
	酒水	若干种	小酒吧账单	2份
	小酒吧立卡	1张		
	酒杯	若干		
冰箱	冰水瓶	1只		
	水杯	2只		
	饮料、食品	若干种		
茶几桌	热水瓶	1个	茶叶(红、绿、花茶)	床位计盒
	茶盘	1个	火柴	
	茶叶盘	1只		
	烟缸	1只		
	花瓶	1只		

续上表

壁橱内	西服衣架	4个		
	裙架	4个		
	裤架	4个		
	普通衣架	4个		
	鞋篮	1只		
	浴袍	2套		
衣物柜旁	垃圾桶	1只		

表3－3　　卫生间用品

放置位置	备用品	数量	供应品	数量
云台（洗脸台）	漱口杯	2只	牙具	2套
	小方巾	2条	面巾纸	1盒
	烟缸	1只	肥皂	大小各2块
	肥皂碟	1只	浴液、洗发液	各2瓶
			浴帽	2只
			剃须刀梳子、指甲具	各2把
			化妆棉签	2盒
云台下	体重秤	1只		
	垃圾桶	1只		
云台墙上的毛巾架	脸巾	2条		
	电吹风	1只		
坐便器旁手纸架			手纸	1卷
			卫生袋	2只
浴缸口沿	防滑橡胶垫	1条		
	地巾	1条		
毛巾架	大浴巾	2条		
	小浴巾	2条		
浴帘杆	浴帘	1条		

五、客房设施发展的新趋势

现代饭店为适应客人对客房的满足需求，设备设施在不断的完善，目前有以下几个方面：

（一）客房的房间面积

为了尽可能给客人提供宽敞的活动空间，客房面积由原来的二十几平方米向更大的方向发展，现在有不少高档饭店的商务单人房已达50平方米。

（二）卫生间设备的功能增多

1. 具有保健功能的按摩浴缸

很多高档饭店在豪华套间设置冲浪式浴缸，以显档次，其四周与下部设有喷头，喷射水流冲击人体肌肉，起按摩作用，以消除疲劳，恢复体力。

2. 将出现方便、舒适的自动化马桶

客人入厕时，可根据需要调节坐盖的温度。入厕结束后，可自动冲洗下身（水温可自动调节），并带有自动烘干装置。

3. 在卫生间安装音响和小电视

为了使客人在使用卫生间时得到彻底的放松和享受，越来越多的酒店除了在卧室内安装音响和电视以外，还将在客房卫生间安装音响及电视机，以便客人随时看到经济动态、重要新闻，为客人提供更加舒适的享受和高标准的服务。

4. 独立的淋浴装置

越来越多的酒店将在其客房卫生间设独立的箱式淋浴间，且多为拼装结构，采用玻璃或有机玻璃箱体。这种独立的淋浴装置具有替代传统的浴缸的趋势。

5. 卫生间的空间扩大

我国饭店星级评定将卫生间的面积定为4～6平方米，这与国际上三件套（洗盆、浴缸、马桶）设施卫生间的面积相同，但对5件套设施（增加净身盆和箱式浴器）的卫生间来说，需约8～10平方米。豪华卫生间的经典之作当属香港丽晶酒店的海景套间，其卫生间面积达36平方米，拥有豪华的按摩浴缸及独立的桑拿浴室，卫生间三面采用大面积镜子，将迷人的维多利亚港湾风景采用借景的手段尽收眼底，淋浴在按摩浴缸之中，仿佛置于蔚蓝的大海，令人心旷神怡。

6. 节能型洁具将在卫生间普遍采用

为了节约经营成本，建设绿色环保型酒店，各种节能型将在卫生间采用。不少坐便器将注明用水量。如广东佛陶集团最近展出的IW－34彩金水型卫生瓷座便器，每次冲洗量用水只需4.5～5升，比国家标准节约用水50%以上。

（三）房间内的设施变化

1. 新型娱乐服务设施

通过电脑网络系统、闭路系统和多制式电视机的组合，可旋转的液晶显示电视屏幕、环绕音响系统，可以向客人提供更为多样化的娱乐服务。

2. 新型办公服务设施

办公设施装备齐全的客房可以满足商务客人的需求，提高客人的工作效率。美国加州的Beverly Hills公司已在希尔顿饭店公司的四家饭店的40家客房内试验希尔顿“智能写字台”，即客房客人个人电脑系统，为商务客人提供方便。

3. 新型购物服务设施

先进的现代化装备使房内购物成为现实，客人可以根据电视屏幕上显示的商品目录，在遥控器上轻轻一点，即可完成购物。物品由服务员送至客房，贷款则自动计入客人在饭店的总账单。

4. 新型通讯服务设施

客房提供传真机、可视电话及电脑，客人可以在任何时候以各种方式在全球范围内与对方取得联系。

5. 新型阅览服务设施

提供电脑与各种光盘，客人可根据电脑的文字翻译，图文介绍及摘要梗概更加灵活地阅读，解决语言不通问题。

6. 新型保健服务设施

客房的温度、湿度、光线、空气清新度等环境因素的控制皆由传感器连接计算机来进行，客人可以在人体最为适宜的环境中得到休息。

第二节　客房清洁作业

客房清扫是饭店每天要进行的工作。客房的清洁程度是客人入住酒店最关心的问题之一，同时也是客人选择酒店的标准之一。根据美国一家饭店机构所做的市场研究表明:旅游者选择饭店的诸要素中，清洁卫生居第一位，其得分率高达63%。可见，客房清扫的好坏直接影响饭店的形象、气氛乃至经济效率。整洁的房间，优雅的环境能使客人心情舒畅，轻松愉快，因此，服务员必须按时，按服务规程和标准要求，认真，高效地清扫客房。

一、客房卫生清扫的种类，顺序和标准

(一)客房卫生清扫的种类

1. 客房状态

在饭店里，需要清洁整理的客房可以分成如下几种状态：

(1)住人房(occupied,简写 occ)表示客人正在住用的房间。

(2)走人房(check out 简写 c/o)表示客人已退房结账并已离店。

(3)空房(Vacant,简写 V)表示昨日暂无人租用房间。

(4)贵宾房(Very Important Person,简写 VIP)表示该房间的住客是饭店重要客人。

(5)常住房(Long Staying Guest ,简写 LSG)表示长期客人包租的客房。

(6)未清扫房(Vacant Dirty,简写 VD)表示该客房为没有清扫的空房。

(7)已清扫房(Vacant Clean,简写 VC)表示该房已清扫完毕，可重新出租，(也称OK 房)。

(8)清即打扫房(Make Up Room,简写 MUR)表示该客房住客因会客或其他原因需服务员立即打扫的客房。

(9)维修房(Out of Order ,简写 OOO)表示该客房的设备发生故障有待维修或正在维修中,暂房间不能售出。

(10)请勿打扰房(Do Not Disturb,简写 DND)表示该客房的客人因睡眠或其他原因不愿服务人员打扰。

(11)外宿房(Sleep Out ,简写 S/O)表示该客房已售出，但住房昨夜未归的客房。为防止逃账或意外情况，客房部应将此客房通知前台。

(12)准备退房(Expected Departure,简写 E/D)表示该房住客应当天中午 12:00 以前退房，但现还未退房的客房。

(13)加床(Extra Bed,简写 E)表示该客房加床。

(14)无行李房(No Baggage,简写 N/B)表示该房的住客无行李，为防止逃账，应及时通知前台。

(15)轻便行李房(Light Baggage,简写 L/B)表示住客行李很少的客房。为防止逃账，应及时报前台。

2. 不同房态的清扫要求

酒店客房根据其每天清扫整理前的房态不同，其清扫整理的程度也不同。

(1)简单清扫

又称小整理，空房属于这一类客房。一般只进行房间的通风、吸尘、抹灰和放掉水箱、水龙头等积存的陈水。

(2)一般清扫

又称中整理，住房或长住房属于这一类客房。按传统标准的酒店做法，这类房间须每天撤换各种布巾、重新做床、擦拭除尘、整理卫生间、补充各种用品、全面吸地、做比较全面的清扫整理。

国内一些酒店为了体现档次和服务质量，盲目地要求服务员每日多次进房进行无谓的整理，结果不仅增加服务成本，造成资源的浪费，还常常引起客人投诉(妨碍和影响客人的工作和休息)。其实每天整理一次客房，就足够了。如国外酒店只要客人招呼整理时，服务员才进房整理。这些酒店常在床头柜上或服务指南上说明。如需要时，只需将请进房整理牌挂在房门外的门把上(或电话通知或按床头柜控制板上的呼叫键)。同时不少客人住几天的时间，不仅床单、枕套、浴巾等不必天天换，香皂、牙具、梳子等用品也不必天天丢弃。

(3)重点清扫

又称大整理，走房及VIP房属这一类客房。这类客房须进行全面重点整理，其内容包括擦洗卧室、卫生间的各个角落，设施设备的里里外外，地面的边角，墙角与门窗等各处。撤换各种用品，重新做床，补充各种用品等，要求达到可出售产品标准。

(二)客房卫生清扫顺序

1. 客房清扫顺序

酒店客房每天处于周转变化之中，这种周转变化的速度和客房的闲置程度，淡季、旺季各不相同。为提高房客出售率，满足客人住宿需要，应合理安排清扫整理顺序。可参见下表3－4。

表3－4　客房清扫顺序表

淡季客房清扫顺序	旺季客房清扫顺序
1. 前台指示尽快清扫的房间	1. 空房。很快打扫完即可出售
2. 挂有“请速打扫”的房间	2. 前台指示尽快打扫的房间
3. 走房。即当天离店的房间	3. 走房。同左3
4. VIP房间。即重要客人的房间	4. 挂有“请速打扫”的房间
5. 住房。即未离店的客人房间	5. VIP房间。同左4
6. 空房。未住人的房间	6. 住房。同左5

2. 客房室内卫生整理操作顺序

在确定客房每天清扫顺序的基础上，还应该对每天客房室内卫生的操作整理顺序做出必要的规定，以便提高工作效率，防止遗漏和失误。其主要包括：

(1)从上到下

主要指擦拭家具物品灰尘时，应采取从上到下的方法进行。

(2)从里到外

主要指吸地、卫生间地面擦拭等，应采取从里到外的方法进行，以防止做完后再弄脏。

(3)先铺后抹

即先铺床，后抹家具和除尘，以防止铺床而扬起的灰尘重新落在家具物品上。

(4)环形清理

家具物品的摆设是沿房间四壁环形布置的，因此，在清洁房间时，应按顺时针或逆时针方向进行环形清扫，以求时效和避免遗漏。

(5)干、湿分开和专用

擦拭不同家具设备及物品的抹布，应严格区别使用。有的擦布必须专用，不能混用。如房间的灯具、电视和屏幕、床头板等只能使用干抹布。

(6)先卧室后卫生间

即住人房应先做卧室然后再做卫生间。这里因为住人房的客人有可能随时回来，甚至带来亲友或访客。先将客房的卧室整理好，客人归来有了安身之处，卧室外观也整洁，使住客当着访客面也不会尴尬；对服务员来说，这时留下来做卫生间也不会有互相干扰之嫌。

整理走人房则可先卫生间后卧室。一方面可以让弹簧床垫和毛毯等透气，达到保养的目的，另一方面又无须担忧会有客人突然闯进来。

(7)注意墙角

墙角是蜘蛛结网和尘土积存之处，也是客人重视的地方，需留意打扫。

(三)客房卫生清扫标准

1. 客房卫生情况整理的时间标准

根据客房卫生清扫种类不同，每间客房整理需要的时间长短也不相同。按我国各酒店宾馆的经验，三星级以上酒店的时间标准可参见表3－5。

表3－5 客房卫生清扫整理时间标准

房间类型	整理时间
1. 空房(包括做夜床)简单清扫	5－7分钟
2. 住房。一般清扫	15－20分钟
3. 走房。重点清扫	30－35分钟
4. VIP房(含长住客人离店房)	45－50分钟

2. 客房清扫整理后的卫生标准

客房清洁的卫生质量标准，一般包括两个方面：一是感观标准，即客人和员工凭视觉和嗅觉等感受到标准；二是生化标准，往往用专业卫生防疫人员来做定期或临时抽样测试与检验。

(1)感观标准 不少饭店将其规定为“十无”和“六净”：

“十无”

① 四壁无灰尘、蜘蛛网；

②地面无杂物、纸屑、果皮；

③床单、被套、枕套表面无污迹和破损；

④卫生间清洁无异味；

⑤金属把手无污渍；

⑥家具无污渍;

⑦灯具无灰尘、破损;

⑧茶具、冷水具无污痕;

⑨楼面整洁无“六害”(老鼠、蚊子、苍蝇、蟑螂、臭虫、蚂蚁)

⑩客房卫生无死角。

“六净”

清扫后的客房要做到“六净”:

①四壁净;

②地面净;

③家具净;

④床上净;

⑤卫生洁具净;

⑥物品净。

(2)生化标准

客房的清洁卫生质量只用视觉标准来衡量是不够的。例如,一只光亮的杯子是否清洁卫生呢?无法加以肯定,还必须用生化标准来衡量。内容包括:

①茶水具、卫生间洗涤消毒标准

A. 茶水具。每平方厘米细菌总数不得超过5个;

B. 脸盆、浴缸、拖鞋。每平方厘米的细菌总数不得超过500个。

C. 茶水具、卫生间。不得被查出大肠菌群。

②空气卫生质量标准

A. 二氧化碳含量不得超过0.07%;

B. 细菌总数每立方米不得超过2000个;

C. 可吸入尘每立方米不得超过0.015毫克。

D. 氧气含量应不低于21%。

③微小气候质量标准

A. 夏天。室内适宜温度为22~24℃;相对湿度为50%;适宜风速为0.1~0.15米/秒。

B. 冬天。室内适宜温度为23~25℃;相对湿度为40%;适宜风速不得大于0.25米/秒。

C. 其他季节。室内适宜温度为23~25℃;相对湿度为45%;适宜风速为0.15~0.2米/秒。

④采光照明质量标准

A. 客房室内照明度为50~100勒克司。

B. 楼梯、楼道照明度不得低于25勒克司。

⑤环境噪声允许值

客房室内噪声允许值不得超过45分贝。采用中央空调系统的饭店对客房内的温度、湿度、噪声、新风量、气流以及气流速度等均有较严格的规定,能较全面地满足人体的舒适和卫生要求。有的饭店还为空调器配有杀菌灯、空气净化器和空气负离子发生器，使客房的清洁卫生质量更符合生化标准的要求。

二、清扫时的注意事项

客人一旦进入房间，该客房就应看成是客人的私房。因此，任何客房服务员都不得擅自进入客人房间，都必须注意下列事项：

（一）例行的客房清扫工作

一般应于客人不在房间时进行；客人在房间时，必须征得客人同意后方可进行，以不干扰客人的活动为准。

（二）养成进房清扫时先思索的习惯

客房服务员的主要任务是让客人住得舒适、安宁，像在家里一样方便。因此，服务员在进房前，要尽量替住客着想，揣摩客人的生活习惯，不要因清洁卫生工作或事情干扰了客人的休息和起居。同时，还应想一想，是否还有其他事情要做。例如，客人在房间里用了早餐，去整理房间时，就应想到把托盘带上及时收拾餐具。这样，即是为客人着想，也减少了不必要的跑路，提高工作效率。

（三）注意房间挂的牌子

凡在门外把手上挂有"请勿打扰"牌子或反锁标志，以及房门侧面墙上亮有"请勿打扰"指示灯时，不要敲门进房。如果到了下午2时，仍未见客人离开房间，里面也无声音，则可打电话询问，若仍无反应，说明客人可能生病或发生其他事故，应立即报告主管。

（四）养成进房清扫先敲门通报的习惯

每个饭店员工都应养成进房前先敲门通报，待客人允许后，再进入房间的习惯。敲门通报，等待客人反应。具体方法如下：

1. 站在距房门约1米远的地方，不要靠门太近；

2. 用食指或中指敲门三下（或按门铃），不要用手拍门或用钥匙敲门。同时敲门应有节奏，以引起房内客人的注意；

3. 等待客人反应约5分钟，同时眼望窥视镜，以利于客人观察；

4. 如果客人无反应，则重复2～3的程序；

5. 如果仍无反应，将钥匙插入门锁内轻轻转动，用量一只手按住门锁手柄。不要猛烈推门，因为客人可能仍在睡觉，或许门上挂有安全链；

6. 敲门后应清楚地通报"Housekeeping（整理房间）"，并观察房内情况。如果发现客人正在睡觉，则应马上退出，轻轻将门关上；

7. 敲门后，房内客人有应声，则服务员应主动说："Housekeeping"，待客人允许后，方可进行客房清扫。

（五）整理房间时，要将房门开着

这样一则方便服务从工作车上取物。二则可以防止宾客或其他闲杂人员从工作车上顺手牵羊，拿走客房用品。第三，可以接受管理人员的监督。第四，还可以顾及楼层安全。此外，整理房间时，把房门开着，将工作车停在房门口，也不会使客人回来时因发现服务员在自己的房间而感到吃惊或发生误会。同时，服务员不会因房中有宾客在而感到不自在，这样做也避免了自己与客人处在关闭房内可能遭遇的危险。

（六）不得在房内吸烟、吃东西、看报刊杂志（特别是客人书刊）

（七）不得使用客房内设施

服务员不得使用房内厕所；不得接听客人电话，也不得使用客房内电话与外界通话。除维修、检查外，不得收听、收看客房内录音机、电视机。

（八）不许躺或坐在床上休息

（九）不能随便处理房内“垃圾”

清洁房内垃圾时，要注意扔掉的瓶、罐必须是空的，而且要确认所扔掉的报纸、杂志一定是客人废弃不用的，否则，不可将这些报纸、杂志随便扔掉或擅自留归已有。

（十）不得将撤换下来的脏布草当抹布使用

三、客房清扫前的准备工作

为了保证客房清扫的质量，节省时间，提高工作效率，服务员每必须做好客房清扫的准备工作。

（一）签领客房钥匙

客房服务员在清扫客房前，应听取领班的指令，然后签领客房钥匙（见表3－6）和服务员使用的《客房清扫日报表》（见表3－7）。

各饭店由于硬件设施和对客服务的模式不同，服务员在领取钥匙的方式上有所区别。但不管采取哪种方式，都必须在分发、领取和交回钥匙方面实行严格的管理。

1. 楼层万能钥匙的领取

领班到客房服务中心统一签领所管辖楼层的万能钥匙，然后分发给卫生班服务员，下班时统一交回客房服务中心并由后者签收。

2. 楼层服务台管理钥匙

服务员清扫客房前，在楼层服务台登记并领取所负责清扫客房的钥匙，下班时将钥匙签字交还给楼层服务台。领班及服务人员交回钥匙时，必须亲自将钥匙交给客房服务中心的值班员或楼层服务台的值台员，值班员或值台员必须马上在钥匙控制表上签名，然后将钥匙保存好。领班及服务人员交回钥匙时，必须亲自将钥匙交给客房服务中心。

表3－6　　钥匙收发登记表

钥匙名称（号码）	领取时间				用人签名	发放人签名	归还时间				还人签名	收件人签名
	月	日	时	分			月	日	时	分		

表 3－7　　　　房客清扫日报表

房号	状况	清扫时间		数	补充用品																沐浴液	备注
		入	出		肥皂大	肥皂小	卷纸	浴帽	洗发液	牙具	梳子	剃须刀	指甲刀	卫生袋	圆珠笔	拖鞋	购物袋	火柴	针线包	擦鞋纸		
01																						
02																						
03																						
04																						
05																						
06																						
07																						
08																						
09																						
10																						
11																						
12																						
13																						
14																						
15																						
16																						
17																						
19																						
20																						
21																						
22																						
23																						
合计																						

（二）准备房务工作车

房务工作车是客房服务员整理和清洁房间的主要工具。房务车的准备，应该在每天下班前做好。第二天进房清扫前，再做一次检查，看用品是否足够齐全，以免影响工作效率。房务工作车的准备步骤（见表 3－8），房务工作车备品布置（见表 3－9）。

表 3－8　　房务工作车的准备步骤

步骤	做法和要点	备注
1. 擦拭工作车	1. 用半湿的毛巾里外擦拭一遍 2. 检查工作车有否损坏	
2. 挂好布袋和垃圾袋	对准车把上的挂钩，注意牢固的挂紧	
3. 将干净布草放在车架上	1. 床单放在工作车的最下格 2. 小方巾、面巾、大浴巾、地巾放在车的上两格	
4. 摆放客用品	将客用消耗品整齐归类摆放在车的顶架上	工作车布置见表 3－9
5. 准备好清洁篮	1. 准备好工作手套 2. 准备好干湿抹布、玻璃刮刀、抹地布、马桶刷、水勺、鬃球刷等 3. 准备好各种清洁剂、消毒剂、清香剂等	

表 3－9　　房务工作车备品布置

<table>
<tr><td rowspan="3">布
草
袋</td><td>客　用　品</td><td rowspan="3">垃
圾
袋</td></tr>
<tr><td>脸巾　地巾</td></tr>
<tr><td>澡巾　大浴巾</td></tr>
<tr><td>清洁
工具</td><td>床单　　枕套　　被套</td><td>清洁桶
及用具</td></tr>
</table>

（三）准备吸尘器

吸尘器是客房清扫不可缺少的清洁工具。清扫客房时，应检查吸尘器是否完好，尘袋有无倒净，并准备好清扫所需的其他配件。

（四）检查着装

客房服务员在做好以上准备工作后，应检查自己的服装、工牌、头发、饰物、鞋等是否符合饭店要求。检查完毕后，将房务车和吸尘器推到自己负责清扫的区域，开始当天的清扫工作。

四、客房清扫程序和方法

（一）走客房的清扫

即对当天结账离店客人房间的清扫，称走客房清扫。

1. 卧室清扫

卧室是客人在酒店中休息、睡觉的地方，卧室清洁干净与否关系着客人对酒店的印象好坏。因此，服务员要在一定的时间内将脏乱的卧室整理干净，必须要有一套训练的程序。

房间清扫程序可用 15 个字来概括：进、开、拉、倒、撤、铺、擦、归、检、添、吸、看、关、锁、登。具体内容如下：

(1)进:进入房间。观察房门表面有无破损，确定可否进入房间清洁。(按进房要求进入房间)。

(2)开:打开房门和客房电源总开关，检查所有照明设备和迷你吧酒水。

(3)拉:拉开窗帘和遮光帘，检查窗帘启闭是否顺畅，有无污渍。如房内有异味，应先喷洒空气清新剂。

(4)倒:倒烟缸纸篓。烟缸倾倒后用水冲洗，擦拭干净。切不可将烟缸内脏物倒进恭桶内，以防堵塞。同时注意烟头是否熄灭。

(5)撤:撤床。(撤床程序见表3－10)。

(6)铺:铺床，又称做床。根据不同的铺法分有两种:一是传统的标准西式做床方法，据季节的不同，又可分有夏床做法和冬床做法，但此做法目前在国内星级酒店逐渐改进(见表3－11);二是当今酒店较为普通使用的中式做床方法(见表3－12)。

(7)擦:擦拭房间设备。如房门内外，梳妆镜台、行李架、冰箱、写字台、电话、沙发等并对客房设施设备进行检查。

(8)归:物品归位。按照房间各种用品陈设布置摆放要求，将各种物品恢复原状，保证美观舒适。

(9)检:检查房间。查看家具设备有无损坏，配备物品有无短缺。

(10)添:添置、更换服务用品。包括更换杯具、冷热水、各种餐饮具、各种客人用品及补充迷你吧酒水等。

(11)吸:地面吸尘。按由内到外的顺序操作，同时拉上窗帘。

(12)看:观察效果。根据房间清洁顺序查看有无工作漏项，发现后及时补上。

(13)关:关电源。将电源总开关关掉。

(14)锁:锁房门。并查实是否锁实。

(15)登:登记工作日报表。

表3－10　撤床程序

步　骤	做法要点	备　注
1. 将床拉出	双手握住床架缘将整床拉出5cm	
2. 卸下枕套	1. 注意枕下有无遗留物品及污渍 2. 将枕头放在扶手椅上	
3. 揭下毛毯	折叠好放在扶手椅上	西式床
4. 揭下床单	1. 从床垫与床架的夹缝中逐一拉出 2. 注意是否夹带客人物品	
5. 查看清洁垫	是否有污渍，需更换	
6. 折叠丝棉被	将丝棉被向内3折，横向3折， 整齐地折叠放在扶手椅上或衣柜上格	中式床
7. 撤走用过床单枕单	注意清点数量，放入清洁车的布草袋里	

表 3－11　　西式做床方法

步骤	做　法　要　点	备　注
1. 拉床	1. 站在床尾，弯腰下蹲，双手将床架连同床垫同时慢慢拉出。 2. 将床拉离床头板 50 厘米。	
2. 对正床垫	将床垫与床铺边角对齐，据床垫四边标明的月份字样，将床垫按期翻转。使其受力均匀平衡。	
3. 整理清洁垫	将清洁垫拉正放平，发现污损及时更换。	
4. 铺第一张床单（垫单）	1. 站在床的一侧居中或床尾的位置，两手分开，用拇指和食指捏住床单第一层，其余三指托住后三层。 2. 将床单正面朝上朝前甩开，其折痕中线对准床中央的位置。 3. 床单在床的四周均匀下垂，然后把床头、床尾四角包成直角或斜角。	
5. 铺第二张床单（盖单）	1. 将床单正面朝下甩开，中折线与第一张床单重合。 2. 床单上端（床头部分）与床垫平行。 3. 床单上端（床头部分）要长出床垫 10 厘米，以便包住毛毯边。	夏天做法 冬天做法
6. 铺毛毯	1. 将毛毯甩开铺平在床单上。 2 毛毯的最前缘距床头约 25 厘米。 3 毛毯的最前缘与床头保持平齐。 4. 毛毯商标朝上，在床尾下方。毛毯中线与床单中线对齐。	适宜夏床做法 适宜冬床做法
7. 掖边包角	1. 将盖单回折包住毛毯。双后将毛毯尾部连同盖单下垂部分塞进床垫和床架之间，床头两角包成直角。 2. 将长出床垫部分的盖单翻起盖住毛毯，然后与毛毯一起向床尾方向打 25 厘米，依次将盖单、毛毯一起塞进床垫和床架之间，床头两角包成直角。	夏床做法 冬床做法
8. 铺第三张床单	1. 床单正面居中向上，铺在毛毯上面，床单顶端与毛毯平齐。 2. 将盖单由床头向上反卷包住毛毯及第三张床单头部，将床左右两侧下垂毛毯连同盖单一起塞入床垫之间。	适用于做贵宾床

续上表

步骤	做　法　要　点	备　注
9. 套枕头	1. 将枕芯平放在床上。 2. 左手抖开枕袋口，右手抓住枕芯两个前角，手大壁内侧夹住 枕芯后部，从枕袋开口处将枕芯送入袋端，将枕芯两角推至枕袋两角端部。 3. 最后两手提起枕袋口轻轻抖动，使枕芯自动滑入，装好后，枕心四角饱满、平整，枕芯不外露。	
10. 放枕头	1. 两个枕头入置床的居中。 2. 下面枕头压住床罩约 15 厘米。 3. 枕袋口反向于床头柜。	
11. 铺床罩	1. 把反折的床罩盖上枕头，床罩的边缘与枕头平齐。 2. 把多余的床罩压在两枕头中间，并进行加工整理。3. 起枕线	
12. 将床复位	1. 用脚背和小腿把床身缓缓推向原位置。 2. 将做完的床查看一遍。	

表 3－12　　　　中式作床方法

步　骤	做 法 要 点	备　注
1. 拉床	与西式做床相同	
2. 对正床垫	与西式做床相同	
3. 整理清洁垫	与西式做床相同	
4. 铺第一张单(垫单)	与西式做床相同	
5. 套被套	1. 将被套反面朝下平放在床上，再把被子放在被套上。 2. 从被套开口处将手伸进，抓住被套和被子其中的两角，顺势将被套连同被子一起翻转，使被套正面朝上套好。 3. 要求四角饱满，外形平整、挺括，被芯不外露，套口平整。	
6. 铺棉被	1. 棉被平铺于床上居中,被套套口朝上。 2. 棉被顶端与床头齐平铺放或棉被顶端离床头 25 厘米。 3. 棉被两侧下垂部分均匀	两种不同做法一般由各酒店自行规定。
7. 套枕头	与西式做床相同	
8. 放枕头	与西式做床相同	
9. 铺床罩	与西式做床相同	据酒店要求不同，有些酒店只需将被套做大、套面美观，直接铺在床面上而代替床罩。
10. 将床复位	与西式做床相同	

卧室清洁程序

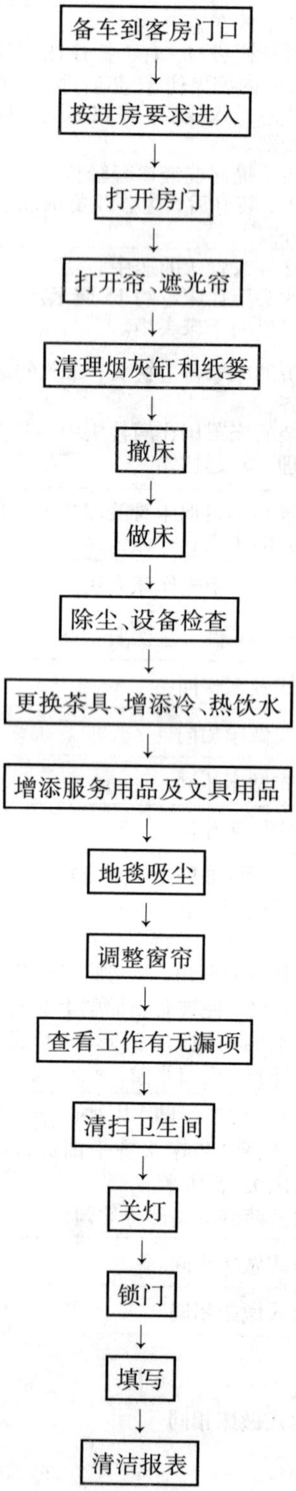
备车到客房门口
按进房要求进入
打开房门
打开帘、遮光帘
清理烟灰缸和纸篓
撤床
做床
除尘、设备检查
更换茶具、增添冷、热饮水
增添服务用品及文具用品
地毯吸尘
调整窗帘
查看工作有无漏项
清扫卫生间
关灯
锁门
填写
清洁报表

2. 卫生间清扫(见表3－13)

卫生间是客房中被客人特别注意的项目之一，因为其不少设备用品都要与客人的皮肤直接接触，又是客人沐浴、梳洗化妆的场所。卫生间是衡量饭店等级水平的重要设施和标志之一，即要清洁美观，又必须符合卫生标准，其清扫程序可用10字概括：进、倒、撤、洗、擦、检、添、看、关、登。具体内容如下：

(1)进：携带清洁剂、消毒剂、清洁工具进入卫生间。打开换气扇，检查各照明设备是否正常。有的饭店还在卫生间入口放上一块毛毡，防止将卫生间的水带入卧室。

(2)倒：倒烟灰缸和纸篓。放水冲净便器，在便器清水中滴入便器清洁剂浸泡数分钟，目的是为下一步彻底清洁便器提高质量。

(3)撤：撤掉用过的浴巾、面巾、大毛巾、地巾。清除云石台面、地面的废弃物品。

(4)洗：清洗消毒口杯，消毒后套上消毒杯套，杯口向下，“已消毒”字样朝外摆放。

(5)擦：擦洗和刷洗卫生间各项设备。

①擦洗脸盆、浴缸和恭桶(水箱)(“三缸”)。先用清洁剂和专用洗涤剂由里到外全面擦洗，然后用清水冲、刷、擦洗，再用专用布依次擦净擦亮。擦洗浴缸时，使用浴缸刷；擦洗脸盆和云台面时，使用百洁布。清洁恭桶时，先掀起恭桶盖和坐圈，再用恭桶刷刷洗恭桶内外部，注意使用专用清洁剂和消毒剂，然后用干布擦干不留水渍。最后倒入适量消毒剂，将“已消毒”字样的封条横铺恭桶坐盖上，纸条两端用恭桶盖与坐圈压住。

②擦墙面。先用去污剂(或专用清洁剂)擦拭一遍，再用清水冲洗，然后用擦布擦净。擦墙面的同时把毛巾杆、浴巾杆、电话、卫生纸架、扶手擦亮，把浴帘水珠擦干整好。

③擦干镜面。用半干的清洁布擦干，再用干布擦亮。

④刷洗卫生间地面。据地面洁净程度喷洒适量去污剂，有重点地擦洗，再用清水冲，用潮湿布将地面擦干净。刷洗卫生间地面也可放在卫生间清扫的最后一个环节进行，也可先进行。

(6)检：检查卫生间门、镜、通风口、三缸、云石台面、地面、电话机及冷暖设施有无损坏，是否正常使用。查看卫生间消耗物品及客用品是否齐全。

(7)添：添补客用品。大毛巾两条，折叠，店徽朝上，放在毛巾架上方；浴巾两条，店徽朝上，放在浴巾杆上；面巾(或小方巾)两条挂在面巾架上，小方巾折叠成小方形，放在云石台面，店徽朝上；地脚巾一块，搭在浴缸沿中间，店徽字样朝外。棉织品配备摆放整齐。

添补客用消耗用品。浴皂两块，放在浴缸边的香皂盒内；香皂两块，放在脸皂盒内，店徽字样朝上；牙具两套、浴帽两个、浴液、香波、梳子各两套，摆放在小托盘内，店徽朝上；香巾纸两包，放香巾盒内置于云石台面一侧；卫生纸一卷，放在卫生纸架上。

(8)看：查看有无工作漏项。如有漏项及时补上。

(9)关：关掉电源，关上卫生间门。

(10)登：整个房间清扫过程完成后，登记进离房的时间和做房内容。

表3-13　　卫生间清扫程序

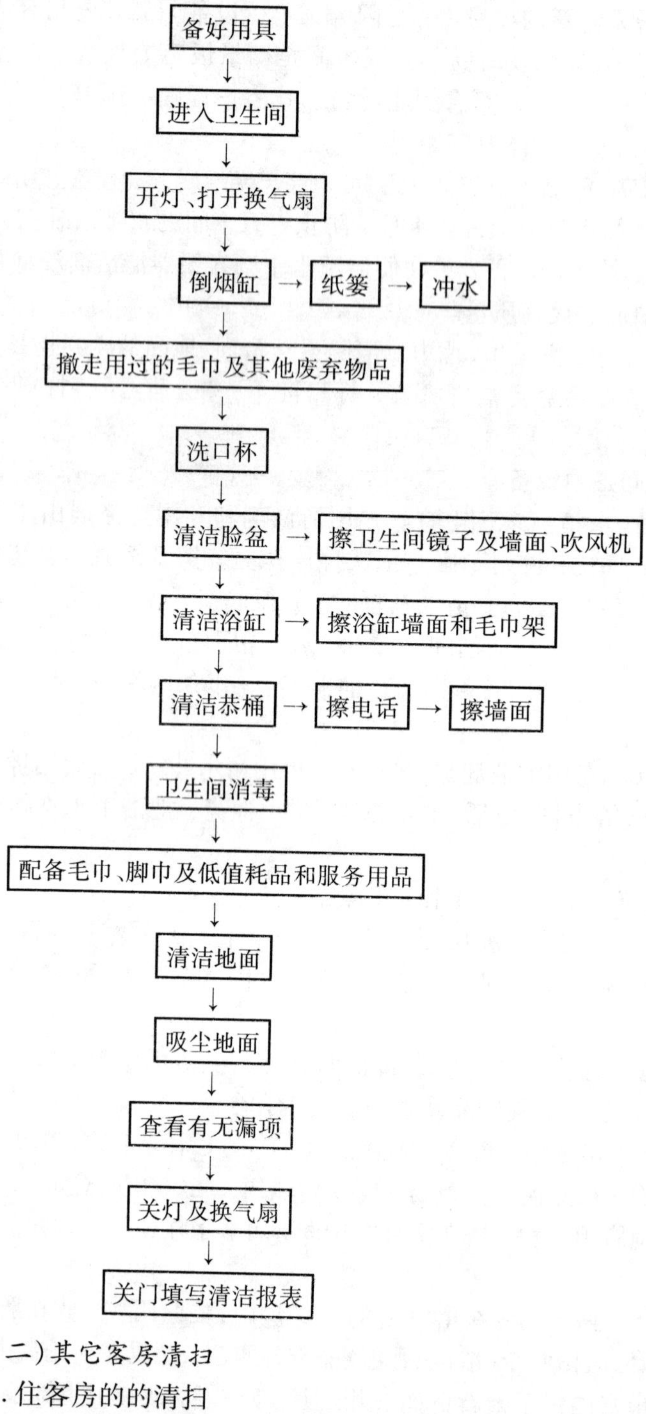

（二）其它客房清扫

1. 住客房的的清扫

住客房与走客房的清洁程序基本相同，但由于住客房是客人仍然使用的房间清扫，如客人在房内时，应主动征求意见，得到允许后方可进房。清扫中动作要轻，速度要快，不能与客人长谈，清洁完后向客人致歉，并询问是否有其他吩咐，然后向客人行礼，退出房间，轻轻地关上门；如客人不同意清扫客房，则应将房号和客人要求清扫的时间写上工作登记表上；如在清洁工作中，遇到客人中途回房时，要主动向客人打招呼问好，征求意见是否继续打扫清洁，如未获允许应立即离开，待客人外出后再继续进行清扫。若客人同意，应迅速把房间清扫好，离开时应向客人致歉，退出房间轻轻地关上门；若在清洁中遇有来访客人，应征询客人可否清扫房间。

(2)清扫客房时，客人的文件、杂志、书刊等可以稍加整理，但不能弄错位置，更不准翻看；客人的物品，如照相机、计算器、笔记本、钱包之类不能随意触摸；女性用的化妆品即使用完，也不得将空瓶或纸盒随意扔掉。总之，除放在纸篓里的东西外，即使是放在地上的物品，也只能替客人做简单的整理，千万不要自行处理。

(3)客人搭放在椅子或床的衣服，如不整齐，外衣可挂衣柜里，内衣，睡衣简单折叠后放在床上；女宾住的房间，不要轻易动其衣物；擦拭衣柜、行李柜时，不要将客人的衣物弄乱、弄脏，也不要挪动客人的行李，一般只要擦去大面积的灰尘即可。

(4)清扫客房时，若发现房内有大量现金，服务员应及时通知领班，由大堂副理在保安人员及领班的陪同下，将房门反锁，等客人回来后，由大堂副理开启房门，并请客人清点现金，提醒客人使用保险箱。

(5)清扫客房时，若房内电话铃响，为了尊重客人对客房的使用权，维护其隐私权，服务员不能接听电话。

(6)为住客房更换热开水时，应注意水温不低于90℃，换进的水瓶应擦拭干净，不能有水渍。如房内使用电热水瓶，应每天更换新水，以免产生水垢。

(7)清扫客房时，如服务员不小心损坏客人物品时，应马上报告主管，并主动向客人赔礼道歉。如属贵重物品，应有主管陪同前往，征求客人意见。若对方要求赔偿时，应视具体情况，由客房部出面给予解决。

2. 空房清扫

空房是客人离开酒店后已经清扫过但未出租的房间。整理虽然较为简单，但必须每天进行，以保持其良好的状况。

(1)每天进房开窗，开空调进行通风换气。

(2)每天用干布除去家具、设备及物品上的浮尘。

(3)每天将浴缸和脸盆的冷热水及便器里的水放流1~2分钟。

(4)如果客房连续几天为空房，则要用吸尘器吸尘一次。

(5)检查客房有无异常情况。检查浴室内“五巾”是否因干燥而失去弹性和柔软度，如不符合要求，要在客人入住前更换。设施设备如有故障，应及时报修，不能修复时，应及时通知前厅部。

3. 维修房的清扫

维修房是经服务员报修后重新恢复整理的房间。

(1)服务员接到通知后，应立即到达指定客房。

(2)先检查维修的设备是否已完好。如果故障未完全排除，应及时报告领班进行登记，并再次报修。

(3)按正常清扫程序进行整理。

(4)整理完毕，应及时报告领班，以便通过检查及时对外出租。

4.“蜜月客房”的清扫

“蜜月客房”是指新婚夫妇居住的客房。对此类房客除了按一般住客房程序及要求进行清理外，还应特别注意以下事项：

(1)接到蜜月房通知后，服务员应认真、仔细地清扫该房间，并按饭店的规格进行重新布置(各饭店的布置规格特点都不尽相同，要体现其特色)。如在房内贴大红大喜字，在房内各处布置好鲜花，送上水果或红枣、花生、桂圆、莲子等干果和其它用品，以突出喜庆气氛。

(2)进房时一定要严格遵守进房的规程。

(3)新婚客人在房内时，服务员应向客人问好并祝贺他们。

(4)清扫客房时，若客人有特别要求，应按客人的要求去做，并且动作要轻，速度要快，清扫完毕立即退出客房。

(5)应尽量趁客人外出时进房清扫。

5. 贵宾房的清扫

贵宾(VIP)是饭店的重要客人。清扫程序可参见走房，但在做房时要注意以下事项：

(1)铺床时，应选用新的或较新床单、枕套，并使用床裙，以显示其不同于普通房，根据饭店规定的品种、数量补充全新的卫生间用品。

(2)做定期的计划卫生。在一般日常清洁的基础上，还要把平时不易做到或不易做彻底的清洁项目全部做一遍。

(3)应按饭店的规定布置贵宾房。一般摆放鲜花、水果(包括果盘、刀叉、餐巾、洗手盅等)、点心、总经理名片、礼品等。

第三节　客房清洁后的质量检查

客房部的首要任务是提供干净、卫生、舒适的客房。整洁、卫生的酒店客房可以给客人一种安全和舒适感，因此，搞好卫生管理对提高客房产品质量、满足客人需求至关重要。

搞好客房清洁质量的检查要从以下几个方面入手：

一、强化员工的卫生意识

搞好卫生管理，首先要求服务员及管理人员要有卫生意识，对于卫生工作的重要性要有足够的认识，为此必须经常强调、考核。其次，强化员工的卫生意识还要求客房员工要对涉外星级酒店的卫生标准有足够的认识，不能以自己日常的卫生标准作为酒店的卫生标准，酒店的卫生标准要与国际标准接轨。否则，很可能将国际旅游者正常的卫生要求视为“洁癖”。

二、制订卫生工作的操作程序和卫生标准

要搞好客房卫生，还应制订一些服务规程、操作程序和卫生标准，这是确保客房清洁卫生的基础，也是对客房清洁员的工作进行考核、监督的依据。

在制订操作程序和卫生标准时，要体现两个原则:一是要依据酒店的档次确定。酒店的档次不同，其清洁标准和服务规格应当有所区别。二是“双方便”原则，即:方便客人和方便服务员操作。

三、严格检查制度

酒店应建立完善的客房检查体系，应严格检查制度，这是搞好客房卫生，确保客房产品质量的关键。

(一)建立客房卫生质量的逐级检查制度

检查客房又称查房。客房的逐级检查制度主要是指对客房的清洁卫生质量检查，实行领班、主管及部门经理三级责任制，也包括服务员的自查和上级抽查。实行严格的逐级检查制度，是确保清洁卫生质量的有效方法。

1. 服务员自我检查

服务员每整理完一间客房，都必须对客房的清洁卫生状况、物品的摆放和设备家具是否需要维修等进行自我检查。

(1)自我检查作用

①加强服务员的工作责任心和检查意识。

②提高客房卫生质量的合格率。

③减轻领班查房的工作量。

(2)检查的方式

采用边擦拭灰尘边检查的方式，同时在清扫房间完毕，准备关门前，应对整个房间进行一次回顾式的检查。

2. 领班全面检查

领班检查是服务员自查之后的第一关，常常也是最后一关。因为领班负责为OK房的报告，前台据此就可以将该客房向客人出租。客房部必须加强领班的监督职能，让其从事专职的客房楼面的检查和协调工作。有的酒店即让楼层领班担任客房清扫的检查工作。又给规定一定数量的客房打扫任务，这是不合理、不科学的(个别情况，如用房紧张或人手不够时，领班帮忙清洁客房另当别论)，会影响其检查职能的发挥。

(1)领班查房的作用

①直接控制客房卫生质量。

②现场监督指挥和对新员工的在职培训。

③执行上级的管理意图。

④反馈信息。

⑤拾遗补漏。

(2)领班查房的数量

因酒店建筑结构(每楼层客房数的多少)、客房检查项目的多少以及酒店规定的领班责任的多少的不同而有所不同。一般而言，白班领班负责约80个房间左右的工作区域的房间检查工作(负责带5~7个服务员)。夜班领班的查房数量一般为白班数量的两倍，需说明的是，上述工作量标准基础上是满负荷的，比较偏大，酒店对领班工作定额一般不应超过上述标准。

(3)领班查房的顺序

一般情况下，领班查房时应按环行路线顺序查房，发现问题及时记录和解决。但对下列房间应优先检查。

①首先检查已列入预定出租的房间。

②检查整理完毕的走人房，合格后尽快向前台报告。

③检查 VIP 房。

④检查维修房。

⑤检查外宿房并报告前台。

3. 主管抽查

客房楼层主管是楼层客房管理的主要负责人。他对客房卫生管理的组织，客房的清扫整理质量和楼层对服务员负有全面的责任，并直接向客房部经理负责。

(1)主管检查作用

①检查监督领班工作。

②进一步保证客房卫生质量。

③确保客房部经理管理方案的落实。

④为客房管理收集信息。

(2)检查方式

主管检查方式是抽查，好处在于检查结果较真实。数量一般控制在 20 个房间左右。

(3)检查的内容

①检查领班实际完成的查房数量和质量。

②检查领班掌握检查标准和项目的宽严尺度是否得当。

③检查是否贯彻上级管理意图。

④对楼层工作区域的清洁状况，员工劳动纪律，礼节礼貌，服务规范进行检查。

(4)检查重点

①检查 VIP 房间。

②检查维修房，促使其尽快投入使用。

4. 部门经理巡视检查

在主管、领班检查的基础上，客房部或房务部也称管家部，每天都要抽查部分房间卫生清扫整理情况。

(1)经理抽查作用

①掌握员工的工作状况。

②改进管理方法。

③修订操作标准。

④更多了解客人意见。

(2)检查方式

①随时抽查。

②重点抽查。

如房间清洁卫生的整体效果、服务员工作的整体水平如何，以及是否体现自己的管理意图。

5. 总经理抽查

酒店总经理要控制客房卫生和服务质量，也必须充分运用检查这一手段。检查方式为不定期、不定时，或亲自抽查，或委派大堂副理或值班经理代表自己进行抽查，以获得客房部管理水平和服务质量信息，激励客房部经理的工作。

除上述方式外，酒店还可以组织其他方式检查，包括：

(1)定期检查

定期检查是一种有计划的公开检查，一般事先有布置，有明确的检查时间和检查内容，目的是制造声势，创造气氛，促进工作。饭店对客房 的定期检查，一般采取由总经理办公室主任，质检部经理，工程部经理，客房部经理，前厅部经理及大堂副理组成检查小组，由总经理或住店经理带领，每月定期对客房清洁卫生进行检查或选择重要任务来临进行检查。

(2)邀请店外人员参加检查

可聘请店外专家、同行、住店客人等，检查客房的清洁卫生质量及整个饭店的服务质量。这种检查看问题比较客观，能发现一些酒店管理者自己不易发现的问题，有利于找到问题的根源。另外，还可另设置客房意见表，让客人有机会对客房质量发表意见，表格简单易填，统一编号，月底收集汇总。并以此作为考核服务员工作好坏的重要依据。

(二)客房检查的内容及检查的表格

1. 填写表格的作用

客房部的管理，主要是通过各种制度和计划，将客房的服务工作科学地组织起来，完成饭店预定的目标。因此，客房部在日常工作中要及时根据情况，制定、检查和调整各种计划和措施。所有这些都离不开原始的记录。其作用在于：它们是实行规范化管理的一种定型和定式化的手段，能及时具体地记录各种原始数据，为客房部的管理者考核员工业绩，控制营业费用提供准确信息。

2. 客房检查的内容及标准

表 3－14　　客房检查内容和标准

项目	内容和标准
门	是否擦干净，把手有无污迹；门锁转动是否灵活，开门有无响声，磁卡锁是否操作正常；房门窥镜，安全锁是否完好； 门后是否有疏散示意图和门锁后挂有“请勿打扰”、“请速打扫”牌。
壁柜	有无灰尘，衣架数量是否备全；门轨有无损坏，柜门是否好开；柜内自动开关灯是否正常。
墙壁	墙画是否悬挂端正，无浮尘；墙纸有无不洁或脱落。
天花板	有无积尘和蜘蛛网，有无裂纹和水迹。
窗户	窗框、窗台、玻璃是否干净、光亮；窗帘钩有无松脱，拉动是否自如。
电灯	所有灯具开关是否完好无灰尘。
空调	运转是否正常，房间温度是否适宜；出风口有无声响和积尘。
做床	是否标准，床单、毛毯、床罩、枕套是否清洁无破损；床头板是否干净，床底有无灰尘，床脚是否稳定。

续表

项目	内容和标准
床头柜	有无灰尘，音响、灯光以及电视等开关是否稳定；电话机是否干净、正常；台面上有无放置物品，禁止吸烟在床上吸烟的卡片。
写字台	桌椅有无灰尘，抽屉内外是否干净；文件夹内放置物品是否配齐。电话簿及电视节目单上按规定放置。
电视机	机身是否干净，无积尘；图象、声音是否清晰，开关是否正常。 迷你小冰箱冰箱制冷、声音是否正常，机身内外是否干净，无异味； 各种饮料及酒具是否按标准摆放配齐，有无价格表及开瓶器。
行李架	是否稳固，干净。
垃圾桶	桶身内外是否干净，无异味，无垃圾。
地毯	是否干净，无污迹和破损。
卫生间	
门	门锁是否清洁，正常。
电灯	镜灯，天花板灯等正常，无灰尘。
地板	是否清洁，无水迹。
浴缸	冷热水龙头及浴缸放水用塞子是否正常，缸内是否干净，无污迹和毛发。
淋浴帘	是否干净，无异味，杆钩是否正常。
毛巾架	干净，是否牢固。
恭桶	是否清洁，无异味，排水顺畅水箱开关松紧适度，有无消毒封条。
垃圾桶	桶身内外是否干净，无异味，有无垃圾。
面盆	是否干净，无水迹，污，渍，冷、热水龙头把手光亮干净。
云石台面	台面有无落尘，镜面无水迹，污渍，干净光亮。
排风口	是否干净，正常。
用品配备	手巾，面巾，脚巾，浴巾，洗澡巾，香皂，卫生纸，浴帽，牙膏，漱口杯，刀片盒等卫生用品是否配备齐全，并按规定位置放置。

3. 客房清洁卫生工作，检查表及报表

由于饭店的等级，规模以及管理者管理风格不同，因此，在表格使用的种类上常有差异，内容见下表：

客房服务员清洁工作自查表（清洁工作日报表）（见表3－7）。

（1）作用

①领班给服务员分派工作任务的派工单。

②记录客房状况。

③客用品添补数量的原始记录，控制消耗。

④处理意见情况的凭据。

（2）使用方法

①客房服务员签到上班后由领班发给一份工作表。

②表上写有待整理房号，客房状况及要求完成的其他工作，包括计划卫生项目和优先整理的房号等。

③服务员工作时，一般置于工作车上指定的位置，每做完一间客房都因回顾检查

并按表格要求填写有关内容。

④领班和主管巡查时，因随时了解服务员工作表上反映的情况，以便及时处理和查房。

⑤下班时，服务员将填写好的工作表及钥匙一起交房务中心或楼层服务台。

⑥领班或主管在检查，整理好这些工作表后，呈客房部经理查阅并存档。

房态检查报表，(见表3－15)。

(1)作用

核实前台客房状况，通报最新房态信息。

(2)使用方法

①每天的早、中、晚做夜床时核查客房实际情况，并填写房态表。

②清扫员将此表填好后交领班，领班将此表交房务中心或楼层服务台办公室汇总后，留一份存档，其他送前台及相关部门。

③房务中心或楼层服务台与前台依据此表核对客房状况显示系统，确保无差异。(目前许多酒店将房态表汇总后打入电脑系统显示房态，查看时，可从电脑随时调出及核对)。如有差异及时核查改正。

表3－15　　房态检查报表

楼层：　　日期：　　时间：　　检查员：

房号 RM NO	重锁 DL	请勿打扰 DND	有客 O	空房 V	外宿 S/O	离店 C/O	待修 OOO	备注 REMARKS
01								
02								
03								
04								
05								
06								
07								

领班查房表，(见表3－16)。

(1)作用

①作为工作凭据，防止忙中出错。

②考核的依据。

(2)使用方法

① 在房务中心领到查房表后，首先了解本区段客房状态，并在表上做相应的标记。

②据服务员的工作确定检查顺序并及时检查登记。

③尽快将打扫好的客房查好报前台。

④下班时将全部项目填好交房务中心或办公室存档

表 3-16　　领班查房表

日期：　　清扫员：　　领班：

楼层	房号	状况	床位	时间	检查记录	楼层	房号	状况	床位	时间	检查记录
	01						01				
	02						02				
	03						03				
	04						04				
	05						05				
	06						06				
	07						07				
	08						08				
	09						09				
	10						10				
	11						11				
	12						12				
	13						13				
	14						14				
	15						15				
	16						16				

客房检查补课单，(见表 3-17)。

(1)作用

①指示服务员该补做的项目

②业务总评估的依据

(2)使用方法

①此表为空白式补课单，具体列项可视客房情况设计，也可临时填写。

②将检查不合格的较大的漏项列出或圈出，交服务员补漏。

③小的漏项，领班可及时补漏或口头传达，但如重复出现，因补课并追究原因。

④完成后，服务员将此单交回领班。

⑤领班凭此单进行复查。

表 3-17　　客房补课单

房号_________ 日期__________ 服务员_________
请完成下列工作：
完成后请交还，谢谢！领班(签字)_________
主管(签字)_________

维修通知单，(见表3－18)。

(1)作用

通知工程部维修项目及备查。

(2)使用方法

①服务员发现需维修的问题时应记录下来并报告领班，由领班负责填报。

②此单由两部分组成，一部分用此通知，另一部分用以反馈。

③此单一式三联，一份留存，另两份送工程部。

④工作维修人员需带此单进行维修，维修后由楼层服务员或领班验收合格后签字认可。维修人员将此单在带回工程部。

⑤紧急维修可先用电话通知后补开通知单。(有的酒店不分设表格，直接由领班登记，电话报修。)

⑥房务中心每天要制作一份维修统计表，并送工程部。

表3－18　维修通知单

维修地点:______________________
维修项目:______________________
报修时间:____年____月____日____时____分
报修部门:____________
受理人:__________
维修反馈单
维修时间:____年____月____日____时____分始
报修时间:____年____月____日____时____分止
维修材料:______________________
验收人:____________
备注:____________

客房清洁整理和维修检查表很多，除上述部分外，还有“宾客意见表”、“大修计划表”等。在此不一一列举。

第四节　客房服务质量管理

客房服务是饭店对客服务工作的重要组成部分。服务工作讲究效率与效果。客房服务能否达到高效率、高质量，取决于多方面的因素，其中服务管理模式是极为重要的一个因素。

一、客房服务的管理模式

(一)客房服务基本模式

目前，国内饭店客房服务的管理模式主要有三种：一是楼层服务台管理模式；二是客房服务中心管理模式；三是楼层服务台与客房服务中心并设的管理模式。

（二）建立客房服务模式的依据

不同的客房服务模式在岗位设置、人员配备及服务规程上都有较大的区别，因此，客房部管理者应根据客人的需求及饭店自身的实际情况，选择适宜的客房服务模式。不管是采用哪一种服务模式，首先应是既能体现饭店自身的服务经营特色，又能得到绝大多数客人的接受。饭店在选择哪种服务模式很难有绝对的肯定，但在实际运作时，可考虑以下因素：

1. 饭店档次，客源结构

选择客房服务模式时首先应考虑饭店档次，客源结构因素。如果饭店以接待会议团体客人为主，且又以内宾占大多数的话，采用楼层服务台的形式会更合适；如果饭店客源结构以中外宾，商务散客占绝大多数的话，可采用客房服务中心的形式；如果客源结构比较复杂，则考虑两种形式结合。

2. 本地区劳动力情况

选择客房服务模式其次要考虑本地区劳动力成本的高低。经济发达地区劳动力成本较高，饭店采用服务中心的形式就比较多；反之，则采用楼层服务台的比较多。当然这种情况也不完全，在有些大城市的豪华饭店里，由于大量雇用内地城市一些旅游院校的专科学生和内地打工人员，这些劳动力成本较低，饭店又能保持高档的人工服务，因此，仍采用楼层服务台的形式。

3. 饭店设备设施状况

一般在设备设施不够齐全或先进的饭店采用楼层服务台形式较好；安全、通讯及其他设施较完善的饭店可采用客房服务中心的形式。

二、客房服务台模式的管理

（一）楼层服务台管理

饭店客房区域各楼层的服务台称楼层服务台或楼面服务台，它发挥着前厅部总台驻楼面办事处的职能。同时，它后面还设有供客房服务使用的工作间。这是一种在客房楼层设立服务台，配备专职对客服务员，为宾客提供各种服务的客房服务模式。是我国饭店客房服务中最基本、最传统的一种做法。

楼层服务台受楼层主管直接领导，下设卫生领班和值台领班与服务员。卫生班人员负责客房卫生清扫；值台服务人员主要负责楼层服务，24 小时值班。

1. 楼层服务台的职能

（1）楼层对客服务中心

楼层服务台 24 小时值班。值班服务员可随时欢迎新客的到来，送别退店离店客人，为他们按电梯、引导进房、协助通知运行李、回答问询、端茶续水、电话留言、代办某些服务等，从而成为本楼层对客服务中心。

（2）楼层服务与有关部门的联络中心

客人住店期间所需要的各种服务并不是客房楼层服务人员能够完全独立完成的。其中，有些服务需要其它部门的配合，甚至由其它部门完成的。如客人住房是由前厅接待人员分配的；客人退房和房间清扫完毕，又是由楼层通知前厅接待人员；客房设备损坏，楼层要通知工程部派人维修；客人洗衣服务，又要与洗衣房联系；客人需要饮食服务时，会与楼层服务台联系，这时楼层服务台及时通知餐饮部，协助餐饮部做好饮食服务工作，特别是房内送餐服务等等。因此，采用楼层服务台这种模式，楼层服务台就成为与其它有关部门联络的中心，从而更好地为客人提供服务。

(3)楼层安全服务的中心

楼层服务台设置后，其值班人员要承担代客保管钥匙。保管工作用钥匙掌握楼层客人动态、处理来访客人会客登记、盘查可疑人员等工作，从而能够成为楼层安全的服务中心，能为客人增加安全感。

2. 楼层值台人员的素质要求

楼层值台服务人员，特别是领班，承担着客人住店期间的大部分服务工作。因此，除一般要求外，还应具备以下条件：

(1)熟悉楼层工作环境与条件，熟悉本楼层全部服务的工作内容、工作程序、操作规程、质量标准。既能亲自操作，又能督导落实。

(2)有较强的语言表达能力，能说两种以上的语言。有较强的客际关系处理能力。

(3)有较强的应变能力，有一定工作督导能力，善于及时发现问题，处理问题，组织观念较强。

(4)有良好的仪容仪表，注重个人卫生和形象，工作踏实认真。

3. 楼层值台员服务工作内容

(1)早班值台服务

①上班后到客房部或楼层主管处签到，领取房间钥匙，阅读交班记录，并向夜班值台员了解情况。

②到所属楼层开启电梯厅照明灯，检查有关房间。整理服务台，检查服务台存放物品，清点酒水，核实单据，保证楼层物品及酒水存放安全数量充足。

③在卫生班报表上注明当日客情和房态，安排好房间清扫次序。

④迎送进出电梯的客人。凡常客、熟客和 VIP 客人，称呼姓名，并对新来客人送茶水，香巾服务。

⑤填写早班客房酒水耗用报表，视需要填写楼层设备、用具报修单，通知工程部派修。

⑥负责早班走房检查，发现遗留物品迅速报告领班或主管。若有个别客人带走客房物品，要迅速通知主管和前厅大堂副理。

⑦在服务台值台，注意楼层客人动态，做好来访客人登记、送茶水、客人问询、留言、接听电话、转告有关事项等楼层日常服务工作。

⑧做好值班记录和下班前的准备工作，工作情况和重要问题直接向楼层主管或领班汇报。

(2)中班值台服务

①上班后到客房部或楼层主管处签到，与早班做好交接班。查看交班记录，了解房态，注意早班重要事项和末完成工作。

②整理服务台，清点工作钥匙。检查存放物品，清点酒水，核实单据，保证楼层酒水和物品存放数量。

③向中班清扫员提供准确的开夜床的房态，督导清洁服务员完成房间开夜床服务。

④巡视服务台周围、电梯间、电梯门、装饰画框、走廊地毯等处卫生，保持干净。

⑤填写中班酒水耗用报表。视需要填写客房报修单，并向前台通知早班报修后已修好的可以出租的房间号。

⑥维护楼层安全，注意访客服务，发现楼层住客换人、增人、减人等情况报告主管，并通知超时访客(一般为晚上 12:00)离店。

⑦填写值班记录，开启防火通道门，关闭有关照明灯，准备交接班。

(3)夜班值台服务

①上班签到和交接班工作与早班和中班相同，同时领取 BP 机。

②为客人提供晚间需要的服务，如送茶水、冰块、毛巾、加床服务等。要求在客人提出后 5 分钟内送到。

③巡视检查楼层安全，收集客人挂在房门上的餐牌，并完成主管临时安排的清洁工作。

④完成夜班查房工作，整理检查楼层客人消耗的酒水单、洗衣单等是否转送前厅挂账。若没有，迅速报告前厅收款台。

⑤做好当班值班记录，准备交接班。

4. 设置楼层服务台的利与弊

(1)设置楼层服务台的优势

①能为宾客提供热情、周到的服务

楼层服务台是为本楼层客人提供服务的中心，能够及时解决客人的各种不便。如提供问讯服务，接待来访的客人等，在这方面，它起着前台服务难以替代的作用。

②加强对客人的面对面服务，突出人情味，增加亲切感

这对注重人情味的东方国家增加客人的满足度起到积极的作用。

③能减少客人投诉，增加客际关系的沟通

楼层服务台的设立，增加了服务项目，同时也增加了饭店与客人之间进行沟通、交流、接触的机会。在服务员和客人之间搭起了一座友谊桥梁，相互理解的枢纽，服务员一张善意和气的笑脸，一句问候往往会使客人对饭店服务的不满情绪减少到最低程度。

④能够有效地保障楼层安全及客房销售

楼层服务台一般位于楼层电梯口较为显眼的地方，服务员 24 小时昼夜值班，可以随时观察楼层动静，注意来往行人，因而在一定程度上保障楼层及客人安全，同时便于掌握客人进出及房态变化，及时查房，有利于客房销售。

(2)设置楼层服务台的弊端

①劳动力成本过高，增加开支

每个楼层都设一个服务台，24 小时提供服务。不算客房卫生清扫员，一个楼层每天至少要让 3 人上班，加上休息人数，一般需要 4 人。由此必然造成客房楼层管理所需员工的大量增加，从而增加大量人工成本。在市场经济条件下，这对降低成本消耗、提高经济效益是极为不利的。

②占用楼层空间，减少客房营业面积

饭店每层楼都设置服务台，势必要减少客房营业面积，这在“每一块土地都要挖金”的饭店，是带来一个不小的经济损失。

③楼层服务台设置往往会影响楼层安静

楼层客房是客人休息的场所，要求绝对的安静，但楼层服务台的设置往往会破坏这种气氛，尤其是在一些管理不善的饭店更是如此，服务台打电话声、嘻笑声、吵闹声等不绝于耳，影响了客人的休息，同时也给客人留下不好的印象。

④客人有受监视的感觉

西方客人十分重视自己的隐私权。随着东西文化的交流与交融，东方客人和很多国内客人也很重视隐私权。住店客人总希望有种自由、宽松的住宿环境。因此，欧美等西方国家以及日本等国家大部分饭店都不设置服务台，而用客房服务中心取而代之。

(二)客房服务中心管理

客房服务中心的管理模式是世界上大部分国家和地区的酒店所采用的服务管理模式。它将客房各楼层的对客服务工作集中在一起，根据每层楼的房间数目分段设置工作间。工作间在形式上是不对外的，也不担任接待客人的任务，而是由行李员引客人进入房间，客用钥匙的管理也由前厅部的问询处负责。客人需要客房服务时，可以拨内线电话通知客房服务中心，由它通知客人房间最近的工作间的服务员。由于客房服务中心的设置大大提高工作效率，节约了客房部的人力资源成本，许多酒店都逐步取消了服务台，代之以客房服务中心，这是酒店管理的发展趋势。

但是取消楼层服务台，设立客房服务中心必须具备一定的设施设备和人力的条件。

1. 客房服务中心设置的条件

(1)饭店必须具有完备的现代化保安设施

客人住的楼面与其他区域严格分开，员工通道与客用通道分开，楼层各种标志醒目。在各楼层安装电视监控仪，用以监控楼层动静。另外，还应加强保安人员对客房楼层的巡视等。

(2)有较全的服务项目

服务项目大部分已在客房内设立，使宾客能自己动手，满足起居生活需要。如国际国内直拨电话、客房小酒吧、24 小时热水供应、服务指南、游览图等用品，均一应俱全。

(3)建立先进的通讯联络设备和一个独立的 BP 机呼叫系统

为了保证服务工作效率，客房服务中心应配置先进的通讯联络设备。一般来说，它应具备同时接听四个以上电话的能力：一部对客，一部对内联系，另两部与前厅接待处和前收银处保持热线联系。即拿起电话毋需拨号，便可直接对话；最好具有小型交换机的功能，以保证信息的畅通；还要求有快速灵便的传呼手段，因而建立一个独立的 BP 机寻呼系统是许多饭店采用的有效方法，甚至有些饭店还将传呼机租借给住店客人，以满足其商务活动的特殊需求。也有些饭店利用社会上的寻呼系统或使用子母电话机来保证信息传递的畅通无阻。

(4)不违反酒店所在地区或城市安全管理部门的有关法规

(5)楼层建筑结构比较简单

有些饭店建筑结构较为复杂，楼层走廊“四通八达”，如果没有行李员或楼层服务员带路，客人很难找到自己房号的房门。结果可能出现客人“迷路”或客人在楼层大喊大叫的现象。

在实际工作中，如果酒店因条件不成熟，暂时还不能完成取消楼层服务台，可以考虑采取一些方法。如可将传统的占相当大空间的楼层服务台改变为一种不设坐椅的小型服务台，供客房服务员做完卫生后或空闲时为客人提供的站立服务。或将酒店客房划分为两个不同的区域，一个是专门接待外宾的，而另一个是专门接待内宾的，在接待外宾区域的楼层取消服务台，而在内宾区域的楼层则继续保留楼层服务台。

2. 客房服务中心的职能

(1)对客服务

客房服务中心的主要任务就是统一接收服务信息，并通过电话机、BP 机等设备，向客房服务员发出服务指令。即使客房中心不能直接为客人提供有关服务，但可以通过协调的方法来达到这一目的。

(2)信息处理

凡是有关客房部工作的信息几乎都要通过客房服务中心来传达或初步处理，然后才得以落实。

(3)员工出勤控制

客房员工上、下班都必须到客房服务中心签到或打卡，从而方便员工考核和工作统一调控，有利于加强员工的管理和员工集体意识。

(4)钥匙管理

客房部各个楼层的工作钥匙都统一归服务中心管理。各班组每天必须到服务中心领取和交回钥匙，履行签字手续，有利于客房安全。

(5)失物招领

整个酒店的检失物品都集中到客房服务中心登记造册、储存保管、招领送还客人。这利于工作的统一管理，提高工作效率。

(6)档案保管

客房服务中心保存着客房部所有的档案资料，并必须做好及时的补充和更新的整理，为客房部以后的工作打下了基础，创造了条件。

(7)处理投诉

接受客人投诉，并及时进行处理和汇报。

(8)与前厅部的联系

客房服务中心按时联系前厅接待处，通报客房的房态情况，并及时核对客房差异情况。

(9)负责向工程部申报工程维修单

(10)协调与其他部门的关系

3. 客房服务中心工作内容

(1)接听电话。电话铃三声响以内接听，答复客人的问询、咨询和要求。及时向有关方面传递相关信息，并做好记录。如是私人电话只作记录，不做转接。

(2)记录楼层服务员对房间客人酒水耗用量的报账，输入电脑，并随时与前厅收款处和财务部保持联系，同时制作楼层每日酒水销售报表。

(3)与其他部门保持信息沟通与联系，并视需要将这些信息传递给本部门员工或有关人员，以保持客房服务的协调配合。

(4)每天做好各楼层客房钥匙的点收、保管、发放、归还等工作。若有损坏，报告上级后处理。同时做好 BP 机的派发，登记与保管工作。

(5)每天做好员工上、下班的签到、打卡和考勤工作，防止代人打卡。

(6)保管好客人遗留物品、捡失物品的登记、造册、保管、寄发、认领等工作，并遵守酒店规定，做好过期遗留、捡失物品的处理。

(7)做好客人借用物品的借出、收回、保管工作。

(8)分发楼层报纸。

(9)根据楼层服务员报告，做好客房各种维修保养记录，通知有关人员。

(10)安排客人要求的超常服务。与楼层配合，提高服务质量，并直接向楼层主管或客房经理汇报工作。

4. 客房服务中心的文档管理

文档管理是客房服务中心的工作内容之一。其在管理中应遵循以下原则：

(1)由专人负责

文档管理工作要有专人负责。可以由客房服务中心主管负责，也可以交服务中心文员负责。

(2)建立文档管理程序制度

①明确哪些文件、表格应该存档；

②存放的顺序(先字母、日期或先日期、后字母)；

③存放文档的时间；

④销毁文档的批准程序与方法。

(3)归档存放

①待处理文档

首先按轻重缓急，将文件、表格分成急办、日常事务两类，然后分别放在文件篮或文件架中。

②临时处理文档

应分别整理，然后存放在档案柜的专用抽屉内。

③永久存放文档

可存放在贴有标签的活页夹内，也可存放在专用柜子内。对重要资料，应存放在特别安全指定的地方。

5. 设置客房服务中心的利与弊

(1)设置客房服务中心的优势

①将对客服务实行集中化、专业化的管理，为客人住店期间创造一个安静、自由、宽松、自在的住宿环境。

②加强客房楼层对客服务的统一调控，大量减少人员配备，提高服务工作效率，

降低人事资源成本开支。

③利于加强客房服务工作管理。如考勤签到、钥匙管理，失物招领管理等。

(2)设置客房服务中心的弊端

①缺乏人情味、亲切感、安全感。

②缺乏顾客与服务员之间的交流、沟通、理解。

③随机服务较差，使客人(特别是内宾和华侨)感到不便。

(三)客房服务中心与楼层服务台并设的管理

随着客房管理的不断发展，不少饭店在设立楼层服务台和客房服务中心的问题上，逐渐认识到这两种模式的弊端，因而有很多的饭店把这两种模式很好地结合起来，在工作中扬长避短。由于白天楼层事务以及对客服务工作任务较多，楼层服务员的工作量较为饱满，这时楼层服务台配有专职服务员。而到夜间，楼层的大部分工作都已完成，多数住客都已休息，对客服务的工作也较少，一般可不再安排专门人员值台，否则会造成人力资源的浪费。如果客人需要服务，可由夜班服务员负责落实。夜班服务员一般在客房服务中心待命，当客人打电话要求服务时，夜班服务员要立即前往提供服务。具体服务情况应在服务指南中向客人说明。

三、客房服务项目及服务规范

客房部的工作除了客房的清洁整理之外，也对住宿客人提供一些日常生活的服务项目。楼层对客服务主要集中在两个环节：一是客人的迎送服务；二是客人住店期间的日常服务。

(一)迎送客人服务

1. 迎客服务

设立客房服务中心的饭店，这项工作都是由行李员负责，客人在前台分配房间后，行李员帮客人提行李，直接引领客人进房，楼面服务员只需做好准备工作并协助行李员工作即可。若是设立楼层服务台，则按以下引领程序及服务规范执行。

(1)客人到达楼层

客人走出电梯，服务员应微笑相迎问好，问清客人房号，接过客房钥匙并核对房号。

(2)带房

服务员应主动帮助客人提行李，贵重物品由客人自己拿，并礼貌地说："xx 先生，请往这边走。"注意用客人的姓氏及"请"的手势。给客人带引时，服务员要在客人侧前方 2 ~4 步左右，遇拐弯时所行方向伸手示意。

(3)服务员到达客房门口按进房要求轻轻敲门或按门铃，开门后，打开电灯总开关，即退到房间一侧，用手示意请客人进入房间。视客人情况为其介绍设施设备。道别时可对客人说："如有需要，请打电话至服务中心，我们 24 小时为您服务，祝您住得愉快，再见(或晚安)!"而后，面向客人退出房门，将门关上。回到工作间作好记录。

2. 送客服务

服务员必须以迎客的热情态度做好送客服务，才能使客人感觉到服务的优良，下次再度光临。客人退房离店的工作需服务员、行李员、客房服务中心共同协调，一起做好。

(1)做好送客的工作

客人退房时应立即通知行李员为客人提行李。送别客人时服务员站立电梯口一侧，向客人亲切告辞："XX 先生，再见，欢迎您再来！"或说："祝您旅途愉快，一路平安，再见！"

(2)客人退房的检查工作

服务员要迅速查房，应注意下列几点：

①检查客人有否遗留物品，如发现应迅速通知前台，及时送给客人，若已来不及，则做好登记，由房务中心保管处理。

②检查房间设备是否完好，各种物品是否齐全，若房间有严重损坏或物品丢失，立即通知大厅值班经理，必要时通知客人赔偿。

③检查迷你吧酒水，如客人临走前用过，又没有账单，应马上通知前台立刻入账处理。

④发现异常情况，要维持现场并立即报告主管。检查完毕，一切正常，服务员即可进行清扫工作，以恢复客房可出售的正常状态。

(二)日常服务

日常服务随着客人不同的需求而呈现多样化服务，是一种较为细致的工作，服务员不可掉以轻心，必须在自己确认客人意思下进行，一方面能使工作顺利完成，提高服务质量，一方面避免日后无谓的麻烦。

1. 客房迷你吧服务(Mini - bar)

为了方便客人，大部分酒店都在客房内安放小冰箱(有些豪华房间内还设有小型吧台)。其目的是为提高客房的商品价值，方便住客，使其能在客房内享受饮料与小食品，而不用外出购买，增加客房的附属收益。

提供客房迷你吧服务时，服务员应注意下列事项：

(1)检查迷你吧

①每天早晨打扫时，由服务员或领班逐一检查迷你吧。摇动饮料罐，留意瓶盖封口，注意是否有食用过后又放回原位的情形。

②核对账单(见表 3 - 19)，查看客人是否有登记入账。如客人填写有误，应注明检查时间，待客人回房时，主动向客人说明更正；如客人没填写，应代客补填并签名和注明时间。

③账单内容要填写清楚，一联留给客人，另外两联交回房务中心或办公室。

④检查饮料、食物的有效期限，过期或接近过期的需要更新。

⑤调节冰箱温度，让它保持一定的温度，如积霜过多需除霜。

⑥客人如消费必须到收银台付款，不可向客人收取现金。

⑦对于退房时间较早的房间，要即时入内检查，迅速通知前台入账，避免客人跑单。

⑧客人食用过后放回原位，或从外面买来不同牌子补回时，同样要入账。

(2)补充迷你吧

①依据清点结果，填写领料单，(见表 3 - 20)。

②持领料单到仓库或办公室领取，如客人要求增加摆放数量，则可追加领取。

③过期、瓶身损坏或变质，退回仓库办理补发。

④将领取的饮料和食物擦拭干净。

⑤领取后尽快补充客房迷你吧，并按要求摆放。

⑥无法将饮料送入客房时，暂时放于该楼层服务台，将房号、数量、品名注记在交接本上，请交接的同仁补上。

(3)补充茶包、咖啡盘

①保持茶盘，咖啡盘的清洁。

②每天检查茶包、咖啡数量，补充后按要求摆放。

有些高级饭店对客房内的冰箱采用计算机管理，当客人从冰箱里取出一瓶饮料后，冰箱内的开关信号将指示机器驱动，结果将使前台收银处该客人的账单上的账目自动增加。但这种装置存在的缺点，譬如，客人取出一瓶饮料后，发现商标不中意，便放原处，但这时计算机已经记下了这瓶饮料的账。

表 3－19　　客房迷你吧账单

序　号			日　期	
品名 tems	总存 Inventory	耗量 Consumed	单价 Unit price	小计 Sup Total
金牌马爹利 Martell Vsop	1		30.00	
施格兰金酒 seagram's gin	1		28.00	
黄冠伏特加 Smirnoff vodka	1		25.00	
威士忌 whiky	1		30.00	
人头马 vosp remy martin v. s. o. p	1		28.00	
青岛啤酒 Tsing Tao Beer	2		8.00	
可口可乐 coca cola	2		8.00	
粒粒橙 orange drink	2		8.00	
艺果汁 mang drink	2		6.00	
崂山矿泉水 lao shan minelg water	2		6.00	
杏仁果 deluxe almonds	2		10.00	
开心果 deluxe pistachios	2		10.00	
合计 TOTAL				
10%服务费　10%SERVICE CHAGE				
总计 GRAND TOTAL				

表 3－20　　**酒吧领料单**

BEVRAGE STORE RE QEQUISITITON

酒吧名称：　　　　　　　　日期：

NAME OF BAR：　　　　　　DATE：

料号 CODE NO	说明 DESCR IPTON	数量 QUAN		单位成本 UNIT COST	总成本 TOTAL COST	注备 REM ARKS
		领数 ORDERED	实发量 ISSUED			

核　　　　　　　　发料人　　　　　　领料人

APPROVED BY　　　ISSUED BY　　　RECEIVED BY

表 3－21　　**迷你吧日消耗单**

领班________

楼层________　日期____________

开心果	杏仁果	矿泉水	芒果汁	粒粒橙	可口可乐	青岛啤酒	人头马	威士忌	伏特加	金酒	马爹利	
01												
02												
03												
04												
05												
06												
07												
08												
09												
10												
上午												
下午												
小计												

表 3-22　　　　干洗单

No. 0012792

DRY CLEANING(干洗)

Be Our Master、Not Guest

DATA:________

NANE	Please indicate service required:
Room No.	EXPRESS □Itens collected before 11:00 a. m. will return by 8:00 p. m. (same day)
MARK	A 50% Express Service Charge will be added.
TOTAL PIECES	REGULAR □Itens collected before 11:00 a. m. will return by 8:00 p. m. (same day)

NOTE: Please list the quantity of each article. Unless on itenised list accnpanise the ariticles. our count will be accepled as correct. The Hotel will no be liable for any claims in repect of articles not retumed within the above stated time limit. clains for boss or damage are limited to ten times the armountcharged for service. All claims must be made within 24hours after the finiahed articles are returned and must be accompanied by the orininal laundry list. The Hotel cannot be held responsible for any damage resulting from the Docmal laundry procoom nor for the loes If buttons, ornaments, oranything left in pockets. Any extra worksuch as pleating etc. willbe changed separately.

备注:

1. 请详列所洗每类衣物的数量,以便核对。
2. 所洗的衣物必须连同一份书面列明的洗单据,否则当以饭店所点的数量为准。
3. 如所洗衣物的起货时间有所延误,饭店将不负任何责任。
4. 如所洗衣物需要赔偿,其赔偿的最高金额为不超过所洗衣物的价目10倍为准,惟此要求必须在收到衣物后的24小时内提出,并有该被洗坏衣物的单据。
5. 所洗的衣物内如有任何贵重物品或纽扣松脱,饭店概不负责。
6. 在正确的洗衣程序下,若衣物有所损坏,饭店概不负责。
7. 一切特别衣物的服务,如打折,价钱另算。

Guest Count	Hotel Count	Gentlemen	PRICES NT $	Item Total	Guest Count	Guest count	Ladies	NT $	Item Total
		Shirt 青年装(上下)	339				Dress(1. Piece) 西装	265	
		Suit(2Pcs) 西装(上下)	402				Coet 女上衣	244	
		Suit(3Pcs) 西衫裤、背心	473				Shit 西裙	159	
		Jacket or coat 西服	233				Pants 西裤	170	
		Pants 西裤	170				Coat(Long) 长大衣	445	
		Shorts 短裤	151				Bkuse 女衬衫	138	
		Tie 领带	85				Siort Full Pleated 全褶裙	293	
		Silk Shirt 丝衬衫	151				Fomal Dress 晚礼服	424	
		Shirt 衬衫	127				T shirt 套衫	125	
		Long Coat 长大衣	445				Spring Coat 风衣	356	
		Waist Coat 背心	117				Morning Cown 长衣	339	
		Moming Cown 长衣	339				Sweater 毛衣		
		Spring Coat 风衣	343				Silk Shirt 丝衬衫	179	
		Swealer 毛衣	159						

THIS FORM MUST BE COMPLETED AND SIGNED BY THE GUEST

Guests Signature ________________

5% Govenmrent Tax inchiede		
Sub Total		
Plus 50% Express Charge		
Plus 50% Express Charge		
Grand Total Nt $		

Laundry Ddpt. 洗衣部

表　3 – 23　　　　　　　　　　熨衣单

No. 0012556

PRESSING(熨衣)

Be Our Master, Not Guest　　　　　　　　　　DATA:______

NANE	Please indicate service required:
Room No.	EXPRESS □Itens collected before 7:00 p. m. will return three hour after colection.
MARK	A 50% Express Service Charge will be added.
TOTAL PIECES	REGULAR □Itens collected before 5:00 p. m. will return three hour after colection.

NOTE: Please list the quantity of each article. Unless on itenised list accnpanise the ariticles. our count will be accepled as correct. The Hotel will no no be liable for any claims in repect of articles not retumed within the above stated time limit. clains for boss or damage are limited to ten times the armountcharged for service. All claims must be made within 24hours after the finiahed articles are returned and must be accompanied by the orininal laundry list. The Hotel cannot be held responsible for any damage resulting from the Docmal laundry procoom nor for the loes If buttons, ornaments, oranything left in pockets. Any extra worksuch as pleating etc. willbe changed separately.

备注:

1. 请详列所洗每类衣物的数量,以便核对。
2. 所洗的衣物必须连同一份书面列明的洗单据,否则当以饭店所点的数量为准。
3. 如所洗衣物的起货时间有所延误,饭店将不负任何责任。
4. 如所洗衣物需要赔偿,其赔偿的最高金额为不超过所洗衣物的价目 10 倍为准,惟此要求必须在收到衣物后的 24 小时内提出,并有该被洗坏衣物的单据。
5. 所洗的衣物内如有任何贵重物品或纽扣松脱,饭店概不负责。
6. 在正确的洗衣程序下,若衣物有所损坏,饭店概不负责。
7. 一切特别衣物的服务,如打折,价钱另算。

Guest Count	Hotel Count	Gentlemen	PRICES NT $	Item Total	Guest Count	Guest count	Ladies	NT $	Item Total
		Dcess Suit　礼服	283				Dcess(1 – piece)　西服	159	
		Suit(2Pcs)　西衫裤	252				Suit(2 – piece)　套装	252	
		Suit(3Pcs) 西衫裤、背心	283				Shirt　西裙	96	
		Jacket　西衫	108				Pants　西裤	106	
		Long Coat　大衣	252				Sweater　毛衣	755	
		Tie　领带	53				Blouse　女衬衫	75	
		Shirt　衬衫	64				Coat　女上衣	113	
							Vest　背心	66	

THIS FORM MUST BE COMPLETED AND SIGNED BY THE GUEST

Guests Signature ______________

5% Govenmrent Tax inchiede		
Sub Total		
Plus 50% Express Charge		
Plus 50% Express Charge		
Grand Total Nt $		

Laundry Ddpt. 洗衣部

2. 洗衣服务

为了住客的方便，酒店提供洗衣服务，让出门在外的旅客不必为洗衣、烫衣以及缝补的问题担心，从洗涤的方式上分：即干洗（见表3－22）、水洗、烫衣（整烫）（见表3－23）、缝补。从时间上又分普通洗和快洗，分述如下：

（1）客人要求衣物送洗的方式有两种，一种是客人一早即送出而把送洗物装在洗衣袋，同时附上填好的洗衣单摆置于床上，以待服务员收取；另一种是客人在房而要求衣物送洗，无论哪种方式，洗衣单的填写和客人认可签字都是必要的。

（2）服务员要细心核对送洗衣物的种类，数量，检查口袋内是否有东西，纽扣有无脱落，有无严重污渍或破损。送洗单填写如有不符，应当面向客人说明并予更正，衣物如有缺陷，瑕疵，则应请客人在签认单上签名（见表3－25），以免以后产生矛盾，如客人不在时应报主管处理。如发现口袋有物件，应放在化妆桌上，如果是贵重物品或金钱，应送到房务办公室保管，等客人回来时再向客人解释和归还。

（3）上午10时前收的衣物，通常在当日晚7时送回，服务员应在上午10时前巡查一下可能会送洗的房间，及时将送洗衣物取出。上午10时以后若要送洗，，且要求在晚间送回，则以快洗处理，快洗处理的收费为普通收费项目加上50%，洗衣单上通常会写清楚，但要向客人解释，以免误会。

（4）没有填写洗衣单的送洗物，依饭店规定不予送洗，要将衣物放回房间。当客人收到洗好的衣物有意见时，应报告主管并与洗衣部门作好协调工作。

（5）对于特殊衣物应报告主管与洗衣房协调是否接受，例如演艺人员表演时所穿的附有亮片的衣服，如果碍于设备，技术上的困难，应当委婉说明不接受的原因，否则贸然接受而洗坏衣服后果相当严重。

（6）各楼层洗衣单应尽快汇集至房务中心，以便由房务中心转交前台，记入客人的总账内。

表 3－24　　物送洗签认单

DATA：

LAUNDRY & VALET DEPARTMENT

Mr./Ms ________ Room ________

本卡的背后有注明您送洗衣物的缺陷，本饭店仅此提醒您的注意。

这些衣物即将送洗（干洗），本饭店保证依正常的程序洗涤，小心处理，如因原有的缺陷所造成的损失，本饭店恕不负责。

________ 顾客签名　　________ 主管签名

We respectfully call your affention to the article mentioned on the reverse side of this card which we note has an irregularity, as recorded.

This article will be laundered/dry cleaned at yourrisk, Kindly sign below as authorization to proceed and we will handle your gament carefully and without delay.

________ Guest　　________ Laundry Manager

DAMAGE

损毁内容

____
____
____
____
____
____
____
____
____
____
____
____
____
____
____
____

3. 房餐服务

常见房内用餐有早餐，便餐，病号饭和夜餐等项目，其中以早餐最为多见。

提供房餐服务时，宾客可根据房餐服务餐牌上面的电话号牌定餐，通常要收取20%－30%的服务费。

房餐服务方式通常是:在大型饭店中，这些服务由餐饮部负责，在餐饮部设有房餐服务组，由当值人员负责提供房餐服务;而在中小型饭店中，房餐服务则由本楼层负责该房的客房服务员负责或餐厅服务员送到楼层，在由楼层服务员送进客房，采用这种服务方式，要求客房服务员必须熟悉服务项目，服务内容及服务程序等技能。

客人用餐完后，不要忘记请客人在账单上签名，并及时将客人用过的餐具及剩下的食物撤出，以免影响房内卫生和丢失餐具，收拾餐具时，要注意清点餐具并检查餐具有无破损。

4. 擦鞋服务

擦鞋服务是饭店为方便客人提供的一项服务，通常是在饭店的房间内放有一鞋篮，若客人需要服务，就把鞋置于鞋篮上，或打电话至客房服务中心让服务人员来收取，该项目故在服务指南内会有写明。

在下雨天，客人从外面回来进入房间后，鞋子很脏，这时当班服务员主动征询客人做擦鞋服务，可以防止房间地毯被弄脏并起到地毯保养作用，而客人的鞋子也可保持光亮如新。

擦鞋服务要注意以下几点：

1)用小纸条写上客人房号放入鞋内，以免弄错或忘记。

2)分辨清楚客人皮鞋颜色，一般情况，饭店只替客人擦黑色及咖啡色，其他则代送给擦鞋匠擦。

3)擦干净后送回，若客人外出，则需把鞋子置于适当位置。

4)晚班在做夜床服务时，注意鞋篮内是否有要擦的皮鞋。

擦鞋服务在近年来有很大的改变，在服务该项目中，有些客人不知道要把鞋子摆在鞋篮内而错过服务，心生抱怨，有些客人因挑剔擦鞋质量，所以有些饭店也就以“自动擦鞋机”取而代之，而且是一项免费的“自动擦鞋服务”。

5)托婴服务

为了方便带婴、幼儿的客人因小孩的拖累而影响外出，饭店客房部提供此项服务，并根据时间的长短收取相应的服务费。

托婴服务应注意以下几点：

1)与客人签定托婴合同申请书(见表3－25)，了解并填写婴儿性别，年龄，交托时身体状况，交托时间及看护时间，饮食内容，作息时间安排，喂食时间，特殊情况，父母姓名，身份证件，联系方式，酒店看护方式和相关责任等。

2)填写看护收费单，请宾客签字。

3)及时联系看护专业人员，做好交接记录，让看护员签字。

4)严格按合同规定看护好客人婴儿。

5)看护过程中发生任何情况，要及时跟客人取得联系，不可自作主张处理。

6)不要给婴儿吃合同以外的任何食品。

7)客人回来后，将婴儿交给客人。若发现有异常情况，则及时告诉客人。

8)结束看护后，在交接本及工作报表上做好记录。

表 3－25 托婴服务单

客人姓名______房号______日期______婴儿年龄_____

婴儿姓名______

时间由_______时______分至________时_______分。

看护人___________

托婴服务最初两小时，按__________收费。

若有取消服务，至少提前 2 小时告知，否则按最低收费。如超过午夜 12 点，则另加费用。

若需服务，请交此单给楼层或房务中心，签定看护协议

祝君愉快！

5. 醒、留言服务

(1)叫醒服务

客人通过总机电话叫醒，当电话无法叫醒客人时，由服务员进行人工叫醒，敲门报身份后说："您的叫醒时间到了"。如无法敲开房门，则考虑有无异常情况发生，及时通知领班及大堂经理，视情况进行处理。此项服务的发展趋势是光线唤醒，在客人设定的唤醒时间前半小时增强房间内的灯光来代替须提前定制的电话闹铃或闹钟。

(2)留言服务

国内各大型饭店的作业方式：

①当住客外出回来时，发现电话机留言灯闪烁不停时，表示有外线电话留言，询问总机后，通常大厅服务中心会派人递送访客留言纸条，客人收到后总机就会关掉电话留言灯。

②如果有关客账问题，住客包裹等欲与客人联络，也会使用留言灯与客人接洽联系。

③留言灯与留言纸条配合使用，以确保传递不会有遗漏。

6. 加床服务

在接到客人要求加床服务时，应按客人提供要求为客人加床服务，其作业方式：

(1)做好记录，并联络房务中心，以便以前台作业连接。

(2)在加床同时，须按床位数增加"四巾"、牙具、淋浴液、杯具等用品。

7. 电子保险箱服务

饭店客房内的电子保险箱是免费为客人提供的，客人在使用时，可输入饭店规定的位数密码，但客人必须记住自己设定的密码，如果有遗忘或是保险箱发生故障，可通知值班经理协助解决。现多数酒店提供采用生物识别技术，能以客人的指纹作开启钥匙的保险箱，彻底解决了客人要熟记密码的麻烦。

8. 房间小整理服务

饭店的高质量服务，从房间的小整理服务可窥见一斑。让外出回房的客人每次回房都有清洁舒爽之感，对饭店留下一个好的印象，这种服务的意义在于充分体现饭店的高

质量水准，但是增加了劳动成本消耗，此项服务根据饭店档次要求不同，在做法上有所区别：一种是除客人提出或 VIP 房间要求必须完成小整理服务，其他房间不另安排；另一种是按服务要求必须完成，除客人提出不需要时，可做好记录，具体作业如下：

(1)更换浴室里用过的布巾、杯具。

(2)刷洗客人用过的"三缸"。

(3)清倒垃圾和烟灰缸。

(4)客人睡过的床铺按规定重新整理，但不需要在更换床单。

(5)将家具摆放复原，拉好纱帘与窗帘。

(6)清捡地面杂物。

(7)清点耗用的迷你吧酒水，并做好记录。

(8)VIP 使用的香皂，应给予更换。

9. 做夜床服务

做夜床也叫开床服务，目的是为了客人回房后，不必再掀开床罩，掀开羽毛被或掀开毛毯、便可马上入睡。其开床时间通常在客人吃晚餐时进行(即 18:00 – 20:00)。这种服务方式以示饭店对客人的关心及向客人道晚安。

做夜床时，应注意以下几点：

(1)遇到客人在房间，应征询客人意见。

(2)如果客人不需要夜床服务，需在报表上记录(见表 3 – 26)。

(3)注意挂有 DND(请勿打扰)牌的房间，不要打扰客人，可从门下塞进"夜床服务卡"，待客人需要时在完成。

做夜床服务主要包括：房间整理，开夜床，浴室整理。

①房间整理

A . 携报纸进房，摆放于文件夹旁，将热水瓶和用过的茶杯、小杯更换补充。

B. 整理烟缸、垃圾桶，补充备品，将家具、物品擦拭干净摆放整齐。

C. 送还送洗的客衣，摆置于床下方床缘。

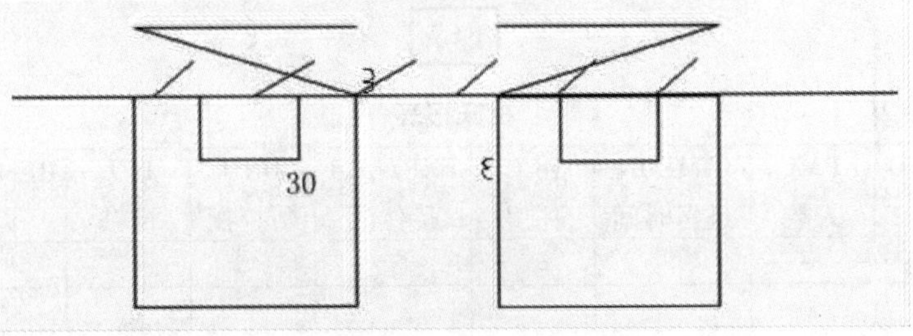

表图 3 – 27 开夜床

②开夜床

A. 揭床罩。折叠好后放到规定位置。

B. 将棉被(毛毯)翻折成 30℃ 斜角或 90℃ 直角(见图 3 – 27)。

双人单床：一人住时，靠近电话一侧，将开床成 300 斜角。

双人单床：二人住时，以床为中心线，将两侧床单各开一角。

双人床：一人住时，开床方向应靠浴室一侧。

双人床：二人时，将两小床的羽毛被开成300斜角。

C. 开床时注意将床铺铺平整，枕头摆放整齐，发现床单有污点或破损要及时更换。

D. 将拖鞋放置在规定位置。

E. 将晚安卡、早餐卡、小饼干或糖果、鲜花等布置枕边或床头柜上。

F. 拉上窗帘，关上衣柜门。

③浴室整理

A. 清洗客人使用过的“三缸”。

B. 撤出客人用过的“四巾”，更换杯具，补充物品，按要求摆放。

C. 清倒垃圾，抹干地板，放好脚垫巾。

D. 关灯，浴室门半掩。

E. 除夜灯、走廊灯外，其余灯应全部关上。如是套房，客厅灯应开着，其卧室与一般房要求相同。

夜床服务程序作业：

挂上正在清洁牌，将门全打开，用工作车虚掩
↓
将空调温度定位22℃
↓
拉上窗帘整理房间
↓
开夜床
↓
浴室整理
↓
检查
↓
记录

表3－26　　夜床报表

RM. NO 房号	PAX 人数	TIME IN 进房时间	OCC 住房	EXP. ARR 待住入	DND 勿打扰	D/L 反锁	REMARKS 借住
01							
02							
03							
04							
05							
06							
07							
08							
09							
10							

四、客人类型和服务方法

酒店的客人来自世界各地和社会各个阶层，由于他们的身份地位、宗教信仰、文化修养、兴趣爱好、生活习惯、社会背景等各不相同，因此，对饭店服务要求就有所不同。在服务接待中，了解他们的需求特点，采取针对性的服务，是客房管理者和服务人员做好对客服务，提高服务质量的基础。

(一)按旅游目的划分

1. 观光旅游型

(1)特点

这类客人主要以观光旅游为目的，对大自然风光、名胜古迹、风土人情最感兴趣，最大的要求就是吃好、住好、玩好。喜欢购买旅游纪念品，喜欢照相，委托代办服务较多。

(2)服务方法

游客外出旅游通常是由各大旅行社负责组织，外出旅游时间多般是早出晚归。因此，在服务中，注意做好早晚服务。如早上的叫醒服务，客人离店后的房间整理，晚上的夜床服务及备足冷热开水。接受客人的委托服务，如洗慰衣服、擦鞋服务、冲洗胶卷等服务项目，努力为客人创造一个良好的居住环境，使客人带着愉快的心情完成旅行活动。

2. 会议旅游型

(1)特点

这类客人通常以参加会议为目的，又兼旅游。人数多，住店时间长，活动集中，有规律。

(2)服务方法

会议期间，客人活动场所多般集中在饭店会议室，因此要认真按照会议要求妥善安排好会议场地及物质用品。如茶水、桌椅、音响、纸、笔等；做好房间清扫工作，注意清扫要求，避免客人文件及资料丢失；介绍饭店各项服务项目，提供旅游服务指南。

3. 商务散客

(1)特点

喜欢高档、单人客房，对饭店的服务、卫生、设施设备要求较高，如高级的个性服务、完备的商务中心，先进的通讯设备；生活水准较高、花钱大方。注重情调。利用公务之余外出游览参观，委托服务多。

(2)服务方法

推销高档房间，房间设施设备齐全。如宽大的写字台、明亮的灯光、齐全的文具用品、电脑、传真机、先进的通讯设备；提供专项服务项目，房间整理要求注意清扫事项，避免客人资料丢失；安排房间，尽量不要将商业竞争对手分在同一楼层；提供旅游指南，解决各种交通工具及订票业务等。

4. 蜜月旅游型

(1)特点

这类客人要求住“蜜月房”(大床间)，对房间卫生要求较高，喜欢安静，不受干扰;对当地风景名胜、风土人情、旅游纪念品感兴趣。

(2)服务方法

饭店尽量为他们安排“蜜月房”。必要时，按客人要求和风俗习惯布置好“洞房”，房间气氛热烈、美观、大方，有情调，并组织好饭店员工表示祝贺及赠送纪念品。

5. 疗养旅游型

(1)特点

这类客人多借旅游之机看病或疗养、休假，住店时间长，喜欢安静，活动有规律，对药物、矿泉和优美的自然风光感兴趣，希望起居方便，能得到热情周到的服务。

(2)服务方法

尽量安排僻静的房间，服务员要勤下客房，询问客人有什么需要，及时供应饮食。注意清扫时间，不要打扰客人休息，保持楼道安静。

6. 休闲度假型

(1)特点

这类客人住店时间相对较长，消费水平较高，喜欢有丰富多彩的娱乐项目，对当地风土人情，地方风味特别感兴趣。

(2)服务方法

服务上要求灵活、主动，环境优雅，善于与服务员交流，住店期间能保证客人的人身财产安全，能提供常规服务项目，如洗衣服务、房间送餐、托婴服务等。

(二)按宾客身份划分

1. 贵宾(VIP)客人

VIP 客人是指有较高身份地位或因各种原因对饭店有较大影响力的客人。在接待 VIP 客人的过程中，应根据客人的不同等级遵循一定的礼遇规格，周密安排，但也要注意给客人以自由的空间。

客房接待方面，客房部接到《VIP 客人接待通知单》后，客房服务人员应充分了解客情。以便客人到达时，服务人员能够称其名、道其职并按其生活习惯提供个性化服务。按《VIP 客人通知单》要求增配好各种物品，若是 A 级 VIP 客房,饭店总经理检查认可。检查后应封闭客房，禁止无关人员出入。当贵宾在饭店有关人员陪同下抵达楼面时，由客房部主管及服务人员在梯口迎接、礼貌问候客人，并据情况按客人到房人数送上欢迎茶及毛巾。住店期间，应由专人负责打扫客房，增加清扫次数，提供小整服务。对特别重要客人，应采取随出随进制，以确保贵宾的安全。在贵宾离店时，客房主管及服务人员在梯口送别,热烈欢送客人再次光临。

附:贵宾等级及服务规范

A 等级	A 等级 VIP 客人为最高等级的贵宾，例如党和国家领导人、外国总统、元首、首相、总理、议长等。	1. 迎送要求:要求饭店总经理率部分员工在大厅门口列队等候迎送贵宾，需要一定的迎接仪式。 2. 客房要求: · 放置与房间格调相协调的工艺品。 · 放置精美的插花与盆景。 · 每天放置一篮四色水果(配专用果篮、刀、叉、口布等)及精美点心。 · 放置饭店总经理亲笔签名的致敬信与名片。 · 每天提供两种以上的报纸(外宾应提供外文报纸)。 · 做夜床时赠送一份精致的工艺品。 · 专人提供服务。 · 客房清洁采取随进随出制，当客人出门时进行客房清洁与小整服务。 3. 餐饮要求: · 客人抵店第一天，由总经理引领客人进餐厅。 · 使用专用包厢。 · 事先确定菜单。 · 专人服务。 · 专人烹制菜肴。 4. 保安要求: · 事先保留车位。 · 加强饭店四周警卫和巡视。 · 专用客梯。
B 等级	B 等级 VIP 客人包括我国及其他国家的部长级官员、世界著名大公司的董事长、总裁或总经理、以及我国各省、市、自治区的负责官员。	1. 迎送要求:要求饭店总经理、大堂副理在大厅门口等候迎送客人。 2. 客房要求: · 放置精美的插花与盆景。 · 每天放置一篮四色水果(配专用果篮、刀、叉、口布等)及精美点心。 · 放置饭店总经理亲笔签名的致敬信与名片。 · 每天提供两种以上的报纸(外宾应提供外文报纸)。 · 做夜床时赠送一份饭店的纪念品。 · 客房清洁采取随进随出制，当客人出门时进行客房清洁与小整服务。 3. 餐饮要求: · 客人抵店第一天，由总经理或副总经理引领客人进餐厅。 · 使用专用包厢。 · 事先确定菜单。 4. 保安要求: · 事先保留车位。
C 等级	1. 各地市的主要党政官员 2. 各省市自治区的旅游部门的负责人 3. 文、体、新闻界负责人或著名人士 4. 各地星级饭店的总经理 5. 各地物资部门的负责人 6. 著名公司、企业、合资、外资企业的董事长或总经理 7. 与饭店有重要协作关系的企业总经理 8. 饭店总经理要求按 VIP 规格接待的客人	1. 迎送要求:要求饭店总经理或副总经理大堂副理在大厅门口等候迎送客人。 2. 客房要求: · 放置精美的插花与盆景。 · 每天放置一篮四色水果(配专用果篮、刀、叉、口布等)及精美点心。 · 放置饭店总经理亲笔签名的致敬信与名片。 · 每天提供两种以上的报纸(外宾应提供外文报纸)。 · 做夜床时赠送一份饭店的纪念品。 · 客房清洁采取三进房制，当客人出门时进行小整服务。 3. 餐饮要求: · 客人抵店第一天，由总经理或副总经理引领客人进餐厅。 · 使用专用包厢或餐厅留座(视总经理要求而定)。 · 每天开出专用菜单(视总经理要求而定)。

2. 文艺、体育代表团

文艺代表团成员对服饰非常讲究，因而要求洗衣服务较多，而且要求质量、时间短。他们的活动安排紧凑。由于他们常常晚间演出、白天休息，其生活习惯或生活规律与其它客人不同，因此要尽量避免他们对别的客人的影响以及他们受别人干扰。服务人员在与他们接触时，应交谈祝贺和赞扬的话题。

体育代表团成员的生活习惯和作息时间与他们从事的运动项目有关。他们共同的特点是对休息、饮食要求甚高，住店期间行动统一，房间设施设备齐全，如电脑、录像设备等，清扫房间要及时，尽量保持楼层安静，需要时还应配合饭店保安人员保护他们免受记者、球迷及“追星族”的骚扰。

3. 政府代表团

政府代表团的特点是：客人身份高，接待及服务规格高、重视礼仪、逗留时间短、日程安排紧、店外活动多。因此，在服务接待中要有专人负责，尊重对方国家的风俗习惯，认真做好客人抵离店迎送工作，做好保密工作，掌握客人活动规律，合理安排服务。

4. 新闻记者

由于职业关系，新闻记者的生活节奏比较快，因此要求服务讲究效率，而且对服务也比较挑剔。他们把房间即当卧室又当办公室。各种的稿件、传真机、复印机比较多，东西摆放比较杂乱，希望房间里有完备的通讯设施、齐全的办公用品，服务方面要特别的细心。

5. 长住客人

许多商社和一些机构在饭店长期包租客房，以此作为派驻人员休息的地方和办公的场所。大多数长住客人多为此类商务人员。

长住客人一般白天工作紧张，他们经常在房内接待访客、洽谈业务，他们对客房内的物品及饮料供应要求较高。在服务接待中要做到客房清扫尽量不要安排在客人非办公时间内进行，清扫时要谨慎处理房内垃圾，不要随便翻动客人办公用品，做好来访客人的登记和接待服务，做到主动、热情，经常征询意见，发现问题，及时解决。

6. 残疾客人

残疾客人由于在身体上的残障更应得到饭店方面的关怀，我国星级饭店评定标准规定三级的饭店必须具备残疾人专用进出口、残疾人专用厕位以及残疾人客房。残疾人客房的设计、服务与管理等方面与普通客房相比都有较大的不同。并且残疾人由于残疾的部位及残疾程度不同，其要求也大为不同。

在接待服务方面，负责残疾人客房服务的服务员应根据不同岗位的工作流程及要求，接受专业化培训，例如有关残疾人心理方面的知识培训、手语培训、残疾人的生活起居特点等知识培训。由专人负责，实施跟房服务，全员服务，使饭店的每位员工都应有为残疾人贡献一份爱心的意识，掌握残疾人服务技巧。服务中采取突出针对性、得体性、有效的服务，尊重客人的隐私。在客人进店前，根据前厅提供的资料了解客情，做好相应准备。在客人抵店时，在梯口迎接，问候并主动搀扶客人进房，帮助提拿行李物品等。仔细向客人介绍房内设施和配备物品情况，帮助客人熟悉房内环境。主动询问客人是否要送餐服务，尽力承办客人委托事项，及时完成或帮助落实。对客人的残疾原因不询问、不打听，避免因用语不当引起客人不快。客人离店时，服务人员应主动征询客人意见及要求，做到服务有“度”，并通知行李员帮助拿行李，送客人进入电梯后方可离开。

(三)按年龄划分

1. 青年旅游型

这类客人多为日本、香港地区和其它国家的大中学生，一般以修学和增长见识为目的，暑假期间旅游较多。他们精力旺盛，白天外出参观旅游，晚上也喜欢出去走走看看，手里钱不多，对饮食和住宿条件要求不高，但要求参观旅游的地方较多。在分房时以中下等为主，要注意叫醒服务。

2. 老年旅游型

这类客人一般动作迟缓、行动不方便，但手里有钱，服务要求热情、周到，爱买纪念品，对历史古迹最感兴趣。住店期间要注意抵离迎送、帮助拿行李，上下楼时服务要多搀扶，多介绍著名历史古迹和美味佳肴，楼层保持绝对的安静。

(四)按国别划分

1. 国内客人

国内客人在接待服务中，大部分客人较适应楼层管理模式，对楼层服务台的依赖性很强，喜欢热情、周到、亲切的人情味服务，不善于使用房内服务指南所提供的房务中心服务。因此，服务中要善于细心观察，了解客人的生活习惯，随时准备为客人提供个性化服务。

2. 国外客人

这类客人较适应房务中心管理模式，喜欢安静，注重个人隐私，讲究礼仪，消费水准高，客房卫生要求高，对客房日常服务项目及设施设备要求齐全。如洗衣服务、房内迷你吧服务、房内送餐服务、擦鞋服务、托婴服务等。

五、提高客房服务质量的途径

(一)客房服务质量的基本要求

1. 讲真诚

饭店的最佳服务，首先要突出“真诚”二字，要建立感情服务，避免单纯性的服务，这是一个服务态度的问题。服务员对客人的接待必须是发自内心的，热情、友好、好客，处处为客人着想，也就是“暖”字服务，感情服务。饭店许多服务质量差的现象发生，其主要原因，都是由于饭店服务人员的态度不好造成的。有的服务员态度缺乏真诚和热情，有的根本不使用敬语向客人问好。这里有一个心理问题，认为客人是人，我也是人，我为什么要服侍他。饭店的每一个工作人员要调整好自己的心态，把客人当成自己请来的客人，以主人的身份来接待客人，替客人着想，这就是提供优质服务的保证。

2. 讲效率

效率服务就是快速而准确的服务。在客房服务中客人投诉有很多都是由于工作缺乏效率而引起的。因此，饭店在管理上有明确的标准。如客房服务的要求是每天负责整理16~18间客房，在25分钟内整理完一间客房，符合饭店卫生标准。

3. 做好“可见”服务

客房的服务工作是无形的，但从另一个角度讲，又是有形的。因为客房服务工作面对的不是机器、原料，而是有思想、有感情的人。如客房服务员虽然不像前台服务人员那样经常面对面的接触客人，但他们所负责整理的客房是否整齐、清洁，会给客人留下深刻的印象，客人可以根据客房状况来评价服务人员工作的好坏。因此，服务员必须要明白“见物如见人”的道理，才能使他们自觉地随时把自己的工作置于客人的监督之下，从而搞好服务工作。

4. 讲礼貌

客房服务中的礼节礼貌，是客房服务质量的重要组成部分，也是客人对客房服务人员的基本要求之一。

礼节是向他人表示敬意的某种仪式；礼貌是表示敬意的通称，是待人谦虚，恭敬的态度。礼节礼貌就是服务员通过一定的语言，行为和程式向客人表示欢迎、热情、感谢和道歉。

礼节礼貌表现在外表上，就是客房服务人员要讲究仪容仪表，注意发型服饰美观大方，给人一种乐意为其服务的形象；在语言上，要讲究语言艺术；在态度上不卑不亢；在行动上要举止文明，彬彬有礼，坐、立、行、操作都要有正确的姿势。

5. 做好“微笑”服务

微笑服务是客房服务人员发自内心、真诚服务的具体表现，是服务工作要求的基本礼节。微笑不仅是热情友好的表示，也是世界旅游者都能懂的欢迎语言，能给旅游者带来宾至如归的亲切感和安全感。

（二）提高客房服务质量的途径

服务质量是饭店的生命，它贯穿整个经营过程和服务过程的始终，直接影响客人的消费和饭店声誉。

1. 处理好硬件和软件的关系

在服务接待过程中使客人达到满足的程度有两个层次：物质上的满足程度是第一个层次，也是服务质量的基础，它依赖于客房各种产品的质量及客人使用的方便、舒适和安全程度，人们称之为“硬件”。如，一个饭店客房的常规服务项目多少及设备设施的完备应该和饭店的等级、规模相符合，才能满足客人不同层次的服务。心理满足程度是第二层次，也是更高的满足层次，这是服务质量的本质表现，它依赖于客房管理人员的管理水平及服务人员的素质。如服务员的服务态度、服务技巧、礼节礼貌、清洁卫生、言行举止等，人们称之为“软件”。因此，要提高客房服务质量，不可过分强调“软件”部分而忽视“硬件”部分，也不可强调“硬件”部分而忽视“软件”部分。如客房便器堵塞、客房漏水、空调不转，服务态度再好，提高服务质量也是一句空话。同时，客人对服务质量的满足程度贯穿于客房管理过程的始终，体现在客人进店到离店的每一个环节，无论哪一个环节发生问题，都会影响服务质量，所以提高客房服务质量还必须对服务的全过程进行管理。

2. 提高和培养员工的服务意识

服务意识是指服务员一旦进入工作状态，便能自然地产生一种强烈地为客人提供优质服务的欲望。如客房清扫员每当踏入客房的时候，工作就像进入了舞台，客人是主角，而自己是配角，要随时关注客人的需求，以满足客人的需要作为自己工作的最大快乐，客人想到的早已想到，客人没有考虑到的，服务人员也替他想到。如，清扫的房间里客人带有小孩，服务员马上会产生加床的念头，并立即询问客人是否需要加床服务；又如下雨天客人回房间时，服务员主动上前询问需要擦鞋服务吗？从这些微小细致的服务，都是来自服务人员自然产生为客服务的欲望，这就是服务意识，它使客人和服务员得到一种无法用语言表达的满足。

既然服务意识如此重要，又如何的培养呢？

(1)强化训练，形成条件反射

强烈的服务意识是要把快而准的服务，通过语言、动作和心灵送给客人，当然需要有扎实的操作基本功，这种操作基本功包括工作人员的道德、才干、学问、技能技巧和应变能力等。业精于“训”，所谓的强化训练，就是指集中一段时间有计划、有组织地对服务人员某方面的技能技巧或礼节礼貌进行大量地反复地严格训练，以求达到一见到客人,服务员就能条件反射似地提供快速和准确的服务。通过对受训者的反复训练，最后要达到养成习惯，形成条件反射。

(2)扩大知识面，增强应变能力

客人来自世界各地，由于每个人的身份、职业、性别、年龄、个性、爱好、风俗习惯都有所不同，他们要求的服务也就不尽相同，要有针对性地接待好每一位客人和处理意外发生的能力，是服务意识的进一步深化。在服务中不能用机械式的服务程序来接待每位客人，这就要求服务员必须有较强的观察能力及应变能力。

(3)合理安排工作量，实现高效率的服务

服务意识的好坏除了受人员素质、环境的影响外，还取决于每个服务员在工作中努力程度和投入的劳动数量、质量。因此，合理地安排工作量，最大限度地发挥每个员工的作用，是强化员工服务意识的必要条件。服务员实行科学分工，明确职责；以岗位责任制约束每个服务人员尽心尽职，提高效率。

(4)用激励的方法巩固员工的服务意识

激励就是激发员工的内在动力，使他们在自愿地基础上创造性地工作。强烈的服务意识不是一种外力驱动的结果，而是人自身的内在动力驱动的结果。何况服务意识除了与人的素质有直接关系外，常常还会受到外部环境的影响而发生变动，如因家庭出现不幸而影响工作情绪和服务态度等。这就需要管理者造就一种良好的工作环境和气氛，将做好员工培训与满足员工的各种需要联系起来，保持和维护员工的自尊，关心和帮助员工，认真解决员工的意见和问题等。这就从根本上调动员工的积极性。激励的原则本身就是一种力量，它同样是强烈的服务意识的源泉。

【案例 1】　　《服务指南》不见了

内容提示：

一家旅游涉外饭店，某个周日的上午，服务员检查 709 房的客用品时，发现一本印刷精美的《服务指南》丢失了，结果收银处扣了正在退房结账的刘先生 16 元钱。刘先生知否认他拿了《报务指南》，并怒气冲冲地找值班经理诉

本案涉及：

1. 赔偿纠纷的处理
2. 处理客人投诉

案例：

事情发生在某地区的一家旅游涉外饭店。

初夏，一个周日的上午，值班经理刚从营业场所巡视回来，便接到一个客人打来的外线电话。

经理拿起电话，便听到客人怒气冲冲的声音："你们宾馆是怎么回事，乱扣客人的钱！"

"您好，我是宾馆的值班经理，请您息怒。有什么麻烦我一定替您解决。请问先生贵姓？"值班经理心平气和地问道。

"我是住709房的客人，姓刘。今天早上退房的时候服务员说房间里有一本《报务指南》不见了，结账时扣了我16元钱。客人的语气稍微缓和了一些，但言语间仍带着不满，"因为当时我急着要去办事，没有跟你们计较。刚才和朋友们谈起这件事感到很没面子，心里觉得很不舒服。客人停顿了一下接着说："我们要那本《服务指南》有什么用？再说吧，就算是我拿了《服务指南》，还可以为你们宾馆做做宣传，凭什么要我们赔偿？"

"刘先生，您别急，我这就了解一下情况。请您留下电话号码，半小时左右我给您答复，您看好吗？"征得客人同意后，值班经理放下了电话。

经过对有关人员的调查询问以及实地查找，发现709房确实丢失了一本印刷精美的《服务指南》。值班经理也曾考虑过，有可能是前一位住客拿走了《服务指南》。但根据记录，刘先生入住前，楼层领班及部门经理都仔细地检查过这间OK房，所以这种可能性很小。另外还了解到，该客人入住期间曾在房间接待过访客。看来，如果刘先生没拿《服务指南》的话，应该是他的朋友顺手拿走了。按宾馆规定《服务指南》不属于低值易耗品及赠品一类，而与客房的其他物品一起开列在《顾客须知》的"补偿物品"一栏上。总台人员按规定收取客人的补偿金是正确的。

半小时后，值班经理拨通了陈先生的电话。

"您好，刘先生。刚才我们到709房仔细寻找了一遍，可还是没有找到那本《服务指南》。按照惯例，《服务指南》不属于赠送品，而客房里的台历、宣传册对宾馆的介绍更为全面，它们是免费赠送给客人的。"

"可我确实没有拿。"客人分辨道。

"我们相信您没有拿。那么入住期间有没有其他人到过您的房间呢？"

"嗯……有几位朋友到过。"

"无论如何，首先要感谢您对宾馆的支持，想到要为我们宾馆做宣传；感谢您给我们提出了一些日后工作应注意的问题。另外考虑到您也受到损失，下次您邀请朋友来消费时，我们给您一定的优惠作为补偿，您看如何？"

此时客人考虑到：朋友是否拿了《服务指南》一时无法判定，再就此争辩下去也没有多大意义，不如顺水推舟地接受值班经理的建议。

值班经理放下电话迅速地做了投诉记录，并在次日的晨会上提醒有关部门注意服务质量的督查工作。

过些日子，刘先生带着他的朋友来消费，宾馆提供的优惠条件以及优质服务令他非常满意。

案例评析：

饭店客房内供客人使用的物品一般可分两种。一种是一次消耗用品，即供客人一次消耗完毕，完成价值补偿的用品如茶叶、信封、洗涤液、洗发精、香皂等，这些用品是允许客人带走的；一种是多次性消耗用品，像棉织品、玻璃瓷器、服务夹及《服务指南》等，可连续多次供给客人使用，价值补偿要在一个时期内逐渐完成。这些用品不属于赠品，如果客人拿走，是要付给宾馆补偿金的。住店客人弄丢或者因喜欢拿走这些物品，这对于酒店行业来说是极为普通的事情。如果处理不当，常常会使得事态扩大，甚至会给酒店的声誉造成不良影响。在处理投诉的过程中，值班经理在以下几个方面体现出良好的素质：

1. 注重了语言表达的艺术。首先以温和的态度来消除客人的怒气。用一定的时间来调查，使客人感受到宾馆对此事的重视程度。在了解情况之后，基于宾馆自身服务以及监督程序的自信，值班经理倾向于持否定意见，但并不直接向客人言明，以免激起客人不满，使冲突进一步激化。而是以委婉的方式向客人解释了宾馆的有关规定，以及补偿品与宣传品的区别。

2. 关于推理分析，对客人表示出充分的信任，果断地把"错"从客人身上转移开，然后以"那么"为转折，使客人的思路自然地转移到解决问题的良性轨道上来，并启发客人抓住解决问题的关键。

3. 在客人意识到："有可能是哪位朋友拿了"之后，值班经理并没有继续深究"到底谁拿了？"这个问题，而是把话题转移开，巧妙地利用"替代"的方法"考虑到您也受到了损失(暗示赔偿16元)，下次您邀请朋友来消费时，我们给您一定的优惠作为补偿，"使客人即保全了面子，宾馆也收取了补偿金，而且使刘先生成为宾馆的回头客。

客人在离店以后与宾馆的直接利益关系便暂时告一段落，但在情感上仍与宾馆保持着一定的联系。值班经理并不因为刘先生已经结账离店便对他的投诉敷衍了事，而是遵循"饭店无小事"，"诚信待客"的原则，圆满地解决了这起投诉，同时还体现了宾馆注重对客服务的延伸性这一经营宗旨。

【案例2】　一点法国护发液

内容提示：

服务员小甘在清理住客房时，自作主张地将香港女客人自带的洗发液收拾掉了，结果引起客人的投诉。此案给我们带来的经验教训是什么呢？

本案涉及：

1. 住店客人的权利。

2. 住客房与走客房的区别。

案例：

一天晚上，一位香港女客人，面带怒色的找到酒店大堂俞副理，投诉说："先生，我刚才回房发现自己放在卫生间洗台上的护发液不见了，肯定是让服务员给扔掉了！”俞副理马上说道：“小姐，对不起，给您添麻烦了。那么您是否可以使用本酒店提供的洗发液？”“不行啊，我多年来一直使用那种法国的名牌护发液，所以外出旅行也带上它，其他洗发液我不习惯用。”俞副理见出现了僵局，觉得应该先到现场调查一下再说，于是他对客人说：“小姐，您可以带我到房间去看看情况吗？”“好吧。”客人答应道。

俞副理跟着香港女客人走进她的客户的卫生间，见盥洗台右角上整齐地摆放着客人的盥洗用品和化妆盒，只是没有护发液。俞副理马上把当班服务员小甘叫来，问她是否见到客人的一瓶护发液。小甘承认是她处理掉的，因为她从半透明的瓶子看到瓶底只剩一点护发液，估计客人没什么用了。客人表示，恰恰这最后一点护发液是她留着最后一晚用的，明天她就乘飞机回香港了。

到这里，事情的真相已完全搞清楚了。为了打消客人的怨气，使客人满意，俞副理表示：“这件事确是我们酒店的过错。给您带来麻烦，实在报歉。小姐，看来这种外国护发液在本地没有卖的，是否可以这样办，我们照价赔偿，今晚上您就使用本酒店的洗发液吧——其实，本酒店的洗发液质量是不错的，您先试用后或许会喜欢的。”客人见俞副理赔礼道歉，态度诚恳，气也消了，又想到并没有受到多少经济损失，便对俞副理说：“先生，您这么说，我就不好意思了，赔偿就不必啦。”“只是委屈您了！”俞副理歉意地说，“没关系。”客人最后对酒店的过失完全原谅了。

案例评析：

本例中客户服务员小甘原本好心原客人处理剩余用品，没想到客人不但不领情，而且大为不满，提出投诉。问题就出在她不完全了解涉外酒店客房服务的严格程序和规范要求，特别是不了解住客房和走客户的清扫规范的区别。服务员在清扫过程中，对属于客人的一切东西，只能稍做整理尽量不要触动，也不能随意挪动位置，更不能想当然地将空瓶或纸盒之类的东西扔掉。这也就是住客房与走客房清扫规范的区别所在。

小甘好心反招投诉的教训，还在于服务员对客人租用客房必须树立一种明确的观念，即：客人一旦办好入住登记手续，交了房租，就形成了酒店与客人的契约的关系。客人是这个房间租用期间惟一的主人和占有人，享有房间出租期间的使用权。酒店方面有义务尊重客人的权利，清扫房间也不例外。

【案例3】 半卷卫生纸

内容提示：

客房服务员小陈接到日本客商从房间打来有事相烦的电话，她轻轻敲开房门时，一团卫生纸突然朝脸上飞来，顿时将她打蒙了。

本案涉及：

1. 房间用品的配备规范。
2. 整体服务意识。
3. 对“客人总是对的”理解。

案例：

一位日本客商刚刚住进浙江宁波的亚洲华园宾馆一会儿，该宾馆客房部便接到他从房间打来的电话，要求派人去房间，有事相烦。服务员小陈被派前往。小陈来到客人门前，轻轻敲门，只听客人大喊一声："进来!"小陈轻轻推开房门，不料，一卷卫生纸突然朝她脸上飞来，不偏不倚打个正着。小陈顿时被打蒙了，定睛一看，日商怒容满面，像只好斗的公鸡，原来他刚跨进卫生间，发现卫生纸只半卷，顿觉受了慢待，便大发脾气。

小陈捡起卫生纸，心想这是清洁员粗心造成的，忙向客人道歉："对不起先生，是我们工作失误。"小陈回到工作间，想着自己受的委屈，泪水不禁夺眶而出。但她很快冷静下来，一手拿着一卷完整的卫生纸，一手端着一盆鲜花，带着笑容重新跨进这位日本客商的房间，将鲜花与卫生纸分别安放妥当。面对突如其来的打击，小陈考虑再三，认定客人发火事出有因，错在饭店，清洁员不该疏忽，将用过的半卷卫生纸留给新到的客人使用。

后来，这位日本客商也自知有错，遂向饭店总经理正式表示道歉，对服务员良好的服务态度，给予了高度的评价，并拿出美金若干，诚恳地请总经理为服务员发委屈奖，同时，决定在饭店长期住下，成了一个长住户。

案例评析：

客人对饭店服务的评价，不是简单针对某一事项、某一位服务员的，不满意也是对酒店不满意。本案例中，负责清洁整理客房的服务员没有按照客房的清洁整理规范进行操作，重新配置新的卫生纸，而是将前一位客人没有用完的半卷卫生纸继续留用。让新住客人使用别人留剩的东西，使新住客感到是对其人格尊严的冒犯，难怪客人会怒不可遏，做出反常的举动。从表面看，日本客商不做调查了解，不问清红皂，在尚未弄清谁是过失责任人的情况下，便做出用半卷手纸打服务员小陈的过激行为，显然有错。但是，客人注重效果和感受，把个别员工的服务过失视为饭店的服务质量差，并将对饭店服务质量问题的愤慨，针对某个无辜的服务员撒气，也无可厚非。因此，酒店每一位员工都应清楚地认识到：他们的服务绝不只是个人行为而是代表酒店，不管在任何岗位上碰到任何问题，都必须站在酒店的整体立场上，满足宾客的需求，这就是服务的整体意识。

试想，服务员小陈如果当着客人的面把责任推给卫生服务员，对客人的过激举止痛斥一番，当然只能是火上加油、扩大事态。其结果将会使酒店从此永远失去这位客人。服务员小陈难能可贵之处在于：她表现出高度的整体服务意识，把一切责任揽在了自己的头上，并以责任人身份向客人致歉："对不起，先生，是我们工作失误。"而不去计较客人的过激行为，小陈不仅把"对"让给客人而且"一手拿着一卷完整的卫生纸，一手端着一盆鲜花，带着笑容重新跨进这位日本客商的房间"，圆满地处理好了半卷卫生纸引起的风波，使日本客商成为饭店的长住客人。

【案例 4】　烫金的名字

内容提示：

北京王府饭店是我国著名的五星级饭店之一，为客人提供的独到的个性化服务是其优质服务的“诀窍”。比利时某电脑公司董事长就享受到了这样的服务。

本案涉及：

对宾客的个性化服务。

案例：

比利时某电脑公司董事长穿梭于北京与布鲁塞尔之间已经有多年，开始是与我政府官员洽谈筹建一个项目，洽谈成功后又多次前来商讨筹建的具体事项。现在项目已经就绪，董事长先生又专程前来检查开业前的准备工作。

每次来北京，他都下榻在王府饭店6楼的一个豪华套间内。今天他风尘仆仆地走出机场，饭店派往机场的代表已举着牌子在出口处迎候多时了。一阵短暂寒暄之后，汽车载着董事长风驰电掣般朝着首都的市中心驶去。

比利时客人自己都说不清已经来过王府饭店几次了。董事长来到早就为他准备好套间里，一切与往常一样，照例先沐浴，再稍事休息。当他打开衣柜取出睡衣时，一个惊喜的发现在他眼前一亮，原来睡衣左胸绣上了他的名字，因为是金线绣的，所以特别醒目。他记得上次来北京还是两个月之前的事，那时也是这样的一件睡衣，没有什么特别之处，时过境迁短短两个月，便受到如此特殊的重视和礼遇，顷刻间，一种自豪感油然而生。

他从洗手间走出，到沙发上坐下，抽出一支烟，随手从茶几上拿起火柴，无意中发现自己的名字又被印在了火柴盒上，且是烫金的，不由得又是一大惊喜。他走南闯北，到过世界各地许多五星级饭店，这样高档次的礼遇还是平生首次享受到。他把火柴盒前后左右仔细端详起来，烫金工艺真精巧，于是不禁地赞叹道：“真难为了王府饭店的真心实意。”

董事长一手夹着香烟，站起身慢慢踱到桌前。出于好奇，他下意识地打开了那本再熟悉不过的《服务指南》，又是一个使其格外开心的意外，他的名字赫然醒目地印在了信纸、信封上，也是烫金的！“回到布鲁塞尔，我一定要把在中国王府饭店受到的礼遇告诉比利时人。”他抑制不住深深的感激之情，发自内心地自言自语着。

案例评析：

个性化服务与规范化服务是有区别的。个性化服务是满足宾客个别的特殊需求，而规范化服务则是满足所有宾客重复的有规律性的基本需要。饭店业服务的对象是有七情六欲、千差万别的人，仅仅靠规范化服务是不够的。要做好优质服务，必须是规范化服务与个性化服务相结合，个性化服务是规范化服务更深层次的发展、是在更高层次上满足顾客需要的服务。任何一家饭店都必须在规范化的基础上向个性化服务发展。我国涉外饭店在和国际优质服务接轨过程中，吸收了世界上一些一流饭店的服务内容，例如“姓名辨认”即是目前我国饭店业已开始重视的一个具有代表性的个性化服务内容。北京王府饭店在这个基础上进一步推出新的服务项目，不惜代价为常住客人准备专用的睡衣、火柴、信纸、信封，良苦用心可见一斑。

王府饭店有一份“王府常客”名单，凡在饭店住满20次的客人均有幸列入，一旦“上榜”，他便能享受到本实例中比利时董事长所遇到的种种个性服务。

王府饭店向常客提供的服务有相当大的难度，需要相当大的投入。一是经济耗费较大；二是需要大面积的储存仓库；三是需要有专人负责保管。王府饭店的可贵之处在于决策人员对服务质量的重视、对服务心理的谙熟和对服务技巧的精通。重要的不是具体做法，而是为宾客服务的精神。饭店业的竞争已经相当激烈，欲赢得客源，首先应在饭店经营者、管理者和服务人员中灌输一种全身心为宾客服务的精神，只有这样才有可能推出与众不同的服务项目。

当然，这种个性化服务的程度与顾客付出的代价是成正比的。服务也是商品，必须实现等价交换。低星级的饭店不可能也没有必要仿效王府饭店个性化服务的具体形式。个性化服务的精髓是在规范化服务的基础上把每一位客人都当成有血有肉的人，从心里关心他们。只有善于揣测客人个别的、特殊的、潜在的需求，才能做好针对性服务，使服务不流于表面化。

【案例5】：　为楼层服务员配备BP机

内容提示：

宁波东港大酒店作为一家新开业的饭店，在客房服务方面实行的是客房服务中心对客服务模式，楼层不设服务台。可是一旦住店客人临时有需求时怎么办呢？

本案涉及：

客房服务中心的对客服务模式。

案例：

台湾商人贾先生在宁波东港大酒店总台办完住店手续后，行李员提着箱子送他到7楼。电梯门刚打开，一名服务员已在电梯口候着。贾先生走南闯北，住过许多饭店，这样的事情不是第一次遇到。然而，令人惊奇的是，东港大酒店是家刚开业不过几个月的新酒店，服务效率如此之高真不简单！

稍事休息后，他打开放在桌上的《服务指南》，一条醒目的提示说，客人如有事情直接打电话到客房中心，旁边写有客房服务中心的电话号码。刚合上《服务指南》，贾先生坐到沙发上，门铃响起，打开房门，原来是他本打算明天接待的某衬衫厂厂长和销售部经理。寒暄一番后，他想起要给客人送两杯茶来，便拿起电话拨通了客房中心的号码。

3分钟后，楼层服务员出现在门口，手里托着茶盘。“速度这么快！”贾先生不由得夸奖起来。无意间他看到服务员腰间挎着一个BP机，方知是客房服务中心通过BP机告知服务员给自己送茶的。

案例评析：

客房对客服务的模式有两种。一种是楼层服务台，它是总台驻楼层的办事处。其特点是设有专职对客服务员——台班服务员，强调对客人的直接热情服务。这种模式特别受老、弱、病、残客人的欢迎，而且有利于保障客人的安全环境，缺点是花费人力较多。另一种是客房服务中心，其特点是强调人力的节省和对客服务的统一调控，撤消楼层服务台，保持楼面的安静，使客房服务符合以“暗”的服务为主的要求。欧美国家由于人工费用昂贵，饭店普遍采用此种形式。当然，不设楼层服务台，客人会有许多不便，一是安全问题，二是客人如有需求，找不到服务员。因此，设立客房服务中心的饭店一是要有较完善的安全设施和在房内配备较齐全的服务用品，二是酒店要有一个寻呼系统，服务员配备一台 BP 机。

楼层服务员配备 BP 机至少有三个好处：

第一，可提高工作效率。东港酒店有规定，凡通过 BP 机传来的服务需求应先于常规得到满足。万一服务员手头有要事处理，也必须到有关房间先打招呼。

第二，可增强员工的服务意识。BP 机别在身上仿佛警卫人员腰间挂着手枪一样，能使员工始终处于常备不懈整装待命的状态。

第三，有助于创造酒店的服务氛围。酒店的服务主要靠人来提供，具有强烈服务意识的员工配有现代化的装备，可以更好地体现酒店的服务水准。及时地为客人提供服务，也有助于客人获得更大程度的尊重和满足。

【案例 6】： 多了一个枕头

内容提示：

客房服务员在为客人两天做床时发现客人的枕头下总是垫着床盖。这时服务员心里是怎样想的呢？

本案涉及：

客房服务员的服务意识。

案例：

客房服务员小李连续两天为 415 房间客人做床时都发现客人的枕头下总是垫着床盖。他猜想客人可能是嫌枕头低。到晚上开夜床时，他主动为该房的客人加了一个枕头。晚上客人回房后发现床头多了一个枕头，既惊喜又纳闷，“我并没有向服务员要枕头呀！”这时，小李打来电话询问客人对床铺是否满意。客人连声道谢，感到十分满意，非常高兴。

案例评析：

床盖本应盖在床的表面或撤下放在规定的地方，而客人怎么把床盖放在枕头下面呢？客人这一做法引起小李的注意。他分析是客人嫌枕头低。他没有按常规整理房间，不是简单地把床盖从枕头下拿出放在该放的地方，而是从这个现象中分析判断客人的特殊习惯，因而悄悄地加了一个枕头。贴心的服务给客人带来惊喜与满意。从中我们可以看到，加一个枕头事不大，却饱含了小李对客人无微不致的关心和体贴，准确满足了客人要求。这种强烈的客人意识、细微的服务技巧、超前服务精神十分可佳。

【案例 7】 请填写好交接记录

内容提示：

客房服务中心接到客人投诉电话，房间一天都没有打扫。当班服务员应如何向客人解释。

本案涉及：

服务员做好交接班记录。

案例：

在北京某四星级饭店客房服务中心工作的小杨，一次接到客人投诉，客人反映他的房间一天都没有打扫。小杨没有调查就问客人是不是打着“DND”（请勿打扰），并给客人提出许多假设，那位客人十分生气。经调查是客人早上出去时房间未锁，值班经理说房间很乱，怕有人进去过，所以不让服务员打扫。结果当班服务没有把这一情况写入交接记录，下班次人员根本不知道此事，因而客人回来时，没有主动解释，而造成客人投诉。调查清楚后，小杨马上找值班经理给客人做出了圆满的解释，客人方表示理解。

案例评析：

客人房间一天未打扫，影响了客人的生活。从这件事自看，服务中心的服务员小杨与楼层服务员都有责任。一方面小杨接到客人投诉后应首先向客人表示歉意，然后调查清楚后再给客人解释，而不应凭主观想象向客人提出种种假设，把房间没有清扫的原因推给客人。这是缺乏客人意识的表现，他忘了“客人永远是正确的”这一服务准则；另一方面，楼层服务员在遇到特殊情况时，一定要写清楚交接记录。因客房是提供24小时全天候的服务，对客人的服务不能因服务下班而中断。只有每位服务员都认真填写交接班记录，各班次之间的工作才不会脱节，对客人的服务才不至于中断，就可避免本例中情况的发生。

【案例8】　金蝉脱壳计

内容提示：

服务员查房因工作马虎，责任心不强，导致客人跑账。

本案涉及：

客人离店的查房。

案例：

在北京某四星级酒店的客房内，均配有小冰柜，里面备有供应给客人的酒水饮料及盒装巧克力。一天某房间的客人离店，服务员去查房，她打开冰柜，看了酒数量，又看看巧克力盒没有动，就向总台报告了客人消费的酒水数。客人离店了，领班来查房，发现冰柜里的巧克力只是个外包装盒，里面是空的。原来客人把巧克力吃掉了，仍然把巧克力空盒好好地摆在冰柜里，用金蝉脱壳计把服务员给骗过了。针对此情况，该服务员不仅赔偿了两盒巧克力，还受到一次警告处分。

案例评析：

1. 星级酒店的客房内为客人配置小冰柜，冰柜内存有酒水和小食品；或者配置迷你酒吧，备下各种中国名酒及洋酒。这一服务项目旨在方便客人消费，增加客房销售收入。但由于我国一些客房设备的科技含量偏低，对迷你酒吧和冰柜的酒水饮料与小食品的管理手段还较落后，主要是用服务员人为地管理与控制，这就加大了管理与控制的难度。因此，这就要求服务员必须认真负责，反应机敏，多查勤看，加强监控，才能防止跑账。

2. 本案例中，客房冰柜中的两盒巧克力跑账事故原因，一是客人素质低，吃了巧克力又不肯付账，把空盒摆在冰柜里，以假乱真，蒙骗服务员；二是服务员工作马虎，责任心不强，光用眼看看大概就算检查完了，使客人“金蝉脱壳”伎俩轻而易举地得逞，是服务员给了客人可乘之机，服务员受到处罚是应该的。

3. 对迷你酒吧或冰柜中酒水饮料及小食品进行管理的方法是：每天认真清查商品数量，严格登记，及时将账转到总台；在检查时，要用手取出瓶或罐及盒子，认真检查是否开封，有没有以空瓶空罐或空包装盒充数的；客人离店时，酒水食品数已查清后，加强监控，防止客人结账后再顺手牵羊把酒水食品席卷而去。

通过此例，让我们服务人员提高警惕，“上帝”中也有素质低下的人，不可不防。服务员为维护酒店利益，为使自己不出差错，一定要精心工作，认真负责地管理各种商品。

本章小结：

本章通过了解客房的类型、设备、设施的配置，掌握客房的清洁及检查、客房服务的管理等内容。在服务接待中，能够熟练、灵活地运用这些技能和管理方法，做好客房接待服务工作。

复习思考题

1. 试举例说明客房必须具备哪些功能才能满足客人的基本生活需求？

2. 客房服务员进房时应注意什么？

3. 怎样清扫 离店客人的房间？

4. 何谓常规性服务和个性化服务？

5. 何谓服务意识？强化服务意识的途径是什么？试结合你所了解的饭店加以说明。

6. 试比较客房服务三种不同的组织模式的利和弊。服务中应如何灵活运用？

第四章　公共区域的维护作业

● 学习提要

一、饭店公共区域的范围，特点及各人员岗位职责。

二、公共区域清洁工作的内容、程序及所要达到的要求。

三、各种消防设备和清洁设备的使用及其维护。

四、公共区域使用的化学物品的特性和用途。

● 学习目标

通过本章的学习使学生了解公共区域的有关基本知识，掌握公共区域的清洁和维护内容及方法，熟悉各种消防设备的特点和维护，熟练使用各种化学物品进行清洁和消毒，并使学生能在实践中加以运用，能够胜任饭店公共区域的工作。

第一节　公共区域的清洁与维护

一、公共区域的概念

饭店公共区域是指饭店公众共有、共享的区域和场所。依据饭店公共区域的功能和使用者的类别来划分，可分为客用部分和员工使用部分。客用部分包括每一楼层的走廊，各餐厅与会议室，休息室、公共卫生间、综合服务区等场所。员工使用部分主要包括员工更衣室、员工食堂、倒班室、阅览室和活动室。根据其所处的位置不同，又可分为前台部分和后台部分、室内部分和室外部分。公共区域是饭店客人每天必须到达的地方，也是他们容易打量或察看到的场所，因此这些地方必须每天保持清洁整齐，免得客人看到不满意的地方时对饭店产生不良的印象。相反的，如果饭店内各公共场所，都是整洁无暇、井井有条，他们会有一种信心和舒适感，日后会成为饭店的义务宣传者，形成有利于饭店营运的有利条件。

二、公共区域清洁卫生的特点

公共区域清洁卫生与客房清洁卫生相比，由于其在饭店中所处的位置和所使用的对象不同，具有它鲜明的特点。

1. 范围宽，客流量大，影响大

公共区域清扫的范围涉及面宽，有饭店的大堂、各通道、各办公室、走廊、内庭花园、公共洗手间等地方。而这些地方又是人流交汇、活动频繁的场所，既有住客，也有前来探访、就餐购物或参观的客人，他们往往在这些地方驻足，并会对这些地方的卫生加以评论，以此衡量饭店的档次。所以，公共区域的清洁卫生保养状况如何，常会给客人留下深刻的印象。人们常说公共洗手间是饭店的"名片"，充分说明了它对饭店声誉的影响。

2. 工作繁杂琐碎，保洁难

公共区域的清扫项目大如地面吸尘拖地，小如烟灰缸的清倒和电梯按钮的抹拭等，清洁保养工作繁杂琐碎，再加上工作场所又处于流动中，有的地区(如大堂、电梯厅)的清扫工作还受到客流量的影响，进出时，还会留下客人大量的脚印、烟头、纸屑、杂物，给清洁工作带来 困难，难于控制。这就要求每个清洁员充分发挥自己的主观能动性，管理员加强巡视和管理，以保证公共区域清扫质量。

3. 工作专业性、技术性强

公共区域清扫工作中，使用的设备、器具、清洁剂等种类繁多，并不是每个人都能运用和掌握的，有些清扫项目必须由掌握专业技术的人员进行。例如，饭店的外窗清洁，是由熟悉掌握高空作业的人员负责。限于自身技术力量，许多饭店把室外窗户的清洁工作委托专门的清洁机构负责。又如，脱落的大理石，如果没有掌握镶嵌技术是无法修补的。由此可见，公共区域的清扫工作具有较强的专业性和技术性。

根据公共区域的清洁卫生特点，服务员在清扫时，应注意下面儿点：

(1) 公共区域的清洁卫生工作不能影响其他部门正常的营业运转，只能在那个区域最不繁忙的时间进行。

(2)公共区域工作人员所使用的清洁剂必须是快干式的。

(3)公共区域工作人员在清扫时，要尊重客人，讲究礼貌，要避开客人，不准有任何不礼貌的行为对待客人。

三 、公共区域的岗位设置及职责

饭店公共区域的清洁和保养都有一定数量的员工负责，并依据饭店的规格、档次及区域的大小编制成一个专门负责公共区域清洁与维护的部门，一般由客房部门配置一名主管和必要的清洁服务员组成，分为吸地毯工、洗地毯工、擦玻璃工、电工、墙壁保养工、大厅保养工、布草清洁送洗工等，各司其职。这些人员应该穿专门的制服，在大庭广众之中工作时应该举止得体。清洁保养要注意每一个细节的控制。

(一)公共区域主管

1. 岗位职责

全面负责公共区域的清洁维护，其直接上级为客房部经理。

2. 工作内容

(1)制定所负责工作的每月计划和目标。

(2)安排下属班次，分派任务进行分工。

(3)检查下属仪表仪容、行为规范及出勤情况。

(4)监督、检查各岗位工作状况，协调各环节的运作。

(5)记录、报告所有区域的工程问题并落实检查。

(6)检查各班次的交班日记和仓库的清洁管理。

(7)负责传达客房部经理下达的指令，并向其汇报每日盘点的结果及特殊事件等情况。

(8)其他部门经常沟通、协调、密切合作。

(9)定期对下属进行成绩考核，向客房部经理上报奖惩，并组织、实施负责部门员工的培训，提高员工素质。

(10)完成上级安排的其他任务。

(二)公共区域领班

1. 岗位职责

督导公共区域服务员的工作，确定公共区域的清洁，保证清洁用品充足，其直接上级为公共区域主管。

2. 工作内容

(1)制定每月公共区域清洁计划。

(2)检查下属仪表仪容、行为规范及出勤情况。

(3)处理有关清洁服务和设备损坏的投诉并采取措施，加以纠正。

(4)每天巡视所有负责区域，确保工作能达到要求的标准。

(5)控制物品的消耗及设备工具的保养，并进行成本控制。

(6)确定需要维修的工程项目，并向上级提出建议。

(7)完成上级分派的其他任务。

(三)公共区域服务员

1. 岗位职责

负责整个饭店办公室、服务区、员工区域的清洁工作。

2. 工作内容

(1)根据工作程序和标准，清洁和保养所分派的办公区、服务区、员工区域，包括：

①扫地、洗尘、拖地。

②给家具、装饰物等设施擦拭灰尘。

③擦拭墙面、玻璃和镜子。

④地面的打蜡磨光。

⑤清理垃圾桶和烟灰缸。

⑥各种电镀物件表面的上光。

(2)定期参加所分配的公共区域大清洁。

(3)处理所有垃圾，保持干净无异味。

(4)在规定的日期内领取清洁用品。

(5)向主管报告并上交客人遗失物品。

(6)向主管报告丢失、损坏的物品、设备的情况。

(7)于宴会后执行临时和日常任务。

(8)完成上级交代的其他工作。

(四)公共区域洗手间服务员

1. 岗位职责

负责公共区域洗手间、员工更衣室的清洁和用品补充的工作，并做好公共区域卫生间的服务工作。

2. 工作内容

(1)按照工作程序和标准，完成公共洗手间、员工更衣室的清洁和用品补充工作。

(2)上班后补齐用品，下班后统计每天的消耗量。

(3)定期按照工作程序和标准进行大清洁，包括：

①空调出风口的清洁及地面的打蜡工作。

②在宴会后，执行临时和日常任务。

(4)做好公共区域卫生间的服务工作。

(5)完成上级安排的其他工作。

(五)地毯清洁员

1. 工作内容

负责饭店所有区域的地毯清洁、维护与保养。

2. 工作内容

(1)工作程序符合标准，随时对地毯进行清洗。

(2)保持各种设备的清洁和正常运作。

(3)完成上级交代的其他任务。

四、公共区域的清洁和维护工作内容

(一)饭店大厅的清洁和维护

饭店大厅是所有客人和顾客必须进出的场所，也是服务中心或柜台处理客人事务的要地，所以每天无论何时都有大量的顾客来往进出于大厅，而且很多客人以大厅为休息或谈话的场所，有时来访的客人也是利用大厅等待住店的客人，在此见面。因此，饭店大厅就得一年到头的有服务中心的服务员不分昼夜的管理和维护其环境的整洁，才可以予客人一个最佳的第一印象。

一般来说，大厅门口的内外都应铺设较厚的脚踏地毯。在雨季或下雪天气，还要指派专人负责地板上的清洁工作，并要将已踏湿的地毯换掉。至于清理圆桶型落地式装沙的烟灰缸，或者桌面上的烟灰缸，则是大厅服务员的工作，他们只要看到烟灰缸不清洁时，就要随时把它清洁干净。至于大厅例行的清洁、保养或修缮等工作，则由清洁员负责，除非紧急情况，通常都是午夜过后或者凌晨时进行，因为那时进出来往的人比较少，工作起来比较方便。

1. 每日清洁内容

(1)大厅正门自动玻璃门及旁门的擦拭。

(2)大厅门口出所铺设的垫毯的清洁维护。

(3)楼梯的清扫及铜器扶手的擦拭。

(4)大厅的柱面、壁面、办公室、沙发、茶几、栏杆、指示牌等要不断的清洁，保持光亮明净。

(5)烟灰缸清洁及烟蒂随时清除。

(6)盆景花木的整理与擦拭。

(7)公用电话的擦拭。

(8)地面的清洁。

(9)地毯吸尘。

(10)清除垃圾筒垃圾。

2. 每周定期清洁内容

(1)外部玻璃擦拭

(2)擦亮所有木制家具。

(3)用吸尘器吸除羽板窗门上的灰尘。

(4)清除天花板通风口的灰尘。

(5)清洗并消毒所有的自用电话和大厅内的公用电话。

3. 每月定期清洁内容

(1)用吸尘器将家具上的罩套或帘上的灰尘清除。

(2)灯座及其他装饰品都要按月打蜡，减少其积聚灰尘。

(3)清洗并擦亮所有金属办公桌的抽屉、书架、椅子、档案柜等。

(4)清除门、窗的侧柱及墙边的镶砖或石块的灰尘。

(二)电梯或升降梯的清洁与维护

电梯和饭店大厅一样，也是一年到头一天到晚都有顾客来往的场所。但是饭店管理部门对于使用电梯的人(无论是顾客或其他人等)如何使用电梯，则很难予以管理或监控。平常有些高级的饭店有电梯小姐在电梯为旅客服务并保养清洁擦试电梯。最常见的电梯内壁受到行李搬运地损伤，而无意故意的破坏电梯内壁，则会造成不容易恢复毁损。所以电梯内部每天都要由客房部清洁班员工夜间固定于保养时检查一次。如果电梯的天花板与内壁都用毡毯护罩，那就可以减少很多的管理与检查的麻烦。这种毡毯是由一种不易损坏的材料制成。许多观光大饭店的电梯内壁已经日渐增加这种罩毯的使用。

如果电梯间的地板上铺设地毯，那将成为一个非常难以保持清洁的地方。因为在那样一个狭小的空间，整天受到密集人群的践踏，污渍与泥土自然会很容易积聚在上面。最好的解决办法是每个电梯都订制几张特别规格的地毯，可以随时掉换拿出来吸尘，或在必须时用水清洗。这不仅可以有效的保持其清洁，并可使其有机会彻底晒干而再用。这些工作平时也是由清洁班的服务人员负责。

(三)公共洗手间的清洁与服务

公用洗手间的使用者众多而且频繁，很容易在极短时间内洗手间就会发生令人不快的气味，而管道系统也容易受到损坏。清洁标准则为干净无异味，光鲜亮丽，备品如擦手纸、卫生卷纸、洗手乳液等供应充足。

1. 公用洗手间的清洁用具

一套特制的容器一个，用于放置消毒剂，用于清洁每一种设备(抽水马桶及小便器除外)的旧布块，专用于清洗抽水马桶及小便器的旧布块(用后即丢弃)，用于擦干的好的布块，但如用于镜子的擦试则需不脱毛的布块，或者纸巾，一罐清洁剂，一瓶洗手用肥皂液，一瓶膏状清洁剂，一瓶抽水马桶专用清洁剂，并附一个小罐子和一个长柄刷子，一瓶玻璃清洁剂，瓶口附有喷雾装置，一副橡皮手套，一个水桶，毛巾若干条等等。

此外，放置清洁用具或用品的小房间应经常保持清洁。地板、墙壁、门窗等都不能忽视。室内并不得放置任何没有列于清洁用品清单中的杂物。室内存放的用品如有遗失，应立刻报告管理人员。否则，清洁人员就要负赔偿责任。所以，清洁工要注意随时锁门。

2. 公用洗手间的清洁程序

（1）随时注意并补充室内的肥皂、卫生纸、马桶罩纸、以及擦手用的纸巾等等。

（2）室内所有的设施装置，诸如镜子、水管、水龙头、门的把手，均应随时用湿布（在稀释的消毒剂溶液中弄湿）擦试。

（3）随时倒清洗手间内的垃圾桶。

（4）用过的擦布如果留着再用，则应将其冲洗干净并绞干后放着备用。

（5）用没有绒毛的布或纸巾擦亮镜子。

（6）洗脸盆可用清洁剂擦洗，但不可用之于抽水马桶。

（7）用稀释的消毒剂浸湿一块旧布（用后即可丢弃）擦洗马桶及其座盖与排水管，然后再用干布擦干，务必使其内外不存留任何尿液。如有尿垢则应彻底清除。

（8）用清洁剂洗净抽水马桶及小便器的内部，并用稀释的消毒剂溶液进行消毒。

（9）完成清洁消毒工作后，应将所有的清洁用具洗干净，并将其放回原来的地方。但要提醒的是清洁工在使用清洁剂或消毒剂时，应戴用橡皮手套。

3. 洗手间的地板的清洁工作

（1）用刮垢小刀刮除地板上的积垢或口香糖之类的胶粘物。

（2）用扫帚清洁地板，如果地板上有太多的沙粒或类似的破碎残留物可将其扫起放入垃圾桶。

（3）清洁地板时，可从室内左边的角落开始，将拖把放在清洁剂与消毒剂混合溶液桶中打湿，依序在地板上擦拭。

（4）用干净的拖把擦去地板上的残余溶液，应尽可能的擦干净。

（5）空调出风口、墙角、厕所的隔间壁面及门要保持无灰尘、无污渍。

（6）每个星期一次，倒一桶杀菌剂溶液到地板下面的排水沟或管道中，用以防止其发生臭味。

4. 公用洗手间的清洁日程表

在清洁公用洗手间时，首先应列一个清洁日程表，此种日程表是每个星期固定的例行工作，而且是施行于洗手间中某一特定的部分或装置。现将其工作日程表分述于下：

星期一（第五项清洁手续完成后）：用膏状清洁剂和软布擦亮所有的铬网装置。

星期二（第三项清洁手续完成后）：彻底清洗所有马桶隔间的门，并用软布擦干净，不容其残留任何脏污痕迹。

星期三（第六项清洁手续完成后）：彻底擦洗所有马桶及小便器的内部，不容其残留任何污垢。

星期四（第三项清洁手续完成后）：清洗并擦干洗手间出入口的大门。

星期五（第三项清洁手续完成后）：清洗所有的瓷砖墙壁。

上述日程表中的清洁工作都是在夜间施行，如有任何变动，主管人员或单位主管应告知有关的清洁工。

5. 公用洗手间的服务规范

(1)客人一进洗手间，要主动向客人问好，同时为客人推开打扫好待用的卫生间门，同时说，“请”或“请用”。

听见马桶抽水声或门插销开启声，或者见客人向水池走来，立即打开脸盆上的冷热水龙头，调好水温，并说“请”或“请洗手”。

(2)客人洗手时，服务员用右手托住按规格叠好的毛巾的托盘至腰部，左手放背后，待客人洗好手，即送上托盘，并说“请”或“请用毛巾”。

(3)客人离开时，服务员应主动为客人拉门，同时对客人说“再见”。

(4)在整个额服务过程中，服务员始终面带微笑，态度真诚。

(四)厨房的清洁与维护

在旅馆的公共区域中，厨房的清洁工作之重要性不亚于旅馆大厅，若就厨房的清洁卫生的要求而言，其重要性较之旅馆大厅实有过之而无不及。

当然，达成这种要求的最佳条件有赖于执行厨师或和餐膳服务经理之间的协调与合作。厨房中所有清洁卫生之维护管理与清洁工作的执行，均应由厨务和膳务两个部门的首脑协商决定。也就是决定什么清洁工作要做，如何去做，什么时候做，更重要的是由谁去做。而一切清洁工作所牵涉到的员工，均应作合理的分配及指派，最理想的是征得当事人的同意，才可切实达到预期的清洁卫生标准。

无论是餐厅用的或是旅馆员工专用的厨房的烹调场所或锅灶所在地，都是最容易发生严重事故的地方。所以供应燃料的设备，诸如瓦斯桶，天然瓦斯的供应管路，应经常保持清洁，不能容许任何油脂或污垢存在上面。同样重要的是，燃料供应系统应保持其完善的机械动作状况，如有任何异常的情形或故障发生，应立即召请专业人员处理，使其恢复正常运作状况。

在现代化的厨房设备中，通风系统的过滤器，用以收集油脂与灰垢，都是可以移动或拆开的，因而清洁起来很方便。这些金属网状的过滤器必须严格的定期清洗。如果通风系统的过滤器是一种用后即可丢弃的滤器，那就得按规定时间换装新的，绝不可以延期不换。

厨房里第二个危险的地方是地板，由于食物材料及做好菜肴在厨房中进出极为频繁，地板上很容易遗留油脂及溢出物而造成地板很滑，造成员工的滑倒或跌倒，纵使地板已经过彻底清洗干净，但不需几分钟便会积存油脂与溢出物而导致外溢。最好的解决方法是在锅灶与厨房门口之间的地板通道放置防滑覆盖物。

地板通道的覆盖物通常是一种很厚而有小孔的橡胶带子，但是防滑木板则更为适用。所谓防滑木板系由许多狭长的木板条子用钢线结系而成。它可以卷起来而搬离原处。这在清洗厨房地板时极为方便。这种防滑木板当然也要定期清洗，其方法是用软水管及棕刷子冲水洗刷，必要时得用热水冲洗。

厨房地板的清洁工作若是使用化学清洁剂时，通常是用一种杀菌清洁剂。究竟该用何种类型的清洁剂，那将取决于当地的水质、厨房油污的情况以及是否需要除臭等等。此类技术上的问题应由专家解决，因为化学清洁剂的误用或者使用不当，可能会引发严重的意外事故。

在一般情况下，厨房墙壁及天花板的清洗周期，最长是每半年一次，最短是每个星期一次。这种周期长短的取舍，大都决定于烹调设备的类型，通风系统，以及烹调制作的菜肴种类。无论如何，来自烹调的油脂及蒸汽总会和一般的灰尘结合起来而积存于墙壁上或天花板上，造成厨房极易脏污。所以清洗工作总应以每个月一次为宜。

厨房的照明设备需要注意维护其清洁，而且要每天不定时注意其保养状况。由于厨房的油脂和灰尘会迅速的结合形成污垢而堆积在照明设备上，如果没能及时的清除，则日后就非用强力的清洁剂不可了。而这偏偏会给金属的照明设施造成腐蚀或损坏。

（五）其他公共区域清洁与维护

在大多数的大型旅馆中，除了上述的几个重要的公共区域以外，还有许多不受重视的公共区域，诸如:清洁班的服务走廊及专用电梯、员工的厨房、洗手间、储藏室等，以及监督人员的办公室。这些地方都需要清洁维护与保养，并且和其他公共区域一样的需要清洁与维护。

不幸的是，许多旅馆的高层经理人员往往不肯拨发充分的经费来维护此类场所的清洁。很多员工因其工作场所及其生活区域的清洁不受重视，他们自然会有愤愤不平的心情。经理部门采取的双重标准，不仅严重影响了员工的士气，且也使清洁检查人员在工作执行上受到员工的冷嘲热讽。员工日常生活或工作场所的地板、走道、门户、以及电梯等都须在每天夜间清洁打扫一次。所有的扶手或栏杆上的灰尘应在夜间擦试，必要时还得用水清洗。电梯门上的斑点、脏污、泥迹、手纹以及灰尘都要每夜清除。所有通风孔、照明设备、消防水龙头等均须保持畅通及清洁。

任何饭店将其里里外外的公共区域整理得井井有条，完全符合清洁卫生的标准，是一件相当困难的工作，除了上述讲到的公共区域外，还包括：

（1）旅馆户外的人行道及楼梯间、花圃及景观设计区。

（2）停车间及停车场。

（3）游泳池。

（4）休息室及储藏室。

（5）所有人行道的护栏或扶手。

此外，旅馆周围的景观设计与园圃则由合格的专业人员管理，并有清洁工数人在其监督下维护此区域的清洁。

五、公共区域地面的清洁与维护

地面的清洁和维护分为硬质地面和弹性地面。

（一）硬质地面

硬质地面为较有耐久性的地面，但质地硬，易于发出响声，所以饭店的营业场所必须以弹性软质地面加以调和。包括混凝土、水磨石、大理石、瓷砖等，主要铺设于大厅、台阶、洗手间、库房、洗衣房及员工活动区。不需打蜡的硬质地面清洁较为容易，每天只需用拖把拖一遍或用拖地机擦洗一次即可。需要打蜡的硬质地面，则按“擦净→打蜡→抛光”的程序进行。使用的器械有洗地机、打蜡机、高速抛光机。目前市面上广泛使用新出硬质地砖，其表面光滑得像镜子一样，而且还抗磨损，铺在地面后，可省去打蜡的麻烦，许多饭店都使用这种地砖。清洁的方法是每天用擦地机加上清洁剂湿擦，便可使地面光亮如新。刷大理石或水磨石地面时切勿使用酸性或强碱性药剂，以免损伤表面。具体分类如下：

1. 缸砖地面

(1)缸砖地面的特性

缸砖地面具有很多优点，如耐水、耐热、耐油、耐碱，且颜色品种较多，价格适中，是卫生间地面的理想的铺设材料，但它怕酸。

(2)日常维护保养

若地面不潮可扫，也可吸尘或用拖布拖。少量的污迹可用抹布沾清水擦拭，如污迹较重，用少量清洁剂擦拭后，可用清水冲净并擦干，切忌用酸性清洁剂。每次清洗后，要尽量使地面保持干燥，无需使用任何蜡或涂料。

2. 方瓷砖地面

(1)方瓷砖地面的特点

方瓷砖地面比较耐用。表面坚硬光滑，防水性能极佳。方瓷砖本身对碱不敏感，但地砖拼接缝的灰浆不耐碱。方瓷砖表面是釉质表面，故怕酸。

(2)日常保养

方瓷砖地面保养比较容易，脏迹极易清除，每日只需用湿拖布或抹布擦拭即可，对一些特殊脏迹，用少量碱性清洁剂擦拭后用清水冲净擦干即可。地面干燥时最好用扫或吸尘的办法，尽量避免地面过于潮湿，否则容易打滑。无需使用任何保护蜡等。要保护好釉层，一旦被损便失去光泽。

3. 大理石地面

到目前为止，没有任何其它材料能够在美观、光彩及耐用性方面与之相比。但大理石价格较高，现已研制出人造大理石，在光泽与坚硬度上略逊色于天然大理石，但价格比天然大理石便宜。一般在高档房间的卫生间才采用大理石作地面铺设材料。

(1)大理石地面的特点

大理石地面有两种：石灰岩大理石和研磨大理石，前者表面有很多黑色小凹点，作为地面材料走路时比较安全，后者表层无光泽但表层比较坚硬。经过抛光过的大理石一般用于墙面装饰。

(2)地面的清洁保养

正确的保养，很大程度上取决于如何避免使用对大理右有损坏作用的清洁剂和不恰当的操作程序。应完全避免使用酸性清洁剂，它会与大理石发生化学反应，在表面形成细孔和使表面暗淡无光。碱性类如碳酸钠、碳酸氢钠和磷酸钠等如果过多地被使用也会对大理石造成损害，因为大理石表层细孔吸收这些物质后，会大量聚集结晶。结晶膨胀后，渐渐地会使大理石表层碎裂。解决的办法是，在使用清洁剂以前，先将地面用清水预湿，可防止清洁剂中盐分被细孔吸收，而且漂清地面也方便多了。注意肥皂水不能用于清洗大理石，因为会留下粘性的沉淀物而不易清除并使地面变滑。

为了便于每天对大理石地面的清洁保养，应对新建地面涂两次无色密封剂和两层抛光剂。日常清洁保养是对地面进行干拖、用中性清洁剂湿拖和用高速抛光机装上尼龙刷磨盘抛光。每个月用低速磨刷机磨刷掉地面的上光剂和脏物，再重新涂上两层上光剂或水基蜡（液体蜡也行，但油基蜡要避免用），每年重新涂一次密封剂和上光剂，方法同样是先彻底打磨掉旧蜡和污垢再涂上密封剂和上光剂。大理石地面上不应放垫子或有橡胶底的地毯，因为会与蜡粘连，出现脏痕，并且清理困难，卫生间大理石地面打蜡后一定要保持干燥，不要让地面过久的留有水渍，否则会使地面光泽受到影响。

4. 水磨石地面

（1）水磨石地面的特点

水磨石地面造价不高、耐用、美观，适宜于铺设在出入口、走廊、工作区域、楼梯等场所。应避免对其使用有害的清洁剂，像含有碳酸钠和磷酸钠成分的清洁剂，否则地面会粉化，出现细孔和小坑洼。

（2）水磨石地面的清洁保养

在一些行人多的地方，水磨石地面应涂上密封剂，以免细孔吸附污垢。因水磨石对碱敏感所以要避免使用碱性物质，安全的清洁剂是含碘硅酸盐、磷酸盐成分的清洁剂和合成洗涤剂。常规保养是：每天吸尘、清扫或用拖布拖，尽量避免地面沾染油脂类脏垢，否则会增加清洗难度，甚至需重新研磨。根据地面脏的程度决定清洗地面的间隔时间，一般两个月大清洗一次，清洗前先用干净的温水打湿地面，然后选用合适的清洁剂清洗，洗后一定要用清水漂洗地面并擦干。

5. 混凝土地面

（1）混凝土地面的特点

混凝土地面的特点是不易损坏，造价便宜，但无光泽，需用高质量的混凝土地面保护漆作密封材料，才能减少灰尘，方便保养和延长使用寿命。因此，混凝土地面只适于厨房、车库、仓库等。

（2）地面的清洁保养

①上过保护漆的混凝土地面的保养：平时注意清扫、吸尘、湿拖、油拖后，一定要使地面保持干燥。非清洗不可时，可用稀释过的清洁剂擦洗，然后要漂洗并干燥。视情况决定是否上蜡。地面若要重新油漆需将旧漆去除，方法是用碘硫酸氢盐进行脱色处理，然后清水漂净、干燥，再重新上漆。

②未上漆或未上光的混凝土地面的保养：其表面有细孔会吸收碱性盐，再吸收到潮气后便膨胀出现粉尘，所以清洗地面前，要预湿地面再行清洗。不能用肥皂类清洁剂，否则混凝土中的石灰会与之反应，产生大量泡沫使地面重新迅速产生脏物。对油脂较重的地面要用碱性清洁剂，清洗时先用硬刷除去积存的油垢，然后用清洁剂洗，洗后要漂清，切记用挥发性的溶剂来擦拭油垢，因其会随溶剂渗入地层。

（二）弹性地面

弹性地面是指比硬质地面要软一些的地面，像半硬质的橡胶、软木及软质的地毯等，但不一定是具有弹性的。一般铺设在客房、办公室、会议室、餐厅、电梯间、走廊等地方。

1. 地毯

（1）地毯的特点地毯具有舒适、美观、保温、吸音和防滑等优点被广泛用于饭店的各个场所。地毯的维护最重要之处在于吸尘，每天至少要用吸尘器清扫一次，把沙子和一切足以损坏地毯纤维的杂质吸走，就可延长使用的寿命。同时要及时除去斑点，一旦发现斑点，必须当天清洗，否则污迹的颜色染进地毯，干了之后就再也洗不掉了。

（2）地毯的清洁保养

①定期吸尘

吸尘可用普通吸尘器吸除地毯内的尘埃、砂砾。也可用滚擦式吸尘器彻底吸除地毯根蒂部位的灰尘和杂物。

②及时清除地毯上的污渍

除渍用地毯除渍剂清除油溶性和水溶性的污渍后，再用尼龙刷将地毯纤维梳理恢复原状。清除污渍时不能用力擦抹，在使用适合的清洁剂前后可用诸如抹布、海绵、纸巾、棉线类抹布等洁净、有较强吸水能力的材料进行吸干，尽量不要用吸水力较差的合成纤维织物。常见地毯污渍及其处理方法有以下七种。

a. 茶水、可乐，先用海绵蘸上清洁剂溶液揩拭，吸干溶液，然后用海绵蘸上清水揩拭，吸干水分，最后用海绵蘸上酸性溶液擦拭并吸干。

b. 血迹，用蘸了冷水的海绵揩拭，并吸干水分，然后用海绵蘸上清洁剂溶液揩拭，再吸干溶液，最后用海绵蘸清水揩拭并吸干水分，必要时可反复进行。

c. 呕吐物、鸡蛋、口红等污物，用海绵蘸上清洁剂溶液擦拭，吸干溶液，然后再用海绵蘸清水揩拭，并吸干水分。视情况确定清洁次数。

d. 黄油、鱼肝油、油腻食物刮净地毯上的脏物，用海绵蘸上干洗剂擦拭、吸干，然后再用海绵蘸清水擦拭，并吸干水分。

e. 糖果、巧克力、冰激凌等污物，用海绵蘸清洁剂擦拭吸干，然后再用海绵蘸上清水擦拭，并吸干水分。如不易擦拭，可用海绵蘸上干洗剂揩拭，然后吸干。

f. 酒类、咖啡、液体鞋油、芥末、红黑墨水等污物，用海绵蘸上清洁剂溶液揩拭，吸干。再用海绵蘸清水揩拭，并吸干水分。如果色斑难以擦去，可用海绵蘸漂白剂溶液揩拭，吸干，并用清水揩净，吸干水分，务必除去色斑。

g. 家具上光剂用海绵蘸干洗剂揩拭，吸干后可用海绵蘸漂白剂擦拭色斑、吸干溶液后，需用清水擦拭，并吸干水分。地毯上的污渍要随时发现随时清除，以确保地毯的清洁卫生。

③定期彻底清洗

清洗方法一般分为两种，即干洗和湿洗。

a. 干洗：是用干泡洗地毯机把干洗剂射入地毯纤维间，机器底部有一个圆盘刷，在泡沫中旋转刷洗。干燥之后，要用强力吸尘机将清洁剂的残余量吸走，地毯即算洗净，但如果残余量没有洗尽，就会脏的更快。

b. 湿洗：用洗地毯机将大量稀释后的清洁液输入地毯，有机器带动刷旋转刷洗，而后将污水吸除。这种洗涤的效果较好，但洗后地毯湿度大，不能投入使用的时间长，一般需要隔夜才会干。此外，如果刷洗不当，浸泡过头，还会皱缩、发霉和积垢，反而缩短地毯的使用寿命。

最理想的洗地毯方法是蒸气清洁法，但需要特殊的设备，这种设备也可以用来清洗硬质地面。蒸气洗地毯机的价格非常高，非一般饭店所能购置。

2. 木质地板地面

(1) 地板地面的特性

地板地面的材料通常为枫木、白桦、橡木、山毛榉等。木质地面易磨损，木材纤维易破裂，从而使其外表受到迅速损坏。对地板最有危害的是水。长时间不断地使用水会使地面木板歪曲、收缩或破裂。

(2)地板地面的清洁保养

①定期打蜡

对地板地面进行打蜡上光能使木板纤维凝聚封闭而不容易破裂，封闭后可防止脏物渗入地板。防止磨损。打蜡时间视磨损程度而定，一般最多每月不超过两次，每年最少一次。封闭效果好的是固体蜡，液体蜡不适于地板地面。

②污渍处理

污渍由残留的清洁剂、干固的牛奶、食物、水等引起。如不清楚是何种污渍可先用抹布擦洗并擦干，如擦洗不掉，可再用0号细钢毛刷盘和溶基蜡擦除。难以去除的污渍要用细砂纸打磨然后再用1号钢毛刷刷去脏物，待地板干后涂上一层抛光剂，用毛刷将抛光剂向周围刷匀，完全干后再打蜡。

③日常保养

一是每天对地板进行吸尘和清扫，油类处理过的拖布会在未打过蜡的地板上留下污痕，所以最好使用以蜡处理过的拖布，二是密封处理和打过蜡的地板可以用潮拖布清洁地板上的脏物，可以用很少量的水。三是除有特别功能的地板外，尽量将所有的木质地板都打上蜡，打过蜡的地板可以防污垢并且容易保养，行走多的地方要经常打蜡。四是经常使用装有0号细钢毛刷盘或尼龙刷盘的打磨抛光机处理地板，可减少使用潮拖布拖地的次数。

④其它情况的处理

一是地板歪曲和翘起。这种情况是由于沾了水或潮气所致，首先找出并处理造成这种情况的根源，然后将地板打磨并重新抛光。二是地板拼接处发出声响。可先用矿物油涂在有声响的地板拼接处，但不一定奏效，普遍采用的办法是用螺丝钉将上下层木板拧在一起，然后密封镙孔。三是刮痕。将家具上光修补材料均匀涂抹在刮痕处，这样可遮掩刮痕。四是地板拱起，这是由于未密封好的地板经常与水接触所造成的。若凸起不严重，就用2号钢毛刷盘打磨，若严重就用机械打磨，打磨后涂上抛光剂，待干后再打蜡。五是地板开裂。由于水分的浸渗，地极铺好后很快会出现开裂。这种情况出现后很难有办法将地板再次绷紧，如果裂缝不大可用油灰腻子或裂缝充填粘合剂修补。

六 公共区域墙面的清洁与保养

1. 墙纸

墙纸是一种最经济的墙面材料，特点是色泽花样多，粘贴方法简便，但缺点是拉力差，易褪色、泛黄、易破裂、一般能保持一两年。清洁保养就是经常吸尘，但有污迹则很难处理。

2. 墙布

目前有玻璃纤维墙布和无纺布墙布及塑料墙布三种 。

①玻璃纤维墙布是用玻璃纤维织的布料涂上树脂，印上图案或花纹，看上去美观悦目。因是矿物纤维，所以抗燃，但质地较脆易断裂、破损。经常吸尘，特殊污迹可

用海绵沾清洁剂擦拭，并用清水再擦拭和揩干。

②无纺布墙布是用棉、麻等植物纤维和涤纶等化学纤维混合后不经纺织而喷压成布的。布坯表面微毛、白净，有一定拉力，印上各种图案便成为贴墙布。它的特点是不易褪色和泛黄，透气性好，能保持洁净干燥，价格较便宜，是比较优秀的墙面材料。清洁保养也是采用经常吸尘的办法，对特殊脏迹可用清洁剂擦拭。

3. 塑料墙布

是由塑料薄膜与纸张胶合而成，质地挺括，并具一定弹性，色泽鲜艳，立体感强。因是塑料，不渗水、拉力强、不易破碎，可用水擦洗且不褪色。缺点是不吸潮，如空气湿度大的话，墙面会出水，造成墙布脱落，遇阳光直射会泛黄。清洁保养可干擦可湿擦，一般多为吸尘。

4. 木板墙面

木板墙面的特点是风格独特，保暖性较好。最大的优点还在于清洁保养方便，每年油漆一次或上密封剂一次，平时只要正常除尘即可。要避免硬物和尖锐物刮坏墙面，一旦出现，可用家具上光修补材料涂抹弥补。

5. 油漆墙面

这是最简单的墙面。特点是色彩丰富，易与家具色彩搭配。但空气湿度大时会出现脱漆，因此涂漆一定等墙壁完全干燥后再涂，它只适于比较干燥的房间。清洁保养方便，可用清水擦洗。

6. 抛光大理石

抛光大理石的特点是价格高，所以只用在高档房间的卫生间，特点已在前面做过介绍。作为墙面铺设材料，特别是铺设在卫生间，常溅上水、肥皂液，如果不及时清洁干净并擦干，会使表面暗淡无光，所以每天用清水和海绵从上至下擦洗并擦干。

7. 瓷砖墙面

瓷砖因其具有价格较便宜，使用性能好的特点，而被大多数饭店客房卫生间所采用。瓷砖本身的清洁保养很容易，缺点主要是拼接缝受潮后易脏和变黄、变黑，所以在施工时应注意把拼接缝的宽度降到最低限度。尽量不用清洁剂擦洗，只用清水由上至下擦洗后并立即擦干。在此特别要提出的是，在施工时，提醒施工人员及时擦净水泥、石灰等粘连物，以免干后无法清除，而留下难看的疤痕。

七、公共区域的防疫与消毒

饭店的清洁与卫生是相当重要的一环。为了保障客人与员工的健康安全，饭店的所有环境，无论客房、餐厅、公共区域、办公室、员工餐厅、活动室等各个角落，都要做好防疫与消毒工作。

首要工作是消灭病毒和细菌的滋生。常见的害虫有蚊子、苍蝇、蚂蚁、老鼠、蟑螂和其他害虫，饭店必须做好扑灭与防止再生的的预防工作，其具体做法如下：

1. 加强检查

平时工作时，要留意观察，一旦发现害虫，要立即进行除治工作。

2. 定期喷洒杀虫剂

一般 10 天至 15 天喷洒杀虫剂一次，夏季可视情况多喷洒一次。

3. 废水处理

按环境保护法令要求，排放饭店废水要经过废水处理程序，净化后才能排到下水道。

4. 实施隔绝措施

以防害虫入侵，在饭店之外围区域如花园、绿地、停车场、排水沟等都要做好预防措施。

使用“除六害”药物时，应注意不被药物污染自身，防止造成伤害。喷洒药剂时要戴口罩，人要身处于上风位置，最好是半眯眼，防止药物伤害人体。此外，放置毒饵最好是晚上投放，放在小孩拿不到的地方，以防小孩误食。点蚊香则要注意防火，不要接近易燃物，最好用铁盘等器皿盛装。

消毒的方法很多，公共区域最常用的是用消毒剂进行消毒。化学消毒剂能使菌体的蛋白质变性，干扰微生物的新陈代谢，抑制细菌的繁殖，以及起溶菌作用。主要有擦拭消毒法，即用药物水溶液擦拭设备家具，达到消毒的作用；喷洒消毒法，即用喷洒的方法将消毒液喷洒到需要消毒的物体上，达到消毒的作用。需要注意的是化学消毒剂对人体组织有一定的腐蚀作用，在消毒时应采取防护措施，如有接触，应立刻用水冲洗。

八、公共区域清洁卫生的质量控制

（一）制定清洁保养的计划

根据公共区域的清洁项目多、工作繁杂琐碎的特点，应制定出不同于客房的计划卫生。对公共区域的卫生采取分片定期的清洁保养方式，不仅可以保证公共区域清洁卫生质量的稳定性，同时又可以延长饭店公共设施的使用寿命。（见表 4－1）

（二）加强巡视检查，确保质量

有关管理人员要加强巡视检查，检查是否达到规定的质量标准。发现问题及时纠正。白天应以检查清洁卫生质量，了解员工的工作状态和操作细节，包括是否正确使用清洁剂和清洁工具为主，晚上则以督促工作为重点。因为在晚间灯光下，不易看清地面、玻璃、门柱等物体是否光洁无污点。客房部的管理人员也要对公共区域卫生进行不定期的检查，以保证公共区域卫生质量，所见之处应为光鲜亮、气氛幽雅、无清洁死角。

具体卫生质量检查标准如下：

1. 大厅清洁标准

（1）天花板及各大小灯饰、装潢配件无灰尘、无蜘蛛网或锈迹，且功能正常。

（2）壁面无污渍、无灰尘、无粘贴胶带的残迹。

（3）地面无纸屑杂物、无污渍、无水渍及无污鞋印。

（4）电镀器物、铜器、不锈钢光亮无手印、无灰尘。

（5）休息区干净无尘，沙发洁净无污渍，坐垫平整，茶几内外上下无尘且上过蜡。

（6）立式烟灰缸、茶几上的烟灰缸只要有一跟烟头即要倾倒。立式烟灰缸的烟筒内，废纸不超过筒量的 1/2。

（7）沙发洁净无污渍，坐垫平整，茶几上无废弃物。经理桌、订席桌的桌面整洁无杂物，电脑外表清洁无尘。

（8）大厅地毯部分清洁无尘，无污鞋印。

(9)挂画清洁干净，尤其上沿无积尘，各种指示牌洁净无污迹。

(10)盆景、花槽无烟蒂、纸屑、灰尘。

(11)电话亭内外干净明亮，电话机无污渍。

(12)帘、窗纱洁净无积尘。

2. 柜台的清洁

(1)台面上下洁净光亮，各种饭店简介、宣传品、文具排放整齐。

(2)台面上方灯光及装饰干净无尘，功能正常。

(3)内部地毯清洁、无污渍、无破损或起皱。

(4)电脑外表干净无尘，外壳不呈现褐色。

(5)墙壁明亮无尘，标示字样的铜字干净明亮。

(6)盆景的花色新鲜无枯萎状。

3. 玻璃的清洁

(1)大门的自动玻璃门、边门等要透明光亮，无手印、杂渍，功能正常，门轨上下无污渍、油渍。

(2)门架、门框及饰板光亮无尘、无手印，上沿部分无积尘。

(3)玻璃窗无污尘，窗框、滑沟无积尘。

4. 电梯的清洁

(1)电梯门无手迹、无污迹。

(2)电梯厢内天花板无尘、无蜘蛛网。

(3)壁面 广告架干净无污迹手印。

(4)壁面无尘、无手印、无污渍，如厢内设有扶手，则应干净不湿粘。

(5)地面大理石光亮无杂物，如铺设地毯则应无尘、无污渍、无杂物。

5. 洗手间的清洁

(1)天花板无灰尘、无污迹、不潮湿。

(2)镜面无水渍、明亮干净、边缘无霉斑或黑点。

(3)灯饰内外干净，无杂物、积尘。

(4)洗手柜无水迹、无毛发、水龙头座四周无青苔、霉斑或积尘 。

(5)马桶及小便池内外无污渍、马桶盖无松动，水箱开关功能正常，水箱无漏水，下水不堵塞。

(6)区位隔间板无污渍、无潮湿，内门锁完好，卫生纸卷盖完整无水痕、锈迹。

(7)地面干净不湿滑，排水孔正常无毛发杂物堵塞。

(8)排风口、空调出风口无积尘。

(9)洗手乳液补充完整，乳液瓶外表干净。

(10)擦手纸补充完整，纸箱外表干净不潮湿。

(11)纸篓随时清理。

(12)洗手间标示牌清洁不积尘。

(13)残疾人洗手间门是否易开、扶手是否干净。

(14)女用洗手间内里应有专用卫生袋。

(15)洗手间无任何异味。

表 4－1　　　　　　　　　　　　　公共区域清洁计划表

楼层	场所别	清洁保养范围		清洁标准	负责班次	周期保养项目		
		公共区域	营业区域			使用工具	每周	每月
二楼以上至顶楼	客房楼层	太平梯地面铜条、灯具、扶手、窗户、窗框	走廊地毯（视情况委托外包）	铜条光亮，灯具无积尘	早班负责 07：00 －16:00			窗户窗框每月1次，铜条每月2次
	各楼餐厅	客用电梯前场所、电梯门、男女宾客用洗手间、员工用洗手间、太平梯、古董、装饰品、花台、客用楼梯挂画、墙壁、铜制扶手	营业厅内地毯每晚吸尘1次，玻璃每天擦拭，出菜区清扫	清洁亮丽、无积尘、洗手间无异味早班07：00－16:00 午班14:00－23:00共同负责由领班指派	大型吸尘器1部	出风口清理	灯具、木器每月上1次家具每月上蜡1次	
	各会议厅各宴会厅	太平梯、出菜区、备餐区、客用电梯前活动区、大理石壁面及地面、男女客用洗手间、员工用洗手间、储藏室、演员更衣室及洗手间，每晚将客用电梯厢内地面大理石抛光1次，并清洁厢内木器、挂画、玻璃、出风口、公用电话	营业内地毯每晚吸尘，舞台木质地板每日清扫，四周木器、灯具、花台的擦拭	舞台保持光亮，木器无积尘，地面干净无杂物，地面不滑腻	早班07:00－16:00 午晚14:00－23:00共同负责由领班指派	大型吸尘器1部	木质地板打蜡、出风口清洗、木器	灯具每月1次，水晶吊灯每个月清洗1次，办公室地面每月打蜡1次，墙壁每月擦拭1次
	附属设施的楼层，如健身房、三温暖、美容室、休息室、更衣室等	客用洗手间、沐浴间、更衣室、地面、窗户、灯饰、立式烟灰缸、挂画、出风口	营业厅内地毯夜间吸尘、三温暖、美容室及健身房每日擦拭及清洗	烟灰缸经常保持干净、大理石壁面保持光亮、干净无尘	早班、午班共同负责，由领班指派	大型吸尘器、打蜡机	客用洗手间壁面、出风口清理	地板每月打蜡1次，大理石壁面灯饰

楼层	场所别	清洁保养范围		清洁标准	负责班次	周期保养项目		
		公共区域	营业区域			使用工具	每周	每月
一楼B	大厅、咖啡厅	大厅正门、两侧玻璃、大厅大理石地面、咖啡厅地面、值班经理及订席桌、工商中心、灯饰、挂画、男女客用洗手间、残疾用洗手间、门口台阶、客用电梯前厅	大厅内地毯、地面每晚抛光白天上、下午各1次拖干，咖啡厅地面每晚湿拖1次，定期除蜡	大理石地板保持光亮，玻璃无尘、无手印，铜器光亮，不锈钢每日擦拭，大厅前车道清洁无杂物	早班、午班共同负责由领班指派	静电拖把、打蜡机、高速抛光机	不锈钢器喷洒不锈钢亮光剂，用干布擦亮。出风口、外部玻璃每周擦拭2次	灯具每月、水晶灯每3个月清洗1次，窗帘每月清理1次，天花板每年清理1次，家具每月上蜡1次
	员工餐厅、员工休息室、进货入口、大楼四周围	男女员工洗手间、垃圾冷藏库、员工餐厅地板、员工休息室地面、进货入口验货区地面（每月清洗2次）	停车场	员工生活区地面每日上午、下午各1次。员工洗手间每天夜间彻底清洗1次，白天清理2次。大楼四周每天清晨及下午各清扫1次	由领班负责指派人员清扫	打蜡机	员工生活区各出风口（洗衣室、办公室）	天花板每3个月擦拭1次
		男女员工更衣室	男员工更衣室女员工更衣室	烟灰缸保持干净、无杂物，垃圾桶每日清理1次，镜面光亮，地面干净无尘				
备注	1. 客用洗手间利用夜间做1次，于白天则每分钟专人负责巡查1次，随时保持干净。 2. 客用电梯除夜间清洁外，白天也要有专人擦拭。 3. 餐饮部地毯视情况清洗，定期清洗则每3个月1次，年度清洗1次。 4. 办公室清洁于下午班进行。 5. 大厅外部玻璃每月清洗擦拭2次。							

第二节　消防设备的使用和维护

饭店消防系统有其特殊的重要性，所以必须保证消防系统及设备良好的运行状态。应指定专人负责，定期检查、维修和保养。

灭火器是用来充装和喷放灭火剂的设备，在其内部压力的作用下，将其所充装的灭火剂喷出以扑救火灾，是一种可由人力移动的灭火器具。灭火器由于结构简单、操作方便、轻便灵活、经济可靠、使用面广，几乎到处可见，是灭火中较理想的群众性常规灭火工具。灭火器担负的任务是扑救初起火灾。初起火灾的范围小、火势弱，是扑救火灾的最佳时机。一具质量合格的灭火器，如果使用得当，扑救及时，可将一场损失巨大的火灾扑灭在萌芽状态。由于单位的义务消防队第一个到达到火场，一般情况下，此时的火灾处于初起阶段，所以灭火器是义务消防队使用最普遍的灭火工具，实践证明灭火效果十分显著，因此灭火器对保护国家和人民的财产和生命安全，起着十分重要的作用。灭火器的种类很多，按其充装的灭火剂的种类可划分为：水型灭火器、泡沫灭火器、干粉灭火器、卤代烷灭火器、二氧化碳灭火器、烟雾灭火器等，按其驱动灭火剂的动力来源可划分为；化学反应式、储气瓶式、储压式灭火器；按其移动方式可划分为：手提式和推车式灭火器。

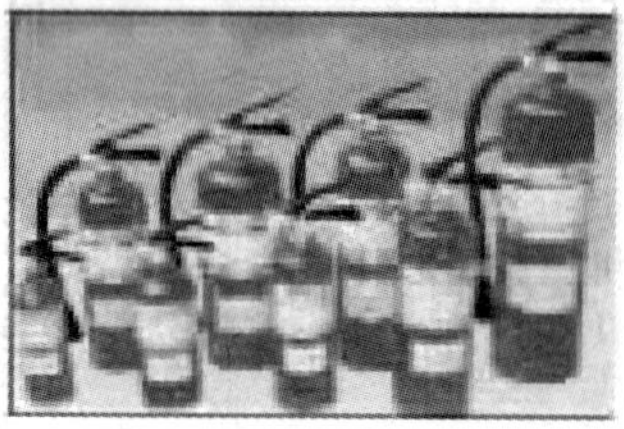

手提式干粉灭火器

悬挂式自动灭火器

推车式干粉灭火器

干粉灭火器

一、室内消防栓

在室内消防栓系统中，消防栓是灭火人员直接用来灭火的设备，是扑灭室内火灾的常备灭火设施。它由开启阀门和出水口组成，并配有水带和水枪。它是建筑物内的一种固定消防供水设备。与室内消防给水管网连接，遇有火灾时，将水带一端的接口接在消防栓出口上，把手按开启方向旋转，即能喷水扑救火灾。一般情况下，室内消防栓应安装在有玻璃门的消防栓箱内。

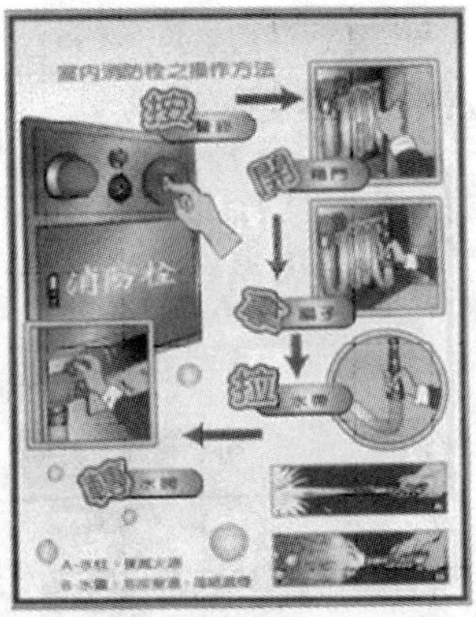

消防栓的使用方法　　干粉灭火器的使用方法

（一）要求

1. 室内消防栓的布置应保证有两只水枪的充实水柱同时到达室内任何部位。

2. 室内消防栓应设置在明显和易于取用的位置，如楼梯间的平台、门厅、走廊和通道等。

3. 同一座建筑物应采用相同规格的消防栓、水枪和水带。每根水带的长度不超过25 米，这样不仅可以互换使用，也有利于维护、保养。

4. 室内消防栓应尽量设置在建筑物的两端，其间距应经计算确定。

5. 消防栓在安装时，要注意出水口的方向，出水口的方向宜向下或与设置消防栓的墙面成 90 度角，以便使用时接装水带方便，出水畅通。

（二）检查和维护

1. 消防栓箱内的水带、水枪等设备是否齐备，水带有无霉烂，远程启泵按钮及其保护装置是否完好。

2. 消防栓栓体有无锈蚀、漏水现象，栓口橡胶垫圈有无损坏丢失，消防栓闸阀开启是否灵活，必要时应对阀杆加注润滑油。

3. 系统各种闸阀的启闭状态是否正常。为防止无关人员误动闸阀，有些闸阀可根据情况对其手轮加以锁封。

4. 定期进行放水检查，以确保火灾时能及时开启，不影响灭火。

（三）室外消防栓的检查与维护

应每季度进行一次检查保养，其主要内容为：

1. 用专用扳手转动消防栓启闭杆，视其灵活性，必要时，加注润滑油。

2. 检查橡胶垫圈等密封件有无损坏、老化或丢失等情况。

3. 检查栓体外表油漆有无剥落、有无锈蚀，如有应及时修补。

4. 入冬前检查消防栓的防冻设施是否完好。

5. 重点部位消防栓，每年应逐一进行一次出水试验，并测试栓口压力；对于非重点消防栓，则取消防栓总数的10%至20%，进行实际出水试验。

6. 保持室外消防栓配套器材和标志的完整有效。对于车道及停车场外的室外消防栓周围，应划出一定范围，防止司机误将车辆靠在消防栓外，影响使用。

二、自动喷水灭火系统

自动喷水灭火系统是按适当的间距和高度装置一定数量的喷头的供水灭火系统。发生火灾时，能自动喷水灭火，同时发出报警信号。具有工作性能稳定，灭火效率高，维修简便和使用寿命长等特点，是一种广泛使用的灭火系统。

1. 自动喷水系统的类型

(1)湿式喷水灭火系统。湿式喷水灭火系统是由湿式报警装置、闭式喷头、管道等组成。在报警阀上、下管道始终充满了水，故称湿式喷水灭火系统。

(2)工作原理。火灾发生时，在火焰温度的作用下，闭式喷头的感温元件在温度达到预定的温度范围时，即自动打开，喷水灭火，同时发出报警信号。

玻璃球自动洒水喷头

(3)特点。发生火灾时能迅速喷水，达到早期灭火的目的。系统构成简单、经济可靠、维修检查方便。

(4) 适用范围。湿式喷水灭火系统适合于室内温度不低于4℃，且不高于70℃的能用水灭火的建筑物内。如住宅、办公楼、企业厂房、宾馆等场所。特别适用于高层建筑和地下工程。

2. 干式喷水灭火系统

干式喷水灭火系统是由干式报警装置、闭式喷头、管道和充气设备等组成，在报警阀上部管道内充以有压气体的灭火系统。

(1)工作原理。当火灾发生时，在火灾温度的作用下，闭式喷头的感温元件温度达到预定的温度时，即自动打开，排除管网中的压力气体，然后喷水灭火。

(2)特点。在报警阀后的管道内充以压力气体，不怕结冻，不怕环境温度高。

(3)适用范围。适用于不需要采暖的建筑物内或温度要求在接近或低于4℃的建筑物内，如不采暖的仓库、冷库等，同时适用于环境温度在70℃以上的高温场所。

3. 预作用喷水灭火系统

预作用喷水灭火系统是由火灾探测系统、闭式喷头、预作用阀和充以有压或无压气体的管道组成。

(1)工作原理。火灾初起时，探测器动作发出报警信号，同时打开预作用阀，在开启管网末端放气阀后，立即向管网充水，使系统转变成湿式系统。

(2)特点。功能齐全、安全可靠、适用范围广泛，但装置组成较复杂，技术要求较高，对系统的维护保养有较高要求。

(3)适用范围。适用于高级宾馆、重要办公楼、大型商场等不允许因灭火而造成水渍损失的建筑物内，也适用于干式系统适用的场所。

4. 雨淋喷水灭火系统

雨淋喷水灭火系统是由开式喷头、雨淋阀和管道等组成。工作时，喷头像雨淋般地一齐喷水，可以对付来势汹猛、蔓延迅速的火灾。

(1)工作原理。发生火灾时，探测器启动，雨淋阀迅速打开，使整个保护区内的所有开式喷头喷水灭火。

(2)特点。由于采用开式喷头，只要雨淋阀启动后，就在它的保护区内大面积地喷水灭火，因此降温和灭火的效果十分显著。

(3)适用范围。适用于需大面积喷水来扑灭火灾快速蔓延的特别危险场所，如影剧院舞台上部、大型演播室、电影摄影棚等。

5. 水喷雾灭火系统

水喷雾灭火系统由喷雾喷头、管道、控制装置组成。是利用喷雾水进行冷却或灭火的设备。

(1)工作原理。其工作原理与雨淋喷水灭火系统基本一致。其区别主要在于喷头的结构和性能不同。它采用的喷头是喷雾喷头。

(2)特点。因利用喷雾水进行冷却和灭火，雾状水的水粒极其微小，能充分发挥冷却和灭火作用，应用范围极广。

(3)适用范围。设有自动喷水灭火系统的部位均可由水喷雾灭火系统代替，还可用于保护可燃液体、气体储罐及电力变压器等。

6. 水幕系统

水幕系统是由水幕喷头、管道和控制阀等组成的阻火、隔火喷水系统。它是将水喷洒成水帘幕状，以提高物体的耐火性，降低辐射热的影响，阻止火焰穿透，防止烟雾蔓延等。可以看成是雨淋系统的一种改型设计。

7. 监测器

监测器能分别对管网内的水流、阀门的开启状态和消防水池、水箱的水位等进行监测，并能以电信号的方式向控制器传送状态信息。它包括水流指示器、阀门限位器和压力调节器。

8. 报警器

报警器是用来发出声、光报警信号的装置。

(二)检查与维护

每一个自动喷水灭火系统都必须始终处于正常的警戒状态。为此，除了在设计、安装、产品选用方面给予技术、质量保证外，从使用方面还应确立一套定期检查制度。其内容大致包括以下几个方面。

1. 准备状态检查

对组成系统的设备做外观检查，看是否有损坏、丢失等异常情况存在。

2. 系统功能检查

检查各个组件在火灾状态下，能否实现所要求的功能。自动灭火装置的效果主要取决于喷头质量。对新安装的喷头应作质量抽验，试验项目有：流量、耐压强度、作用温度及结构强度等。为防止喷头支撑及金属柜架的腐蚀，可用涂蜡或涂铝作保护层，注意不能用防锈漆，这会起阻温作用。一般应每周一次对喷头作定期检查；每半年要对积存在喷头的灰尘清理一次。

3. 通流能力检查

包括对水源、消防泵、报警控制阀的供水能力、通流能力进行综合考察。

水力警铃　　消防水带　　消防阀门

（1）消防水源检查

①每月检查一次市政供水管道等外部水源的补给情况和系统的消防水池及高位水箱的水位是否满足消防水量的要求。

②对单位内的水井等消防水源，应在枯水期测定水位标高或进行抽水试验，发现问题及时解决。

③水泵接合器的检查，除日常的保养外，每年使用自备手抬泵进行加压供水试验，试验时由屋顶试验用消防栓或顶层消防栓出水。必要时请当地消防队协助。

(2)消防水泵的检查

①平时应加强对消防水泵及电动机进行一般性保养。

②经常检查消防水泵各种闸阀是否处于正常状态。

③对各消防水泵应每隔 1 至 2 周进行一次运转试验，此项试验可利用水泵出水管试验口将水返至消防水池。水泵运转时间一般不少于 5 分钟。

④每隔 2 至 3 年或扑救火灾较长时间使用消防泵后，应对水泵进行大修。检修时各泵应分别进行，以保证系统必要的消防供水能力。

(3)给水管路的检查

①新安装的消防给水管路应进行耐压试验，一般应以不小于工作压力的 1.5 倍进行 2 小时水压试验。

②给水管路必须畅通，所以应定期进行管道冲洗。

③做好对给水管路上各种闸阀的定期巡检，为防止无关人员误动闸阀，有些闸阀可根据情况对其手轮加以锁封。

④消防栓水管系统和自动喷淋水管系统要定期泄放空气，以免空气阻塞管道影响灭火。

(4)使用环境检查。使用环境及保护对象被人为地作了不恰当的改变往往会损害系统功能。检查发现异常情况，应立即采取措施进行修复，使其恢复完好状态。

(5)每年按设计要求进行一次系统的综合性功能试验。

(6)如保护区内发生火灾，该系统长时间工作后或每隔2到3年应对系统的重要部件进行全面检修。

三、泡沫灭火系统

泡沫灭火系统由水源，水泵、泡沫液供应源，泡沫比例混合器管路和泡沫产生器等组成。泡沫灭火系统可扑救易燃液体和一般固体火灾。泡沫灭火系统的种类很多：按安装使用方式可分为固定、半固定式和移动式三种，按泡沫喷射位置可分为液上和液下喷射两种。下面我们以液上固定式泡沫灭火系统为例，来介绍泡沫灭火系统。

(一)组成

液上固定式泡沫灭火系统由水源，消防泵、泡沫液供应源、空气泡沫比例混合器、管路和泡沫产生器等组成。

(二)工作原理

当储罐起火时，由操作人员启动消防泵，打开消防泵出口阀，比例混合器将泡沫液与水按比例混合，经管道输送至泡沫产生器，产生大量的泡沫注入罐内覆盖油面灭火。

1. 优点

(1)时刻处于临战状态，可立即投入灭火。

(2)操作简便、节省人力，劳动强度较小。

2. 缺点

(1)一次性投资较大。

(2)维修、保养要求高。

(3)油罐发生爆炸时，罐上所安装的固定消防设备易受破坏而失去应有的作用，因此需配备相应的移动式泡沫灭火设施。

3. 检查和维护

(1)系统必须经公安消防部门验收合格后，方可投入使用。

(2)系统应由经过专门培训的人员操作，确保系统在任何时间内都处于完好的工作状态。

(3)泡沫液一般储存在专用的储罐内，储存条件应满足技术条件所规定的要求。

(4)定期检查泡沫产生器和比例混合器是否损坏和堵塞。

(5)定期启动消防泵;阀门应保证启闭灵活可靠。

(6)消防水池应保证正常的水位，冬季应有防冻措施。

(7)定期对泡沫液质量进行检查，以确保不失效。

四、火灾自动报警系统

火灾自动报警系统是用于尽早探测初期火灾并发出警报，以便采取相应措施(疏散人员、呼叫消防队、组织力量灭火)的系统，对于火灾的早期发现起着十分重要的作用，是监测火灾的第三只眼睛。

(一)系统类型

1. 区域报警系统

由火灾探测器、手动火灾报警按钮及区域火灾报警控制器组成，适用于较小范围的保护。

2. 集中报警系统

由区域报警系统和集中报警系统组成，适用于较大范围内多个区域的保护。

3. 控制中心报警系统

由集中报警系统和消防控制设备组成。适用于大型建筑的保护。

（二）火灾探测器

火灾探测器是组成各种火灾自动报警系统的重要组件，是系统的“感受器官”，它的作用是监视被保护区域有无火灾发生。一旦发现火情，就立即动作，向火灾报警控制器发送报警信号。常见的火灾探测器有感烟、感温、感光火灾探测器三种，其中最常用的是感烟火灾探测器。下面我们以感烟火灾探测器为例，来介绍火灾探测器。

1. 分类

感烟火灾探测器可分为离子，光电，线型感烟火灾探测三种。

2. 工作原理

三种感烟火灾探测器均是应用烟雾粒子对其正常工作状态的影响，并将这种影响以信号的形式向火灾报警控制器发出报警信号。

3. 适用范围

适用于火灾初期有阴燃阶段，产生大量的烟和少量的热，很少有或没有火焰辐射的场所。如：

（1）商场、饭店、旅馆、教学楼的厅堂、卧室、办公室等；

（2）计算机房、通讯机房、电影电视放影室等；

（3）楼梯、走道、电梯、机房等；

（4）书库、档案库等；

（5）有电器火灾危险的场所。

可以看出，感烟火灾探测器几乎适用于我们平时常接触的所有场所，应用范围十分广泛。

（三）火灾报警控制器

火灾报警控制器是火灾自动报警系统的重要组成部分。它担负着为火灾探测器提供稳定的电源，接受、转换、处理火灾探测器输出的报警信号，进行声光报警，指示报警的具体部位和时间；同时执行相应辅助控制等诸多任务。按其用途可分为区域及集中火灾报警控制器、通用火灾报警控制器。

1. 区域火灾报警控制器

其直接连接火灾探测器，处理各种报警信息，是组成自动报警系统不可缺少的设备。

2. 集中火灾报警控制器

其不能与火灾探测器直接相连，而应与区域火灾报警控制器相连，处理区域报警控制器送来的报警信号，常用在较大型系统中应用。

3. 手动火灾报警按钮

在火灾自动报警系统中，手动火灾报警按钮是一种向火灾报警控制器发出火灾报警信号的手动报警装置。它主要用于建筑物的走廊、楼梯、过道等不适于安装火灾探测器，并且人们容易到达的场合，作为火灾自动报警系统中的一种辅助设备，手动火灾报警按钮应设置在明显和便于操作的部位，高度1.5米且应有明显的标志。

(四)维护使用

1. 火灾自动报警系统必须经当地消防监督机构验收合格后方可使用，任何单位和个人不得擅自决定使用。

2. 使用单位应有专人负责系统的管理、操作维护，无关人员不得随意触动。

3. 系统的操作维护人员必需由经过专门培训的人员担任。

4. 使用单位每日应检查系统的功能是否正常，如发现异常现象应及时处理。

5. 使用单位每季度应对系统进行一次全面的试验和检查。

6. 每隔3年必须由专门清洗单位对火灾探测器进行一次清洗。

五、照明和疏散指示标志

设置应急照明和疏散指示标志有利于在火灾状态下人员的疏散，可起到照明和指示疏散方向、途径的作用。火灾时仍需坚持工作的部位，可保证正常照明。实践证明，设置应急照明和疏散指示标志，尤其是公共场所，是减少人员伤亡的行之有效的方法。

(一)设置要求

1. 事故照明灯宜设在墙面或顶棚上。

2. 疏散指示标志宜设在疏散门的顶部或疏散走道及其转角距地面高度1米以下的墙面上，走道的指示标志间距不宜大于20米。

(二)检查与维护

灯具应定期检查作充放电试验，不可随意更换普通灯具或光源，防止管道不善造成灯具损坏或元件被盗。对于其它的消防设施也应进行定期的维修和保养。例如，防火卷帘应定期做动作试验，给防火卷帘及防火门的弹簧和排风机的转动部分注加润滑油等。

第三节　公共区域清洁设备及清洁剂

正确使用使用清洁剂和清洁工具，是服务人员必须掌握的知识。清洁设备的使用，不但提高了清洁度，并且还减轻了服务人员的劳动强度，正确掌握清洁设备的使用和维护方法，对于延长清洁设备的使用寿命，减少工作事故，提高服务效率和服务质量都是非常必要的。而清洁剂的正确使用能使清洁工作起到事半功倍的功效。如果不能科学地使用清洁剂，不仅起不到清洁作用，相反，可能还会对设备产生损害，例如，我们经常会发现卫生间的面盆等物品的表面粗糙、发黄，失去了原有的光泽，其关键原因就是由于清洁剂使用不当所造成的。

一、吸尘器

吸尘器的全称为电动真空吸尘器，是供饭店、宾馆清扫除尘用的一种清洁器具。它不仅可以清洁地板、家具、墙壁等硬性表面，也可以清扫地毯、窗帘、被服等软性表面，还能清除缝隙、凹凸不平之处的尘埃，清扫效率很高，省时省力，在各饭店和部分家庭得到了广泛的应用。

（一）吸尘器的种类

吸尘器按外形轮廓可分为立式、卧式和便携式；吸尘器按其消耗功率大小可分为大、中、小型（含微型）。一般来说，功率在800W以上的吸尘器为大型吸尘器，适宜于清扫餐厅、大厅等大面积的场所；功率在400W至800W之间的属中型吸尘器，客房或走廊多用此类吸尘器；400W以下的为小型吸尘器。按使用功能可将吸尘器分为干式、干湿两用式、地毯式及打蜡吸尘式等。

立式吸尘器

便携式吸尘器

立式吸尘器

（二）吸尘器的结构与工作原理

1. 吸尘器的结构

吸尘器的种类很多，不论形式如何多样，但结构原理基本上都是相同的，主要由机壳、吸尘部、风机、电动机、清音装置和吸尘器附件等组成。

（1）外壳。外壳的作用是支撑吸尘器各零部件，并将它们与外界隔离，这样既能保护内部结构，又能保证安全。以立式吸尘器为例，它的上桶体安装电动机、风叶组、消音装置、出风口及电源开关等，下桶体内安装了滤尘部，桶壁上设有吸入口。

（2）吸尘部。由吸尘嘴、导管、过滤器（又称集尘袋）和储灰箱等组成，过滤器能将尘埃和空气分离，分离后的尘埃被阻挡在储灰箱内。

（3）风机。由叶轮、导轮及蜗壳等组成，叶轮的中心处为进风口，边缘处为出风口。吸尘器的出风形式有两种，即集中出风和分散出风，集中出风又可起吸尘作用。

（4）电动机。电动机是吸尘器的动力源。吸尘器的电动机转速高，每分钟2000至2500转，风压高，风量大，效率高，适用于交直流电源。

（二）吸尘器的工作原理

将吸尘器接通电源后，叶轮在电机的高速驱动下，使空气以极高的速度通过风叶组，此时在吸尘器内就形成了瞬间真空，即与外界形成了一个相当高的负压差（当空气压力小于标准大气压时，其相对压力为负值，简称负压）。在压差的作用下，将吸嘴近旁的尘埃随气流经过吸嘴、软管及进风口吸入吸尘器内，经过过滤器的过滤将尘埃挡在储灰箱内，而空气则透过过滤器，经风叶组冷却电机后由出风口排出，从而完成了吸尘过程。

（三）吸尘器的选购

1. 根据清洁对象决定购买相应功能的吸尘器。如用于清扫餐厅、大厅地面时，则选购800W以上的大型吸尘器；如用于清洁客房、走廊、家庭则选购600W左右的中型吸尘器；对家具、装饰物、陈设品吸尘时，可选用微型吸尘器等。

2. 在具体选购时，应首先仔细检查吸尘器外表（即外观检查）。如果是金属筒体的，就要先仔细观察筒体表面有没有碰伤，它表面的油漆是否令人满意，上筒体与下筒体之间是否密封等等。对塑料筒体则要看有没有裂缝，也要注意对上、下筒体之间的连接部件等部分的检查。

3. 通电检查：吸尘器通电以后就会有吸风的声音。当用手挡住吸尘器时声音会明显地增大，这时手上会感到有一股很大的吸力。有一点应该注意，吸尘器通电后只能有吸风的声音，声音以小为好，其它噪音和转动声要求越小越好。有的吸尘器有电源线回卷装置，在挑选时，就要把电源线全部拉出，然后按下卷线开关，看它是不是能把电源线全部收回。

4. 操作灵活，扶手手感良好。试机时，用手挡住进风口，灰尘指示器反应灵敏。

5. 应带的附件齐全，各种吸嘴、毛刷等附件连接牢固，装拆方便。

（四）吸尘器的使用和保养

1. 吸尘器的使用

（1）阅读说明书

使用前必须仔细阅读使用说明书，了解结构、功能、特点，掌握使用、保养方法，以免因使用不当而影响使用寿命或发生事故。

（2）附件的联接与使用

使用前应先将软管与主体吸入口联接在一起，软管的另一端与接长管相接，接长管的末端可装上吸嘴（有家具刷、缝吸嘴及地毯地板刷），为使用方便，有些吸嘴还附有接弯管，以适应不同角度的清洁工作。使用附件时，注意不要用脚踩吸嘴、接长管及软管，不要附件和主体上堆放重物，不能用软管来牵拉吸尘器主体。

（3）安全使用电源开关

①注意不要将水泼在吸尘器开关部位，否则易造成触电事故。

②在使用吸尘器时，禁止用湿手按开关，使用完毕后，应先关开关，后拔电源插头。

③使用时也要避免脚踩电源线，以防引起电源线破损，在清理垃圾和清洁吸尘器时，也要先拔电源插头，确保安全。

（4）保持风道畅通

空气从吸嘴进，自出气口出，经过整个吸尘器内部部件，但故障多出在电动机或风机上。电动机的损坏常常是由于构件的自然磨损或使用不当，使软管堵塞或集灰过多，致使风道阻塞、温度升高等原因造成的。在使用中如发现吸尘器噪音变得低沉，吸尘效果变差，则说明吸尘器的附件某处可能被堵塞。在使用吸尘器时，要勤检查出风口和进风口，以防阻塞。定期用温肥皂水、清水清洗过滤器。

（5）使用注意事项

①使用前应该核对使用场所的电源电压与吸尘器标明的额定电压是否一致。

②吸尘器不能用来吸湿土、污泥、液体、金属粉末、粘性物体以及较大体积的物体，以免损坏电机、堵塞风道和刺破软管等。

③干式吸尘器严禁在潮湿地方使用，否则吸尘器受潮后，会增加触电的危险性。手上有水时不能操作机器。

④吸尘器不能连续、大量地吸入粉尘类物质，以免接长管带静电引起电击，若在工作中需要大量吸灰时，可在贮灰箱中加入棉团，使灰尘首先吸附在棉团上，这样，吸附在过滤器上的灰尘就会少一些。

⑤吸尘器的进出风口、吸管、吸嘴不能阻塞，否则时间稍长会烧坏电机。每次连续使用时间不宜过长，一般不超过 2 小时，以免电机过热影响其使用寿命。

⑥吸尘器不可吸燃烧物（包括燃着的烟头）以免烧坏过滤器。

⑦储灰箱应经常清理，以免影响吸尘效果。

⑧在没有安装过滤器的情况下，不能使用吸尘器。

⑨使用过程中，若发现漏电、温升过高、有异常响声时，应立即停止使用进行检查修理。

⑩使用完毕后，一定要拔下电源插头。拔插头时应先关断电源开关。

2. 吸尘器的维护和保养

为了保持吸尘器的使用性能、延长其使用寿命，吸尘器用完后应作如下处理。

（1）将储灰箱、过滤器内的脏物清扫干净。如暂时不用，应用温水将过滤器洗涤干净，然后自然干燥。

（2）将吸尘器及附件擦拭干净。

（3）检查各紧固部分，如有松动应坚固。

（4）除尘刷上毛刷如磨损严重，应及时更换。

（5）吸尘器的电机轴承，应定期加润滑油。

（6）吸尘器电机的电刷，一般使用寿命为 1000 至 1500 小时，电刷短于 7mm 时应更换（一般半年至一年）。

（7）放置吸尘器时，应避开阳光照射；不要靠近其它发热器具；不要放在潮湿或有腐蚀性气体的场所。

（五）吸尘器常见故障及其产生的原因

1. 吸尘器的吸力下降

（1）吸尘器的吸入口或软管被堵塞。

（2）过滤器微孔堵塞或潮湿说明储灰箱已满。

（3）电刷磨损；电机故障或电机轴与风叶固定不牢，有滑动现象。

（4）壳体密封不严或软管、刷座及接长管之间连接不好，造成漏气等。

2. 在使用过程中吸尘器的噪声逐渐增大

主要原因是坚固件松动；轴承磨损；风叶变形、松动或断裂；电机炭刷磨损严重；转子轴弯曲等。

二、打蜡机

打蜡机在饭店的大厅使用的最多，其用途是将大厅大理石的地面磨光、打蜡，最后再磨亮，使得大厅的大理石看起来光亮照人，显得饭店非常高贵的样子。平常使用打蜡机通常是在深夜或清晨，大厅经过的客人较少时。在使用打蜡机之前，必须要用清洁地板的清洁剂放在水桶中与清水混合，然后清洁工拿拖把将地板拖干净，如地板上有口香糖或其他粘着物无法拿下来，就用铁丝棉放在打蜡机上，然后利用旋转的打蜡机先将脏物磨去，再将地面擦干，然后将蜡涂在大理石地板上。涂完后，最后才用打蜡机来将地磨光亮。打蜡机因为体积较大较重而且不好操作，故不是每一个人都能操作的，一定要先学会，才能使用打蜡机，将大厅打蜡完毕后，要将打蜡机的电线收起，缠绕在把柄上，小心放回原位。

三、除湿机

除湿机在饭店中使用较少，一般是地毯被弄湿了才会利用除湿机来除去湿气，平常是不需要的。在使用除湿机时，只要插上电源打开开关，就会立刻开始除湿工作，当除湿机里的存水箱中的水满时，除湿机就会自动停止工作，水满指示等就会亮，这时我们就应将存水箱中的水倒掉，然后可以继续使用了。平常除湿机的维护要注意进气口有没有灰尘阻塞，如被阻塞，应将灰尘除去，这样才能发生除湿的效果，还有一点要注意，那就是当湿气被除尽时，就不能再开除湿机除湿，如继续使用，因它无法吸到水气，时间久了电机就会烧掉。

四、蒸汽洗洁机

蒸汽洗洁机是客房经常需要使用到的机器，其最大的用途是 用来清洁脏污的地毯。等客房或走廊的地毯被脏污时，应立即使用蒸汽洗洁机将地毯洗干净，这种机器是利用蒸汽与清洁剂混合清洗地毯的，所以必须要学过操作的人才能使用。用完后应注意将剩余的清洁剂清除，然后再将机器放好。

五、清洁剂

（一）清洁剂的种类

清洁剂的种类繁多，但是，归纳起来，也不外乎 3 种类型，即酸性清洁剂（$pH<7$）、中性清洁剂（$pH=7$）、碱性清洁剂（$pH>7$）。了解不同类型清洁剂的特征，有助于正确选用清洁剂。

1. 酸性清洁剂（$1<pH<7$）

此类清洁剂通常含有酸类化合物，如盐酸、磷酸、醋酸等。使用浓度呈酸性，通常为液体，少数为粉状。这类清洁剂是利用酸碱中和作用来清洁物品，所以，一切碱性的污迹或碱性物质的东西，均可用酸性清洁剂。例如，水泥、尿碱、茶渍、咖啡渍等，酸性清洁剂的另一个特征是能将氧化物还原，因此，也可以用于去除锈渍。

2. 中性清洁剂（$pH=7$）

此类清洁剂含合成化合物，使用浓度呈中性或微碱性，有液状、粉状、膏状。因为其配方温和，不具腐蚀性，所以，应用范围较广。其主要功能是去污清洁，绝大多数中性清洁剂能对清洁物起到清洁保养的作用，对清洁面的安全度较高。所以，目前饭店中广泛使用此类清洁剂。

3. 碱性清洁剂($7 < pH < 14$)

这类清洁剂含氢氧化钠或其他碱类，使用浓度呈碱性，有液状、乳状、粉状、膏状。主要用于清除油脂类污垢和酸性污垢。

4. 表面活性剂

表面活性剂是在清洁剂中添加其他化合物，可以增加除污效果，提高清洁功能，其中最常用、用量最大的就是表面活性剂。表面活性剂是一种能有效减少溶剂表面张力，使污垢与被清洁物结合力降低的一种物质。它含量的多少和质量的好坏，形成了各种去污能力不同的清洁剂。无论哪一种清洁剂，除表面活性剂外，都可能含有其他添加剂，如漂白剂、泡沫稳定剂、香精、乳化剂、色料等，以加强清洁功效，并令产品更加美观。

（二）常用清洁剂的使用

公共区域是卫生工作比较集中的部门，应备有各种清洁剂，有针对性的进行选择使用。客房部必备的清洁剂主要有：多功能清洁剂、马桶清洁剂、玻璃清洁剂、消毒剂、家具蜡、起蜡水、空气清新剂、上光剂和杀虫剂等。

1. 多功能清洁剂：($pH = 7 \sim 8$，略呈碱性)

主要含表面活性剂，可去除油垢，除了不能用来洗涤地毯外，其他地方均可使用。此类清洁剂对家具损伤小，而且具有防霉功效。使用多功能清洁剂时，应根据说明书的指示加水稀释后再使用。

2. 马桶清洁剂：($pH = 1 \sim 5$，呈酸性，但含有合成抗酸剂，安全系数增加)

其主要用于马桶及便池等硬质器皿的清洁，有特殊的除臭杀菌功能。由于酸对瓷质表面腐蚀较大，所以，在使用时，应按照说明书的要求，在马桶内有清水的情况下倒入数滴，待稍等片刻后，用刷子轻轻刷洗，再用清水冲净。一般住客房应使用弱酸性的清洁剂，走客房用强酸性的马桶清洁剂，这样，既可以保证卫生质量，又可以缓解强酸对瓷表面的腐蚀。

3. 玻璃清洁剂：($pH = 7 \sim 10$，一般呈中性或碱性)

玻璃清洁剂一般有液体大桶装和喷灌装两种。中性玻璃清洁剂，主要功能是去除污斑。使用时，将清洁剂（浓缩）装在喷灌内，对准脏迹喷一下，然后立刻用抹布擦拭，便可光亮如新。注意不得用抹布沾着清洁剂直接擦拭脏处，以免玻璃发花。呈碱性的玻璃清洁剂，内含挥发剂、芳香剂等化合物，可去除油污，有香味，使用后会在玻璃表面留下一层透明保护膜，方便以后的清洁工作，但是，此类清洁剂价格较高。

4. 消毒剂：($5 < pH < 9$，主要呈酸性)

消毒剂主要用于客房餐、茶具消毒以及卫生间的消毒。需要注意的是，在使用消毒剂后，一定要用清水漂洗干净。常用的消毒剂溶液有以下几种：

(1)氯亚明。配制浓度为千分之三，配好的溶液只能使用一天，对金属器皿有褪色和腐蚀作用。适用于室内空气及表面物品的消毒，也可用于食物的消毒。

(2)漂白粉。配制浓度为千分之三，搅拌均匀后使用，要现配现用，不宜久放，时间过长，容易失效，使用范围较广，但不适合金属制品的浸泡。

(3)高锰酸钾。配制浓度为千分之五的水溶液，水溶液为紫红色。如果溶液变为黄褐色，则应更换新液。可用于杯具和水果的消毒。

(4)“84”消毒液。配制浓度为千分之二到千分之五的水溶液。能快速杀灭甲型和乙型肝炎、爱滋病病原体和脊髓炎病毒及细菌芽孢。适用于餐具、茶具、家具、玻璃、塑料制品的消毒。

(5)来苏水。配制浓度为百分之五到百分之十，适合客房环境的消毒。

5. 家具蜡：(pH＝8～9，呈碱性)

在客房清扫过程中，如果服务员只用抹布对家具进行除尘，是不能彻底清除家具表面油污的，虽然可以用经过稀释后的多功能清洁剂，但是，长期使用会使家具表面失去光泽。家具蜡是一种专门用于家具清洁上光的保养性清洁剂，它可以去除动物性油污和植物性油污，并能在家具的表面形成透明保护膜，防静电、防霉，具有清洁、上光双重功能。家具蜡有乳液型、喷雾型和膏状三种形态。使用时，先将家具蜡倒在一些干抹布上，在家具表面擦拭一遍，或直接喷洒在家具表面，用干布擦拭一遍，起到清洁作用，大约15分钟后，再用同样的方法擦拭一遍，这一遍是起到上光的作用。经过两遍擦拭，效果极佳。

6. 起蜡水：(pH＝10～14，呈强碱性)

主要用于需要再次打蜡的大理石地面。强碱可以令陈蜡及脏垢浮起而达到去蜡功效。由于起蜡水碱性较强，起蜡后的地面一定要反复清洗后才能再次上蜡。

7. 空气清新剂

由于现在饭店中房间的密封度增加，透气性较差，室内容易产生异味，滋生细菌。空气清新剂含有杀菌成分和香料，喷洒在房间里，芳香四溢，并有较好的灭菌功效。空气清新剂的品种繁多，质量也有较大差异。最简单的辨别方法就是看其留香时间的长短，留香时间长的为好。空气清新剂一般为高压罐装，如果购入散装产品，应倒入喷壶内使用。

8. 上光剂

客房内有许多铜制品和电镀器皿，如抽屉把手、水龙头、浴帘挂杆、锁把等，这些部位极易染上手印，容易产生水锈。上光剂是通过与接触面起化学反应，形成氧化铜来去除铜器表面的手印等污迹，使清洁物光洁如新。使用时，将上光剂倒在柔软的干布上，对器皿反复擦拭，再用另一块抹布将其擦亮即可。

9. 杀虫剂

杀虫剂一般均为喷灌装，使用时，均匀喷洒于虫害经过或藏匿的地方或直接射向目标，然后，将房门关闭片刻，即可杀死蚊蝇等爬虫和飞虫。一次喷洒有一定的有效期，有效期过后，可再次喷洒，即可消灭各种虫类。由于杀虫剂多为易燃物品，切勿在近火处使用，避免在50℃以上的地方存放，喷洒时，切勿射向食物。

10. 地毯除渍剂

其主要用于清除地毯上的特殊斑渍，尤其适合羊毛地毯。地毯除渍剂主要有两种：一种专门用于清除油脂类脏斑；另一种则专门用于清除果汁类色斑。使用时，用毛巾沾上除渍剂擦拭脏处即可。

以上，是客房部常用的清洁剂及其使用方法。在使用清洁剂时，首先要仔细阅读说明书，然后按照说明书的要求稀释后再使用，并且，在使用清洁剂时，要注意适量。发现污渍应及时处理，避免等污渍较严重后再用清洁剂清洗，这样既费事又费力，而且效果还不好。正确使用清洁剂，可以有效的提高客房卫生质量，减少设备物品的损耗。

【案例】

华安集团的李经理一行 4 人来到丽晶大酒店，准备参观一下开会场地，因为该公司下个月要举办为期一周的会议。李经理在饭店业务部张主任的陪同下，前往大会议厅参观，由于场地宽敞，恰好符合这次会议的要求，会议厅格局、装潢和设施都令人满意。张主任也胸有成竹的准备接下这个案子。不过，李经理与随行人员始终觉得有点不对劲的地方，原来这里不时传来阵阵的怪味道，似乎是霉味吧！弄清楚后原来是发自地毯上的怪味。“好吧，谢谢张主任的解说，我们会好好考虑的。”自此以后，华安公司的人再也没有和张主任联络，后来张主任才知道，这笔生意已被别的饭店接走了。

案例分析：

人都是敏感而挑剔的，而这些敏感也都是合理的。由于会议厅地毯所发出的霉味，证明该饭店的地毯缺乏经常性的清洁保养，日积月累，难免会发出怪味道，终于使几乎到手的生意跑了。

接案的失败应该归咎于该区负责清洁地毯的人员，包括主管与基层人员。因为地毯的清洁保养有定期和不定期，而大面积的厅堂经常举行会议或宴会，必须经常清洗以使地面保持干净无异味，这是负责地毯清洁人员的责任，这种疏忽导致饭店失去接洽一笔的生意的机会，实在相当可惜。

业务部张主任应主动与李经理保持联络，假若华安公司虽已订妥别家饭店，如若未完全定案，只要靠张主任的努力争取，必要时饭店高层人士出面洽谈，仍有挽回的可能，但先决条件是向客人保证地毯及其他方面的干净无异味。要是已经无法挽回了，起码李经理也已知道饭店人员改善的诚意，那么下次接洽的机会仍然很大。

本章小结

公共区域涉及的范围广泛，工作复杂，应用的清洁设备和清洁剂种类繁多，所以要求公共区域的服务人员要熟悉各种严格按照卫生标准和操作规程进行清洁和维护。

关键词：公共区域 岗位设置和职责 清洁与维护
卫生质量标准 消防设备 清洁设备 清洁剂

复习思考题

1. 哪些地方属于饭店的公共区域？有何特点？
2. 饭店大厅的清洁与维护包括哪些内容？
3. 写出公共洗手间的清洁程序。
4. 如何对地毯进行清洁与维护？
5. 公共区域的清洁卫生质量标准有哪些？
6. 自动喷水灭火系统包括哪些类型，应如何进行维护？
7. 使用吸尘器应注意哪些事项？
8. 常用清洁剂主要有哪些？

第五章　客房设备用品管理

● **学习提要**

一、客房设备用品的管理概述。

二、客房设备用品分类和编码。

三、洗衣房的运行与设备管理。

四、客房设备用品采购计划和储存量的管理。

● **学习目标**

正确认识客房设备用品管理的概念、意义、特点及任务，掌握设备用品的分类、编码、使用、保养和采购、储存等有效控制的管理方法。

第一节　客房设备用品管理概述

酒店客房设备用品管理，应根据绿色饭店时代创立的绿色管理概念、绿色技术、绿色行为、绿色制度、绿色用品等理论体系的一般原理，来研究，合理科学的管理方法，走绿色环保健康之路，采用先进的资源配置手段，实现节能降耗，改进经营管理模式，为宾客提供具有时代品位、时代气息的绿色健康客房、绿色消费空间和消费环境，达到最佳的设备运行状态和管理效能。

一、客房设备用品管理的意义和特点

客房设备用品管理，要运用环保、健康、安全理念，倡导绿色消费，推出“绿色健康客房”，加强对环境的保护和资源的合理利用。如宁海开元新世纪大酒店，在突如其来的“非典”面前，在面临“非典”效应，宾馆业惨淡经营的时刻，推出了“绿色健康客房”的服务。分楼层配备了大型康保消毒柜、保洁柜、制冷设备，走廊配备了大盆绿色植物，全面营造了一种绿色健康氛围，特别是客房内的设施配置全都是以健康绿色环保为主题的，让宾客在客房内充分感受到自然健康的绿色气息。因此，该酒店将面临的“非典”经营危机，巧妙地转化为了经营的“契机”，赢得了丰富的客源，战胜了百年不遇的非典经营难关，保障了酒店的双层效益。故加强客房设备用品管理，科学合理地配置资源是十分必要的。

（一）客房设备用品管理概念

客房设备用品管理是指对酒店客房商品经营活动所必须的各种基本设备和用品的采购、储备、保养和使用所进行的一系列组织和管理活动的总和。

（二）客房设备用品管理的意义

1. 客房设备用品管理是保证酒店客房商品正常运行的物质条件。

客房商品经营活动就是通过提供客房、设备和用品以及员工的服务性劳动，来满足客人的住宿需要的。只有加强设备用品管理，维护良好的生产技术状态，才能保证客房商品的正常进行，才能满足宾客物质和精神方面的享受性需要。

2. 客房设备用品管理是提高客房服务质量的标志

客房服务质量的提高在很大程度上取决于服务设施用品的管理。因而必须加强设备用品管理，充分发挥设备用品的功能、作用，实现服务管理技术化、科学化、制度化、标准化、规范化，最大限度地提高服务效率，让宾客在客房服务空间得以满意的享受，否则服务质量也就是“无源之水，无本之木”了。

3. 客房设备用品管理是节能降耗、提高经济效益的重要途径

经济效益是企业经营成果与劳动占用和劳动耗费之比。讲求经济效益就是要在经营活动中，以尽可能少的劳动占用或劳动耗费，取得尽可能多的经营成果。所以，加强设备用品管理，目的在对设备用品的合理利用控制，实行科学管理。

4. 加强设备的技术改造，适时地更新设备，有利于加速实现绿色客房服务手段的现代化，提高绿色酒店的等级。

（三）客房设备用品管理的特点

1. 社会消费性强

客房设备商品包括生产资料和生活资料两部分。其生产资料费用消耗一般要占全部设备用品的80%～85%。物资的直接消耗定额是客房常用物资控制手段，但物资的直接消耗者是客人，来自客人方面的不可控因素相当多。如何确定各类用品的消耗定额，成为一个关键而复杂的问题。

2. 品种庞杂，管理难度大

客房设备用品品种繁多，不同用途的设备用品规格、品种、性能、型号、价值量和使用方法不同，况且许多设备用品单位价值小，但需求量大。同时由于设备用品分散在各个部分，给物资采购管理造成了很大难度。因此，客房设备用品管理必须采用科学的绿色管理方法。

（1）按照设备用品消耗规律保证供应，满足业务经营活动的需要。

（2）按照各种设备用品的定额要求，加强使用过程的动态控制，做到周转快、储量低。

（3）冰箱、空调、冷水机组等积极采用环保型设备用品，使用不含磷洗浴用品和洗涤用品，对于环境的影响降到最低。

（4）及时掌握各种设备用品的实际消耗数量，分析使用效果，做到节约使用，降低消耗，提高经济效益。

（四）客房设备档案管理

客房设备一旦划归客房部管理和使用，就应为其进行登记，建立档案。建立设备

档案，能为客房设备的使用、保养、维修和更新改造工作制造方便条件。

1. 客房装修资料

客房装修应使用绿色标准器材，各种材料、设备要求达到专业的环保标准，对装修石膏板、陶瓷砖、卫生洁具等进行放射性检测，否则会伤害人体。正如中国饭店协会陈新华副会长说的：“像地板、家具、人造板等，它的木材本身可以吸附二氧化碳，但木制品由于使用了胶粘剂，就会产生甲醛的释放，而甲醛是公认的4种疾病（视觉、呼吸、消化和神经系统）的主要致病源，致使客人走进客房，呼吸的是充满甲醛、苯、酚以及超标的VOC等有害空气，卫生间用品洁具释放出伤害人体健康的放射性气体，这样就严重危害了消费者的权益，使客人不满。”因此，客房建筑装修应选择对消费者无毒无害的绿色器材，强调安全、健康、环保理念，进行绿色装修，坚持绿色管理，坚持整理统一、归档管理。

主要包括：

（1）客房装饰情况表

把家具什物、地毯织物、建筑装饰和卫生间材料等分类记录下来，并注明规格特征、制造商及装饰日期等。

（2）楼层设计图和照片资料

表明饭店共有多少类型客房，其确切的分布情况和功能设计等。

每一类型的客房都应具有相应的照片资料和设计图资料：各种房间的设计图；床和床头柜的布置；座椅安排格局；写字台、行李柜布置；卫生间布置；套房的起居室和餐室、厨房的布置图。

以上资料要根据新的变化予以补充和更新，否则将逐渐失去其意义。

2. 客房历史档案

所有客房、公共区域都应设有历史档案。包括家具什物；安装期或启用期；规格特征；历次维修记录等。

3. 工作计划表

客房部应编制工作计划表，具体安排客房设施的大修理和更新改造项目、房号或区域、日期等。

4. 电器设备档案

包括电器设备的购买日期、供应商、价格、规格特征、维修日期、维修费用、维修方法等内容。其作用在于说明设备的使用寿命，强调对设备保养的重要性，以拟订设备的更新方案。

二、客房设备用品管理的任务和方法

客房设备用品管理是一个绿色管理系统工程，要运用安全、健康、环保理念，实行绿色化管理，但据专家介绍：目前还没有统一规范的管理方法和国际标准，即“国际惯例“可循。一般要求“星级”标准和环保的“绿色“标准相协调，便推出“绿色饭店”和“绿色客房“。如相关资料显示，发达国家的绿色饭店，实行设备用品的绿色化管理，普遍可节能降耗5%～10%，节水10%～20%，具有巨大的经济价值。可见，对客房设备用品坚持绿色管理是具有实质性意义的。

(一)客房设备用品管理的任务

客房设备用品的任务集中到一点，就是要为客房提供与其等级相适应的优良设备用品，使客房经营活动建立在良好的物质技术基础上。具体如下：

1. 编制客房设备用品采购计划

客房部各业务部门提出增加设备用品的计划，客房部根据实际需要进行综合平衡后加以确定，报请酒店财务及采购供应部门，购买所需要的各种设备用品，以保证客房经营活动的正常进行。

2. 制定客房设备用品管理制度

客房设备用品管理制度主要包括设备用品分级归口管理制度，设备管理岗位责任制度，设备、工具的使用及维修保养制度，安全操作规程和各项规章制度，制度一经制定就不得违反，执行过程中必须奖罚分明。

3. 加强设备用品的日常管理

客房的设备用品是以客人的需求为主体的。为满足客人的需要，必须在设备用品的日常管理方面下功夫。要加强客房设备用品维护和保养，使客房设备始终处于优良状态，及时供应客房用品，尽量减少损失浪费。

4. 设备用品的更新改造

酒店应根据市场宾客的需求情况，不断保持和扩大对客源的影响力，要适时调整和更新改造客房的设备用品，要根据时代新概念，增大绿色投入，进行绿色配置。其主要项目内容如下：

(1)常规修整

① 地毯、饰物的修整；② 墙面清洁和粉饰；③ 常规检查和保养；④ 窗帘、床罩的调整；⑤ 家具的修饰、油漆。

(2)更新改造

一般10年左右进行一次。要求对客房的陈设、布置和格调进行更新改造。改造中可参照国际、国内先进水平，改造出自己的特色、自己的个性，但要结合酒店实际，做到有计划、有步骤、有目标地进行重点突破，积极创建具有时代气息的“绿色楼层”、“绿色客房”。

更新改造的主要项目：

① 床具的更新；② 木质家具的更新；③ 地毯、墙饰的更新；④ 灯具、装饰物的更新；⑤ 卫生间三大件的更新。

此外还应添设一些现代化、方便客人享用的具有新功能、新科技的设施用品。

(二)客房设备用品管理的方法

客房设备用品种类庞杂，价值差异大，重复使用性强，必须采取科学合理的管理方法，做好物品的分类登记，消耗定额和储备领发管理工作，有效控制设备用品消耗，充分发挥其使用效率，以达到降低成本，提高经济效益的管理目标。

1. 核定需求量

客房设备用品需求量是由业务部门根据经营状况和自身的特点提出计划，由设备用品主管部门进行综合平衡后确定的。客房设备用品管理，首先必须科学合理的核定其需求量。客房设备主要包括电脑网络系统、电器音响系统、家具用品系统、低值易耗客用品系统、卫生清洁用具系统、消防安全系统等。客房部应根据客房等级、标准、数量，分别核定设备的品种、规格、数量和质量，统一造册，最后计划出客房需求量和所需资金，报酒店审批购买。

客房部根据客房等级、标准、房间数量核定消耗定额，包括储备定额和周转需要的用品定额。由于各用品更新期和周转期不同，对低值易耗部分要分别核定，物料用品则根据实际需要量大致预算，最后形成总的定额需求量。

表 5－1　　　　每日楼层消耗品汇总表

项目 楼层	卷纸	洗发液	淋浴剂	圆珠笔	小铅笔	明信片	箱贴	牙具	针线包	香皂	擦鞋纸
餐饮层											
4 层											
5 层											
6 层											
7 层											
8 层											
9 层											
10 层											
11 层											
12 层											
13 层											
14 层											
15 层											
16 层											
17 层合计											
金额											

备注：　　　　　　　　　　　　当日做房数：

2. 设备用品分类和编号

客房设备用品种类繁多，为了便于统一管理，要对每一件设备进行分类、编号及登记。客房部管理人员对采购供应部门所采购的设备必须严格审查。

客房设备按其用途分类，可分为建筑物、机器设备、家具设备、地毯、家用电器设备和其它固定资产等类；按使用状况分类又可分为在用设备和未使用设备，大型酒店的设备分类可更细些，即在每一大类中，再进一步分为若干小类。

设备的编号：没有统一的规定和要求，一般采用三节编码法。第一节号码标明设备的种类，第二节号码标明设备的所在位置，第三节号码标明设备的组类序号。如有附属设备可用括号内的数字表示。

经过分类、编号后，需要建立设备台账和卡片，记下品种、规格、型号、数量、价值、位置、由哪个部门班组负责等。

3. 分级归口管理

分级就是根据酒店内部管理体制，实行设备主管部门、使用部门、班组三级管理。每一级都有专人负责设备管理，都要建立账卡，使用部门和设备主管部门建立设备分类明细账，定期复查核对，使账卡、物相符，确保设备的有效使用。归口是将某类设备归其使用部门或归班组管理，如客房的电器设备归楼层班组管理。

4. 建立和完善岗位责任制

岗位责任制的核心是责、权、利三者的结合。既要明确各部门、各班组以至个人使用设备用品的权利，更要明确他们用好、管好各种设备用品的责任。

5. 客房用品的消耗定额管理

客房用品价值较低，但适用范围广，实际需求量大，难以控制，容易造成客房管理的混乱。故实行客房用品消耗定额管理就有了相应的可控性，以免造成浪费。

消耗定额管理:就是以一定的时间内，为保证客房经营活动正常进行所必须消耗的客房用品的数量标准为基础，将客房用品消耗数量定额落实到每个楼层，进行计划管理，用好客房用品，达到增值节支的目的。因此，加强客房用品的消耗定额管理，要坚持统计各楼层每日、每周和每月的客用品使用损耗量(见表5-1)。

第二节　客房设备用品分类和编码

一、客房设备用品分类

(一)客房设备用品分类方法

客房设备用品最大的特点就是品种杂，花色多，需求量大，其价值构成和管理要求各不相同。为了便于制定消耗定额，编制供应计划，做好采购定货、储藏保管、使用发放等管理工作，使它们有效发挥应有的使用价值和经济效用，必须对其进行分类。

1. 按设备用品的价值构成分类

(1)高值耐用设备用品:200元以上、一年以上使用期。

①电脑网络通讯系统、电脑、打印机、客房状态控制盘(显示器)、传真机、电话等。

②电器设备系统，如电视机、空调、电冰箱、照明灯具及供电设施。

③家具设备用品系统，如床、沙发、办公桌等。

(2)低值易耗品:指价格在200元以下、五元以上，使用年限1年以上的各种设备用品。

(3)物料用品:指价格在5元以下，使用年限一年以内的各种物料用品。

这类分类方法主要适用于财务部门的记账、结账、核算物资消耗和确定物资用品资金定额等。

2. 按设备用品自然属性分类

可分为棉织品、装饰品、清洁用品、服务用品、玻璃器皿、印刷品及文具、维修原料及用品、办公用品、消防用品、木制用品等。

这种分类方法，既有利于财务部门分类核算各种设备用品的资金定额和实际消耗，又有利于客房用品分类确定物资需要量，便于做好计划管理。

3. 按客人消耗和价值补偿方法分类

(1)客用一次性消耗品。

在目前以安全、健康、环保为主题的"绿叶"时代，客房一次性消耗用品，是创建绿色客房与客人投诉矛盾的焦点所在。不可否认"六小件"（牙刷、梳子、小香皂、拖鞋、浴液、浴帽）等一系列易耗品是最易造成浪费和生产环保垃圾的地方(主要是低质和塑料包装)，但因消费者约定俗成的行为习惯，如果说马上撤除一次性易耗品，恐怕也是难以接受的，况且标准也没有要求迅速撤消这些易耗品。但规定对没有用完的一次性易耗品不再进行添加或更换，以前客房服务规范要求每天更换，现在标准改为根据顾客的意见更换。

因此，中国饭店协会韩明会长说："在'六小件'上，撤不是惟一解决问题的办法，关键在于如何处理环保与顾客满意度的关系。"目前的重点应放在提高产品质量、如何简化包装上。例如，华侨城某四星级酒店近年改革为绿色饭店，将以往客房的一次性塑料洗衣袋更换为麻布袋，将圆珠笔更换为铅笔。据了解，该酒店以往使用的一次性塑料洗衣袋每个成本低于1元钱，目前使用的麻布洗衣袋每个成本将近20元，每个袋子的清洗成本约1元钱，将洗衣袋更换为布袋的成本只有提高没有降低，但酒店每月可以减少使用近3000个塑料袋。以往仅客房每月就要损耗500多支圆珠笔(其中半数被客人带走，半数报废)，这数百支圆珠笔一旦成为垃圾也是"塑料垃圾"，因此酒店用铅笔代替圆珠笔，服务员每天削铅笔增加了劳动成本，但降低了损耗，也更为环保。此外，记者在深圳市旅游局行业管理处了解到，目前，四星级以上的酒店基本使用可循环再用洗衣袋和纸制礼品袋，但多数的三星级酒店还在使用一次性的洗衣袋和礼品袋。如果所有三星级以上酒店均采用可循环再用等环保产品，深圳市每月就可以减少使用塑料袋近20万个。故绿色设备用品既方便了客人，又降低了成本，更为环保。

(2)客人多次性消耗品，如床单、枕套、窗帘、各种巾类、玻璃器皿等价值补偿，是在较短时期内渐进完成的。

这类方法有利于各客房部门分类分项制定客用品的消耗定额，加强客房部设备用品管理。

(二)客房设备用品管理

1. 科学核定用品消耗定额

客房用品需要量是由业务部门根据经营状况和自身的特点提出计划，由酒店设备用品主管部门进行综合平衡后确定的，必须科学合理地核定需求量。

(1)客房设备部分

客房部根据客房等级、标准和数量，分别核定设备的品种、规格、数量和质量统一造册，最后计划出客房设备需要量和所需资金，报酒店审批购买。

(2)生活用品部分

客房部根据客房等级、标准和房间数量核定消耗定额，包括储备定额和周转需要的用品定额。由于各种用品更新和周期不同，对低值易耗品部分要分别核定。物料用品则根据实际需要量大致预定，最后形成总的定额需要量。

2. 客房设备用品消耗定额的制定

(1)一次性消耗客用品定额的制定方法

一次性消耗客用品一般是以单房配备为基础，确定每天需要量，然后根据预侧的年平均出租率来测定年度消耗定额。其计算公式如下：

$A = B \cdot x \cdot f \cdot 365$

公式中：A = 单项客用品年度消耗定额；

x = 客房数；

f = 年出租率；

B = 单项客房每天配备数量。

例，向阳宾馆有客房500间，年平均出租率预测为80%，香皂、茶叶单项配备分别为2块、3包间/天。求香皂、茶叶的年度消耗定额。

解：根据公式和已知条件

A(香皂) $= B \cdot x \cdot f \cdot 365 = 2 \cdot 500 \cdot 80\% \cdot 365$

$= 292000$ 块

A(茶叶) $= B \cdot x \cdot f \cdot 365 = 3 \cdot 500 \cdot 80\% \cdot 365$

$= 438000$ 包

(2) 多次性消耗客用品

其消耗定额的制定方法：首先应根据酒店星级规格，确定单房配备数量。例床单，一般中等星级酒店要求配备4套，每套4床(一床在用，一床换洗用，一床周转用，一床备用)，配备完成后，只有到了更新周期才陆续补充新购床单。

多次性消耗客用品消耗定额的制定，是客房正常运转条件下的年度更新量，因此，在确定单房配备的基础上，只要根据损耗率的大小(包括因陈旧或其他原因造成的损耗)，确定年度更新率，即可制定消耗定额。其公式如下：

$A = B \cdot x \cdot r$

公式中：A = 单项客用品年度消耗定额；

x = 客房数；

r = 多次性消耗客用品年度更新率；

B = 单间配备数

解题直接套入公式获得多次性消耗客用品年度消耗定额。

例：华都大酒店有客房500间，床单单房配备3套，每套4条。预测客房年平均出租率为70%。在更新周期内床单年损耗率为40%，求其年度消耗额。

解：根据已知条件直接套入公式计算得：

A(床单) $= B \cdot x \cdot f \cdot r$

$= 4 \cdot 3 \cdot 500 \cdot 70\% \cdot 40\%$

$= 1680$(床)

(3) 清洁服务用品即客房员工用品。

主要包括办公用品、清洁用品和服务用品三类。具体花色品种很多，其消耗定额的制定是根据历年统计资料确定单项物品日均需要量，然后根据工作天数来大致确定。其计算公式：

A = D · t

公式中：A = 年消耗定额

D = 某项清洁服务用品的日均需要量；

t = 年天数

以上三类客房用品消耗定额的制定方法，将各种物资用品定额标准汇总，即可编成制定定额消耗表。从而为加强设备用品管理提供了客观依据。

3. 客房布草的管理与控制

布草又称布件、布巾或棉织品。布草属多次性消耗客用品，经国内外行家的研究结果表明，如果洗涤、保管、使用得当，则一般的洗涤寿命为床单 250 ~ 300 次，枕套 150 次，毛巾 150 次，台布 100 ~ 150 次等。通常情况下，需要多少布件数量是以"套"来表示的。一般为 4 套。

(1) 布草分类

① 按用途分：床用布草（如床单、枕套、床罩、毛毯等）、卫生间用布草（如面巾、浴巾、脚巾、垫巾等）、装饰性布草（如窗帘、椅套等）、餐桌布草（如台布、餐巾等）。

② 按质地分：全棉织物、化纤织物、棉麻混合织物、棉化纤混合织物。

(2) 布草的质量要求

① 床上布件

A. 纤维质量：纤维要求长，纺制均匀，强力高，使用耐洗耐磨。

B. 纱的捻度：要求纺织紧，使用不起毛。

C. 织物密度：要求密度高，经纬分布均匀耐用，用作床单的织物密度一般为 288 · 244 根/10 平方厘米。高级的可超过 400 · 400 根/10 平方厘米。

D. 断裂强度：织物密度高，其强度就高。

E. 制作工艺：卷边平齐，尺寸标准，缝线平直而耐用。

F. 纤维质地：常用质地有棉质、人造纤维、及棉与人造纤维混合（人称混纺）。要求柔软透气，吸水性能好，使用舒适，耐洗耐用。

G. 标准规格：如床单，要根据床垫规格尺寸来确定，枕套一般要求比枕心宽 2.5 厘米、长 20 ~ 30 厘米，颜色一般选用白色，因为白色有纯洁、素雅、卫生、清爽、明快之感。

②巾类

对卫生间巾类的质量要求是：舒适、美观、耐用，要达到质量要求，主要取决于下列因素：

A. 毛圈数量和长短：要求毛圈多而且长，则柔软性好，吸水性强。一般毛圈长度在 3 毫米左右。

B. 织物密度：毛巾组织是由地经纱、纬纱和毛巾纱组成，要求织物密度高。

C. 毛巾边：应牢固平整、耐用不起毛。

D. 缝制工艺：折边、缝线、线距符合要求。

(3) 日常用品的发放与控制

表 5－2　　　　客房日用品申领表

楼次　　　　　　　日期

FLOOR　　　　　　DATE

项目名称 Items	标准量 Standard	现存量 Present	补充量 Request
平邮信封 Surface Envelope			
空邮信封 Air Mail Envelope			
平邮信纸 Surface Letter Paper			
空邮信纸 Air Mail Letter Paper			
客人意见书 Questionnaire			
服务指南 Directory of Service			
电报表格 Telegram Form			
电讯表格 Telex Form			
洗衣单 Laundry List			
干洗单 Valet List			
烫衣单 Pressing List			
档案夹 Stationery Folder			
原子笔 Ball Pen			
烟灰缸 Ash Tray			
面纸 Facial Tissue			
厕纸 Toilet Paper			
水杯 Glass			
浴帽 Shower Cap			
肥皂 Soap			
擦鞋纸 Shoe Shine Paper			
鞋油 Shoe－Horn			
火柴 Matches			
留言便条 Message Pad			
记事册 Memo Pad			
衣架（男）Hanger（Man）			
衣架（女）Hanger（Women）			
请勿骚扰牌 Do Not Disturb Card			
洗衣袋 Laundry Bag			
鞋刷 Shoe Brush			
鞋膏（黑）Shoe Polish（Black）			
鞋膏（棕）Shoe Polish（Brown）			
鞋膏（无色）Shoe Polish（Colorless）			
垃圾袋 Rubbish Bag			
酒店胶带 Hotel Plastic Bag			
请打扫牌 Make Up Room Card			
早餐单 Door Knob Menu			
卫生袋 Sanitary Bag			
水杯袋 Glass Bag			
明信片 Post Card			

① 客房日用品的发放

客房部中心库房日用品发放员或客房服务中心负责对各楼层的客房日用品的发放工作。一次性消耗品如香皂、洗发液、火柴等，需要每天补充，发放应根据楼层小库房的配备量，楼层的消耗量明确规定一个周期和时间。在发放日之前，楼层服务员应将本楼层库房的消耗及现存情况统计出来，按楼层小库房的规定配备标准填好客房日用品申领表(见表5－2)，报领班审批，凭申领单到中心库房领取，或由中心库房物品领发员发送到各楼层，请领班验收。

中心客房根据客房日用品的消耗发放情况和仓库最高库存量，定期填写日用品的申购单，经主管或经理批准，交采购部门办理，从采购部门领取物品。

② 布草废旧后的处理

布草在使用了一定时间或使用到一定程度后即被淘汰处理，什么时候被淘汰，也就是说更新周期应多长，这与饭店的档次、标准和规格有关。高档次饭店更新周期比较短，一般要保证布草有七成新；中档次饭店的要求稍低，低档次饭店则要求更低。对布草规定一个更新周期和更新标准是为了确保饭店相应的服务水准。

废旧布草的处理程序如下：

A. 饭店应根据本饭店的具体情况更新周期或定出更新标准。

B. 每到一个更新周期便停止使用这些到期的布草，另行更替。

C. 布草管理员根据饭店所定更新标准，对布草进行检查，对已达到的更新标准的布草进行剔除，这项工作须在主管监督下进行。

D. 对被停用和被剔除出来的布草，根据具体情况进行必要的修整。如有些布草仅有一个不起眼的小洞，其他部位尚未达到更新标准，可对小洞进行修复后继续留用。对有撕裂口的布草，可采取避开撕裂口重新制作的办法，将它们改成枕套或婴儿床单等。其他的可作为废品处理，一部分也可制成抹布给服务员使用，但要注意在抹布上做上明显的标志，以防客人误会。

③ 客房日用品的使用控制

A. 制定客房日用品的消耗标准

客房日用品是每天按客房物品的配备标准进行配备的。但是并非所有日用品都当天消耗掉，故要根据日用品消耗情况的统计资料，掌握各种日用品的消耗标准。

客房日用品消耗标准可按下列公式计算：

单项日用品消耗标准＝客房出租间天数×每间客房配备数×平均消耗率

B. 每日统计、定期汇总

客房员工每天按规定数量和品种为客房配用日用品，并作好登记。

楼层领班负责本楼层的客房日用品的管理，每天汇总本楼层的消耗日用品数量，填写主要日用品的耗用统计表并向客房部汇报，各种客房日用品的使用主要是在楼层进行的。所以，楼层领班是管好客房日用品，掌握定额标准的关键。

客房部根据每日统计资料，定期(通常是一个月)对各楼层客房日用品的消耗进行汇总(见表5－3)，并以经过整理、汇总的统计资料为基础，对日用品的消耗进行分析，分析的方法主要采用对比分析法。

表 5－3　　客房日用品月度用量汇总表

年　　月　　　　　　　　制表人　　　　　　　　审核者

楼层	开房数(间天)	香皂		卫生纸		圆珠笔		购物袋		品名		品名	
		总耗量(块)	平均量(块/间天)	总耗量(块)	平均量(块/间天)	总耗量(块)	平均量(块/间天)	总耗量(块)	平均量(块/间天)	总耗量	平均量	总耗量	平均量
总计													

a. 与消耗标准分析:即用月度各主要客房日用品的实际消耗量与制定的消耗标准对比，找出差别产生的原因。

b. 动态对比分析:根据开房间天数和总消耗量或消耗金额，计算出平均消耗量或平均消耗金额指标，然后与上期同类指标对比，计算增减量和增减幅度，说明主要客房用品消耗动态变化，并分析变化原因，除月份对比外，也可作季度、年度情况对比，在用金额指标对比时，要注意价格因素的变化。

c. 控制前后对比分析:在客房日用品的使用消耗过程中，如发现有什么问题、漏洞，客房部应及时采取新的控制措施。那么，措施是否行之有效，要通过控制前后的各天平均消耗量或消耗金额指标的对比分析来说明。通过分析 研究，要不断总结经验，摸索管理规律，提高管理水平，降低成本消耗，保证客房经营活动顺利进行，为饭店获得更多的经济效益。

C．做好员工的思想工作

服务员在整理房间，为客房更换和补充日用品时，多是单独作业，能否做到尽量减少日用品的浪费和损坏，除要加强领班、主管现场的检查和督导外，在很大程度上取决于员工的职业道德水准工作责任心和经营意识。

所以，要加强员工的思想教育工作，在员工中提倡勤俭节约的精神，爱护物品，做好废物利用、旧物利用的工作，杜绝员工野蛮操作(如个别员工在做房时图省事，将一些客人未使用过的用品当垃圾倒掉，或乱扔乱扯客房日用品等)，应尽量减少浪费和人为的破坏。要教育员工不私自使用客房日用品，同时为员工创造不使用客房日用品的必要条件。例如，更衣室和浴室应配备员工用衣架、香皂以及消毒用品等。这些用品要有明显的标志与客用品相区别。

D. 建立管理制度

a. 楼层员工上班不能带私用包，同时，控制饭店其他部门人员及上来人员随意上楼层。

b. 员工上、下班必须走员工通道，并主动接受值班保安人员的检查。

c. 定期公布客房各楼层的客房日用品耗用量，实行奖惩制度。对增收节支者，给予表扬和奖励，对超控浪费者，要扣发班组和个人奖金。

d. 建立严格的赔偿制度。

e. 楼层员工利用工作之便私自将客房日用品携带出去据为己有，或送给其他部门员工者，须视情节轻重，给予罚款、警告直至开除的处罚。

f. 建立月末盘点制度。

小思考：

如何分析客户日用品的消耗情况？

答案：主要是采用对比分析法：与消耗标准对比分析；动态对比分析；控制最后对比分析。

二、客房设备用品编号和登记

设备编号就好比给婴儿报户口取名字，在该设备的一生中都要使用这个编号，特别是在使用计算机管理设备时，设备统一编号就显得更为重要和方便。

客房设备用品种类繁多、分布广泛，通过编号可以对设备进行统计分类，反映识别设备的构成、性能、特点、参数及设备所属系统、来源、安装地点、寿命周期、顺序号码等，实行科学规范、统一归口管理。

（一）设备编号方法

设备编号没有统一的规定和要求，设备统一编号可采用大类、中类、小类、区域组别和单机序号五级号码制或者大类、小类、区域组别和单机序号四级号码制，或采用三节号码制。对大类的划分可采用设备功能分类法或设备关键词分类法。

1. 设备功能分类法

把设备按功能分为八大类，并取各类汉语拼音第一个字母排列，这种编号法可采用五级号码制。

· 生活服务设备——S
· 信息设备——X
· 能源设备——N
· 文娱保健设备——W
· 环境美化设备——H
· 保安设备——B
· 交通运载设备——J
· 其他设备——Q

采用五级号码对客房第 38 台冰箱编号

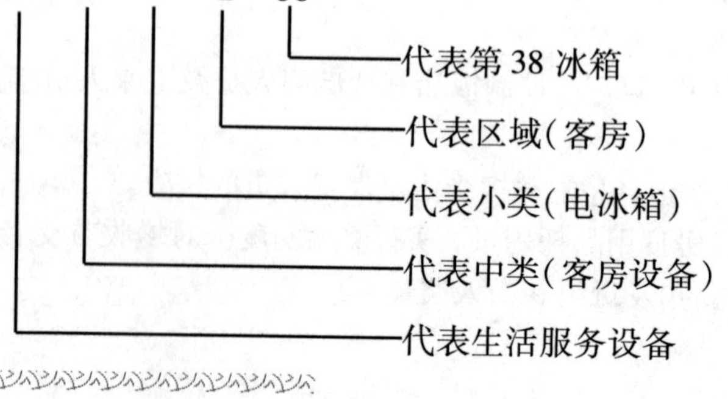

2. 设备关键词分类法

取设备英文关键词第一个字母按序排列，例如空调(Air)为A，这种编号可采用四级编号制。

采用四级号码制对客房第38台空调编号

A　4　2　38

38——代表第38空调

2——代表区域(客房)

4——代表小类(空调)

A——代表大类(冷冻设备)

3. 设备三节号码法

设备分类采用三节号码法，第一节号码标明设备的种类，第二节号码标明设备的所在位置，第三节号码标明设备的组内序号。

如B2-6-8可用来表示客房内的小冰箱，B表示电器类，2表示电冰箱组，6表示客房部，8表示该设备号码。确定编号后。应在设备上标明并在账、卡等技术资料上标明。

经过分类、编号后，需建立设备台账和卡片。记下品种、规格、数量、价值，由哪个部门、班组负责等。

4. 设备编号注意事项

(1)设备的统一编号，即为酒店固定资产编号，为了统计方便，号码顺序从1开始(不从0开始)。

(2)如有报废和调拨出酒店，其资产编号应永久保留，不要用新购进或其他设备来填补报废设备的旧编号。

(3)设备的附件或附属设备不必另外单独编号，而可以在主机编号之后，编附机号。

(4)每台设备都必须要在明显处装订上固定资产编号牌或喷涂上编号。

(二)设备用品登记

设备购入经过分类编号后，需要建立设备台账和卡片。设备台账有三种：第一种是酒店固定资产收付登记账，登记设备的购进时间、原值、折旧、外调和报废事项，由财务部门掌管，第二种是设备台账，按设备的不同型号和规格分别登认，由负责设备的部门掌管，第三种是设备的分类统一编号台账。由负责设备的主管部门掌管。

三、客房设备用品使用与保养

客房设备用品的使用与保养必须要具有绿色的环保意识，积极采用与购置环保型设备用品，使用不含磷洗浴用品和洗涤剂，把对环境的影响降到最低，实行绿色管理。

(一)设备用品的正确使用与保养

1. 设备的正确使用设备使用过程是指在定额的负载下运行并能发挥其规定功能的过程。

设备的保养首先要做到正确使用。保证正确使用的主要措施是明确使用部门和使用人员的职责，并严格规范操作过程。

(1)部门做到“ 三好”

① 管好设备的原则是:谁使用，谁负责。

② 用好设备:使用设备不能超负荷，禁止不文明操作。

③ 保养好的设备:做到清洁、除灰、去污、定期保养。

(2)员工做到“ 四会”

① 会使用:员工必须熟悉设备用途及原理、性能及要求，按规范操作，正确使用。

② 会维护:做到整齐摆放，清洁卫生，润滑安全。

③ 会检查:了解设备结构、性能、特点、掌握日常检查项目、标准和方法。

④ 会排除一般故障，会做一般的调整和简单的故障排除。

2. 设备的维护与保养

设备维护保养内容分两个层次，一是设备的日常维护保养，二是设备的定期保养。

(1)设备日常维护要求

① 整齐:各种设备用品摆放整齐

② 清洁:必须保持设备周围场地清洁，不起灰、无积油、无杂物。设备外表清洁、铁无锈班、漆显光泽、滑动无油污。

③ 润滑:设备应制定润滑的“ 五定“ 制度，按质、按量、按时加油或控油。

④ 安全:应遵循设备的操作规程和安全技术规程

⑤ 完好:设备完好，能正常发挥功能，是设备正确使用、精心维护的结果。

(2)每日保养

① 班前对设备的各部分检查，并按规定加油润滑。

② 做好班前检查，使用前要确认设备正常。

③ 按规操作，正确使用。

④ 下班前必须认真清洁设备。

⑤ 办理好交接班手续。

(3)定期维护保养

应做好一级保养，二级保养工作，做到定点，定质，定量，定期，定人保养。

(二)客房电器、家具设备的使用与保养

1. 常用电器设备的使用与保养

(1)电视机

① 电视机的检查

A. 开启电视开关，显像管在 5 秒钟之内即应发光。

B. 接收电视节目时，调整好对比度、亮度和色度，应能得到满意的图像和不失真的声音。

C. 观察几何失真和非线性失真情况。

②电视机的使用与维护

A. 应安放在通风良好的地方，放置位置应距墙 5cm 以上。

B. 屏幕一般要背对窗户放置，避免阳光直射。

C．最好面向南或向北放置，这样，地磁对显像管的影响最小，否则可能产生色度不好的现象。

D．电视机不得靠近热源，否则机壳会变形，或因过热使电路发生故障。

E．注意防尘，定期请维护人员清理。

③ 电视机使用注意事项

A．电视遥控内的电池应及时更换（半年）。

B．电视机上不要放置任何物品，以免造成故障。

C．机壳及表面操作部分的污渍，请用软布轻轻的擦洗。

D．凡磁性物体不要接近，否则会干扰电视机的彩色。

E．电视机长期不使用时，夏季一个月应通电一次，时间在2小时以上，冬季三个月通电一次，时间在3小时以上。

F．非电视机维护人员，不随便打开电视机后盖，以免造成故障。

G．电视机搬运时，禁止碰撞，最好装入包装箱内。

（2）电冰箱

① 电冰箱的类型和星级

A．类型

亚温带型：使用环境温度10°C～32℃，三点最大平均温度为5℃。

温带型：使用环境温度为16°C～32℃，三点最大平均温度为5℃。

亚热带型：使用环境温度为18°C～38℃，三点最大平均温度为7℃。

热带型：使用环境温度为18°C～43℃，三点最大温度平均温度为7℃。

B．星级

电冰箱冷冻 性能，国际上统一用星级来表示，星级的表示符号是雪花图案，一个“雪花”表示冷冻室温度低于－6℃，二个“雪花“表示冷冻温度低于－12℃，三个“雪花”表示低于－18℃，四个“雪花“表示低于－24℃，并具有一定的速冻能力。

C．使用电冰箱注意事项

a. 搬动时箱体直立，倾斜角度不超过45度角，更不能倒置。

b. 电冰箱要放在干燥、通风、阴凉的地方，远离热源避光。

c. 不要把热物品放进冰箱，否则会损坏温度控制器。

d. 电冰箱长期不用时，要切断电源，电源一旦中断，要5分钟后再启动。

e. 不可将水泼撒到电冰箱的电器部件上，以免影响电器机件。

f. 切不可用酸、稀释剂、石油精等化学药品及热水清洗电冰箱，否则会使塑料部件变形、变质。

g. 不可用电冰箱代替空调器来降低室温。

h. 电冰箱不可贮存乙醚、汽油、油漆、苯、酒精等易爆炸、易燃烧的物品。

（3）空调机

① 空调机使用注意事项

A．使用冷气时最好比室外气温低4°C～5°C；使用暖气时控制在18°C～20°C之内。

B．关机后再重新启动时，必须等3分钟后，以免机内气体失衡，重新启动负荷过大，引起电机损坏。

C．电源插头要插牢，否则会引起漏电或过渡发热。

D．吸入口和吹风口不要插入细棍等杂物。

② 停止使用时的保养

A．用半天时间转动风扇，以排除机械内的废气，避免发霉产生气味。

B．停止空调器运转和拔下电源插头、使用空调器专用电路时，要先断开安全开关。

C．清洁空气过滤网，按原样装好。

③一般故障的检查

A．机组无法运转。

a. 首先检查电源线是否正确地插入电源插座。

b. 确认电源断路开关是否完整或保险丝是否烧毁。

B．机组无法适当冷却或温暖房间。

a. 检查过滤网是否被脏物和灰尘堵塞。

b. 检查室外空气入口或出口是否堵塞。

c. 确认温度控制的设定是否符合运转要求。

d. 确认所有门窗是否关闭好，否则影响制冷。

e. 如果同一房间有热源或室内人多时都会影响制冷效果。

④以下情况属正常现象

A．在预热和除霜运转时，无热空气排出。

B．运转时或停机瞬间，可有柔和"沙沙"声，属于循环制冷剂的正常声音

C．在暖气运转模式下，室内风扇可能会停止且周围可能会出现水蒸气，这是由于空调处于自动除霜运转中。

D．不要堵塞吸入口和吹风口，否则会使机器性能下降，停止运转。

E．不要喷洒可燃性药物，如杀虫剂、油漆等，以免引起火灾。

F．长时期不使用时要切断电源

⑤空调机的维护与保养

A．有空调器的房间要保持清洁、干燥。

B．不要往空调器上浇水，以免损坏空调器绝缘。

C．空气过滤网(器)应每2－3周清洗一次。

D．机器运转有异常现象时，应立即停机检查后方可使用。

⑥空调设备的节能措施

空调系统的能量主要用在冷热源及空气和水的输送系统上，其中冷热源使用能量约占40%，输送系统约占60%。冷热源能量消耗量的决定因素有:室内环境标准，空气处理方式及热利用效率。输送系统能量消耗的决定因素有:空调方式、输送设备和管路的性能，效率及工作方式。因此，空调系统的节能主要从以下五方面采取控制措施来实现:

A．室内温湿度设定值节能控制。通过选定最优室内温度湿度的设定值选定走廊、大厅等温度湿度的设定值，实现节能控制。饭店空调系统对人体舒适感规定一个

舒适区范围，冬天加热加湿到舒适区下限，夏天降温去湿到舒适区上限。在过渡季节采用设定区（室内温湿度在上下限舒适区范围内浮动或再设）控制方式，可以节约大量能量。

B．变新风量节能控制。变新风量节能控制是在过渡季节新风温度较低的情况下充分利用新风作冷源，以达到最大限度地节约能量。

C．最佳启停时间的节能控制。饭店的餐厅、宴会厅等营业场所的空调使用时间是间歇性的，有规律的，在营业场所开放之前必须提前启动空调，而营业场所关闭之前要提前关停空调设备。在实际操作时，则必须根据使用时间和场所温度初始值确定提前启动或关闭时间，使营业场所在投入营业使用时，其环境参数能满足要求同时又缩短设备运行时间，从而实现节能。这种节能措施可以由操作人员凭经验提前启、关机器，也可以通过微机自动控制来达到要求。

D．建筑和装修上的隔热和密封措施。采用空调的营业场所在建筑和装修上要注意隔热和密封措施，防止内外热、冷气流相互泄露；要注意对太阳光照射的玻璃采用遮蔽和反射措施，防止夏季因阳光的入射提高了室内温度；在建筑设计中，要根据当地日照规律和充分考虑建筑内的方位和分隔尽量减少，日照对室温的影响；在人流进出频繁的大门口安装气帘装置，以阻断内外气流交换。

2. 常用家具设备的使用与保养

（1）床的保养

① 床架的保养

A．经常检查床架各部件是否牢固安全，各部位的活动走轮和定向轮是否脱落、破坏，一旦发现应及时保修和更换。

B．要保持清洁光亮，注意防潮、防蛀、防水、防热。

C．摆放部位应注意与墙壁保持10公分以上的距离，既可防潮，又便于操作。

② 床垫（席梦思）的保养

A．床垫的构造：新式床垫多由弹簧及海绵泡沫（乳胶）组成，面层是由合成纤维或棉质绒、毛质绒、马毛及羊毛组成。

B．床垫的选择

a. 床垫通风是否良好，否则会受潮发霉。

b. 床垫的厚度一般为15公分。

c. 宜选择弹簧密集型的、弹力适中的床垫。

C. 床垫的保养

a. 定期翻转床垫

b. 经常检查床垫弹簧的"固定钮"是否脱落，如发现，及时报修。

c. 要保持床垫的清洁卫生

（2）木质家具的保养

客房中用得最多的家具是木质家具，如沙发、写字台、书桌、梳妆台、壁柜、花架、床头柜、酒柜等，木质家具质轻，强度较高，物理性能好，手感适中，纹理美观，物件连接制作简单。故在客房中广泛使用，但木质家具由于木材本身具有的特点，容易变形、腐朽、易烧、质地结构不均匀，所以在使用中应根据其特点，注意保养，做到防潮、防水、防热、防虫蛀，定期打蜡上光。

（三）客用布草和清洁设备的使用与保养

1. 客用布草的储存与管理

（1）布草的分类（见本节 3 客房布草的管理与控制即知）

（2）布草保养

① 尽量减少库存时间，因存放时间过长会使布件质量下降，同时应遵循“先进先出”原则进行使用。

② 新布草应洗涤后再使用，有利于提高布草的强度。

③ 洗后的布草应搁置一段时间后再使用，这样可以散热透气，延长布草的使用寿命。

④ 切勿将布草随便乱放，以防污染和损坏布草。

（3）布草洗涤注意事项

① 餐厅与客房的布草不能放在一起洗，因为脏污特性不同，洗涤使用的洗涤剂也就不一样。

② 对色彩不同的布草必须分开洗涤，以免混在一起进水后互相染色。

③ 特别要留意在布草里有无夹带遗留物品。

④ 分类处理后，要根据机器的承载能力放入允许重量或数量的布草。

一般饭店洗衣房的湿洗机都比较大，机器一开动，水、电消耗都比较大，应规定最低的开机洗涤量。例如，机器定量较大的，可规定 80 ~ 100 千克为最低开机量。

⑤ 客房的床单的洗涤要在甩至五六成干后直接送入整熨机整熨。其效果较之烘干再熨要好得多，这样可提高工效，又可节约用电。

⑥ 卫生间布草不熨烫，所以必须完全烘干。卫生间布草要求洗涤后要柔软如新，但布草使用一段时间后，洗涤易变硬，像脸巾、浴巾等，所以在最后漂洗后，加一些柔软剂会达到预期的效果。毛巾、枕套和枕巾等洗涤后，必须送入风干机，然后吹冷风 15 分左右。这样洗出来的东西比较柔软、手感好、不发硬，使用时有舒适感。

⑦ 白色台布、口布必须使用碱水、漂白粉洗涤，然后上浆风干、烫干，使之有挺括感。有颜色的台布和口布必须选用化学油剂洗涤剂或碱粉高温水洗。

⑧ 干洗选用氯铜烯洗涤为佳。这种洗涤剂不仅效果好，而且可以长时间循环使用，成本较低。但必须每天下午蒸馏一次，方可有效。

⑨ 各类布草所需烘干的时间要严格控制，装烘干机的布草不能超载。

⑩ 有折纹、未熨平的或未干的布草要返工

（4）布草贮存

① 具有良好温湿度和良好的通风条件，库房的温度以不超过 20°C 为佳，湿度不大于 50%，最好在 40% 以下。

② 要经常查库，通风晾晒，并放如干燥剂和防虫剂，以免编制。

③ 防止外来人员随意出入，定期进行安全检查。

④ 布草要分类上架，布草房不应存放其他物品，特别是化学药剂、食品等。对一些长期不用的布草应用布包住，防止积光变色。

小思考题：

对布草贮存的温湿度要求是什么？

答案：客房温度以不超过20℃为佳，湿度不大于50%，最好在40%以下。

(5)地毯的使用与保养

① 地毯种类

A．羊毛地毯：华贵、柔软、装饰性强、保湿效果好，但易吸潮，易生虫。

B 化纤地毯：防潮、耐磨、装饰效果较好，价格低廉，但质地较硬，弹性差，洗后易返污。

② 地毯的清洁保养

A．采取必要的防脏防污措施。如在出入口铺设长毯或蹭鞋垫等。

B．经常吸尘、吸尘是清洁保养地毯的最基本方法。

C．局部除污。如饮料迹、食物斑迹等，应及时清除，避免污迹渗透扩散，损害地毯。

2. 清洁设备的使用与保养

(1)吸尘器(详见第四章第三节)

(2)洗地机

洗地机主要有控制杆和机身两大部分组成。活动手柄有多个角度可供调节，适合不同身高的人操作。清洗工作完毕后，要清洗干净，晾干后妥善保存好。

(3)洗地毯机

洗地毯机工作效率高，省力，省时，节水，节电，机身结构及配件用塑料玻璃钢和不锈钢制成。采用真空吸水法，脱水率在70%左右。地毯清洗后即干。洗地毯机可清洗纯羊毛、化纤、尼龙、植物纤维等地毯。

(4)玻璃清洁器

擦玻璃是一项费时、费力的工作。如使用玻璃清洁器可提高工作效率，而且简便易行，安全可靠。玻璃清洁器主要有长杆、“T”行把和其它配件三部分组成，使用起来十分方便，能快速擦洗大玻璃窗。清洁工作完毕后，应清洗干净保存起来。

① 常用清洁剂：

A．酸性清洁剂

a. 盐酸——主要用于清除建筑时留下的水泥、石灰斑垢，效果明显。

b. 硫酸钠——能与尿碱发生中和反应，可用于清洁卫生间便器，但必须少量，不能常用。

c. 草酸——用途同盐酸和硫酸钠，只是效率更强，使用时要特别注意。

d. 消毒剂——主要是酸性。除可作卫生间消毒剂外，还可用于消毒杯具。但一定要用水漂净。“84”消毒剂即为其中比较好的一种。

B．中性清洁剂

a. 多功能消毒剂——略呈酸性。可去除油垢。为酒店用量最大的清洁剂。可用于日常卫生。但对特殊污垢作用不大。

b. 洗地毯剂——是一种用洗地毯的中性清洁剂。因含泡沫稳定剂的量不同，又分高泡和低泡两种。低泡一般用于湿洗地毯，高泡用于干洗地毯。低泡清洁剂宜用温水稀释，去污效果更好。

溶剂类：

溶剂为挥发性液体，常被用于去除油垢，可使怕水的物体避免水的侵湿。

*地毯除渍剂－对怕水的羊毛地毯最为合适。

*酒精－主要用于电话机消毒。

*牵尘剂－用于免水拖地面，除尘功效明显。

*空气清洁剂－去除异味，芳香空气作用。

②清洁剂的管理

无论从减少清洁剂的浪费，提高使用效率，还是从安全角度考虑，对清洁剂都应进行科学合理的管理。

A．洗衣房100%使用无磷洗衣粉。

a. 增强洗衣房员工绿色环保意识，自觉使用无磷洗衣粉。

b. 把好洗衣进货关，杜绝购买含磷洗衣粉。

c. 洗衣水全部进入污水处理，杜绝直接排放。

d. 采用先进的现代化的洗涤设备及洗涤工艺，可以节能降耗。

B．清洁剂的分配控制

合理分配清洁剂，既能满足清洁需要，又能减少浪费，清洁剂的分配最好由一名主管或领班专门负责。在每天下班前对楼层进行补充，每周每半个月对品种和用量进行盘点统计。通常，用量的多少与客房出租率高低有关。对例外情况补充应做详细记载。

C．清洁剂的安全管理

高压罐装清洁剂、挥发溶剂清洁剂以及强酸碱清洁剂都是不安全因素。前两者都易燃、易爆，后者会对人体造成伤害若管理和使用不当，均有一定的危险性。故必须采取安全管理措施。

a. 制定相应的规章制度，培训服务人员掌握使用和放置的正确方法，同时严格按规操作。

b. 保管时要特别注意防火，不要置于高于50℃的地方。

c. 要求定人管理，分类存放，码放整齐

d. 配备相应的防护用具，如防护手套等。

e. 禁止工作区域内吸烟，尽可能减少危险客源。

（四）常用陶瓷、玻璃器皿的使用与保养

陶瓷和玻璃器皿极易碎，使用和洗涤频率高，此类物品的保养主要是降低破损、延长使用寿命以及确保卫生标准和防止污染。

1. 常用陶瓷、玻璃器皿的消毒方法

（1）物理消毒法

① 高温消毒法

高温消毒法可分为煮沸消毒法和蒸汽消毒法两种。其原理是通过热的作用，凝固菌体内的蛋白质而使其死亡。其方法简单，操作方便，符合卫生标准。

A. 煮沸消毒法

将洗刷干净的餐、茶、酒具的置于100℃的沸水中煮15~30分钟，即可达到消毒的目的。消毒时，如果发现破损的餐、茶、酒具等物品，应及时挑拣出来，注意安全。此法适用于瓷器，不适用于玻璃器皿。

B. 蒸汽消毒法

将洗刷干净的餐、茶、酒具等放到蒸汽箱中，通入蒸汽10~15分钟，即可以达到消毒的目的。

此法适合于各种餐、茶、酒具的消毒，采用此法消毒时，物品要摆放整齐在蒸汽箱内，并分类进行。玻璃杯、茶杯等不能同餐具一起消毒。

② 干热消毒法

干热消毒法可分为电热消毒法和紫外线消毒法两种。其原理主要是通过氧化，破坏细胞原生质，致使微生物死亡。

A．电热消毒法

电热消毒亦称干烤消毒，多采用红外线照射灭菌。目前客房楼层常用的消毒柜多属此类。其操作方法是将洗刷干净的餐、茶、酒具等放入消毒柜中，接通电源，将温度调至100℃~120℃，时间为15~20分钟，待红灯灭后，切断电源即可。

B．紫外线消毒

将紫外线灯管安装在消毒柜的顶端，将洗刷干净的餐、茶、酒具平摆在消毒柜内，关上柜门，接通电源，让紫外线充分照射用具约20~30分钟即可。

采用此法消毒的缺点是:一次消毒用具的量比较少。

(2)化学消毒剂消毒法

化学消毒剂能使菌体内的蛋白质变性，干扰微生物的新陈代谢，抑制细菌的快速繁殖并能起到溶菌作用。

① 浸泡消毒法

将洗刷干净的餐、茶、酒具分批放入消毒溶液内浸泡5分钟，然后将消过毒的杯具取出，用净水冲净，再用消过毒的口布擦干。

采用此法消毒时须注意:

A. 使用此法消毒，首先必须严格按照比例调制好消毒剂溶液。如果浓度过低，达不到消毒的目的;如果浓度过高，则易留下余毒，伤害人体。

B．消毒液要现配现用，不可放置时间过长。

C．所需消毒的用具越多，药效的耗量越大，连续浸泡超过1小时，应更换新溶液。

D．客房使用的刀、叉、勺、咖啡壶、糖缸等银器及不锈钢器皿，禁止使用浸泡消毒法，最好选用蒸汽消毒法。因为浸泡液会使其失光变色。

②洗刷消毒法

目前发明了许多多功能清洁剂，可直接用于消毒。如客房内使用的冷水杯、漱口杯等都可以使用多功能清洁剂进行消毒。其方法是:将冲洗过的杯子等用具，用稀释的消毒剂洗刷一遍，然后用水冲净，晾干即可。

凡新购进的玻璃器皿、瓷器都必须洗涤干净和消毒后使用。

2. 使用与洗涤

(1)凡有破损和裂纹的玻璃器皿和瓷器一律不准发往客房。

(2)使用时轻拿轻放。

(3)应分别洗涤、更换的瓷器、玻璃器皿，要防止瓷器碰坏玻璃器皿。

(4)应用专用杯布擦拭干净水迹。

(5)把杯子对着灯光照射，检查是否干净。

(6)摆放在工作车上时，应疏密适中，不能叠罗汉式摆放，以免重压碎裂。

3. 分类保管

陶瓷、玻璃器具的有效保管要按类别、品种摆放，同时摆放的地方要干净和能密封，防止器皿的再污染。

玻璃、瓷器皿使用与保管：

玻璃、瓷器皿是客房日常使用最多的地方。采用正确的使用和洗涤方法，既可保障客人的身体健康，又可延长其使用寿命，降低损坏消耗，在使用与洗涤时应做到如下几点：

(1)要轻拿轻放，以免碰撞破碎。

(2)新购进的，应洗净消毒后再使用。

(3)如有迹锈、油污，可使用合适的洗涤剂加水浸泡擦洗，否则会损坏瓷器表面的光泽。

(4)送往机器消毒时，应按品种、规格分类摆、装稳妥。

(5)把杯子对着灯光照射，检查是否有指纹、水迹，是否透明干净。

(6)摆放在工作车上时，应疏密适中，不要叠放过高，以免重压而破裂。(7)存放时，应分类分档，整齐有序地存放在防尘柜内，摆放在干净、密封的地方，以防污染影响光泽与质量。

(五)消防安全设备的使用与管理

安全是绿色客房的一个基本特征。如果消费者的人身安全不能得到保障，生命不能受到尊重，谈何绿色？国外酒店业提出绿色环保的根本动因，也正是因为上个世纪50~60年代，出现在发达国家的一系列水体、大气污染引起的公害事件，不仅严重影响生态环境，而且危害当地居民的生命安全。因此“安全”在任何时候都是我们讨论绿色概念时的一个基本因素。在饭店，影响安全的主要是公共安全和食品安全这两个因素。因此，韩明会长说:“要消除酒店的安全隐患，必须合理利用基础设施。”况且客房是酒店的重点、重要安全区域，故加强对客房消防安全设备的管理是迫不及待的。

安全设备是指一切能够预防、发现违法犯罪活动，保障客人和酒店员工安全的技术装备，由一系列机械、仪表、仪器、器材等组合而成。

1. 电视监控系统

电视监控系统是一个由摄像镜头、控制器和录相机等组成的闭路电视系统。

电视监控系统是由摄影机、录相机、手动图象切控、电视屏幕等组成，并在酒店的出入口处、电梯内、客房走道及其他敏感部位安装摄像镜头(监视器或称电眼)，监视这些场所的活动，从中发现可疑人物和不正常现象，以便及时采取措施

电视监控系统对建立客房服务中心的酒店来说是必备的安全设施，这样可减少安全部

门巡逻人员，给酒店及客房区域的安全带来更有效的保证。

2. 安全报警装置

(1) 常用的报警器种类

① 微波报警器

② 被动红外线报警器

③ 主动红外线报警器

④ 开关报警器

⑤ 超声波报警器

(2) 安装报警器设置的部位

① 收存钱款部位

② 贵重物品及财物集中部位

③ 消防通道部位等

(3) 常用灭火器材及使用方法

常用灭火器材一般分两类，一类是自动灭火系统，一类是手动灭火器材。

①自动灭火系统

酒店设备的自动喷水灭火系统一般有三种，即湿管系统、干管系统和集水系统。自动灭火系统在酒店设计建造时就要考虑，现代化的灭火设备效果好，也能给客人以更强的安全感。

②手动灭火系统

自动灭火系统再先进，也不能完全替代手动灭火器材，因为有些火灾，如油类、电气等火灾不宜用水扑救。因此，客房员工还要掌握常用灭火器材的性能与使用方法。

A. 二氧化碳灭火器

适用范围：主要用于扑救带电(104 伏以下)设备的火灾、重要文件档案、珍贵设备、精密仪器以及油类火灾。使用时要注意风向，避免逆风使用影响效果。

使用方法：先拨出闩棍(保险插销)，一手持喷筒把手，并紧压把手，气体即自动喷出，不用时将手放松即自行关闭。

存放与检查：二氧化碳灭火器是高压容器，不怕冻，但怕高热，不能存放于火源和热源附近。要定期对灭火器进行检查。每年至少称一次重量。如发现瓶内二氧化碳重量比其定额重量减少十分之一时，应进行灌装。

B. 干粉灭火器

适用范围：可用于扑灭燃烧液体、电器、档案资料、纺织品及珍贵仪器的火灾。这是一种微细的粉末与二氧化碳的联合装置。靠二氧化碳气体作动力，将粉末喷出扑灭火灾。干粉无毒、无腐蚀作用，是一种效能较好的灭火器材。

分手提式、推车式和背负式三种，酒店常用手提式。

使用方法：打开保险销，把喷口对准火源，拉动拉环，干粉即喷出灭火。

存放与检查：干粉灭火器要放在干燥通风处，防止受潮和日光曝晒。每年应检查一次干粉，防止受潮结块影响使用。

C. 泡沫灭火器

适用范围：主要用来扑灭油类、可烧液体和可烧固体的火灾。但不能用来扑灭可溶性液体（如酒精等）初起的火灾。因为这类液体能溶解泡沫中的水。这种灭火器内装有酸性物质（硫酸铝）和碱性物质（碳酸氢钠）。两种水溶液经混合后发生化学反应喷射出泡沫，覆盖于燃烧物的表面隔绝空气，达到灭火效果。

分手提式、手提舟车式和推车式三种，酒店常用手提式。

使用方法：颠倒筒身，使两种药液混合发生化学反应，产生泡沫，由喷嘴喷出。必须注意不要将筒盖、筒底对着人体，以防万一发生爆炸。

存放与检查：应存放于 -8°C ~ 45°C 之间，过热会导致碳酸氢钠分解出二氧化碳而失效，温度过低易产生冰冻。

D．“1211“灭火器

1211 是卤化物二氟一氯一溴甲烷的代号，是卤化烷灭火剂的一种。可用于扑灭油类、化工原料、易燃液体、精密设备、重要文件及电气着火。

卤化烷灭火剂灭火效力高，约为二氧化碳的 5 倍，有不污损物品、灭火后不留痕、毒性低、腐蚀性小和久储不变质等优点。

分手提式和推车式两种，酒店使用前者。

使用方法：先拔掉安全销，握紧压把开关，压杆使密封阀开启，于是“1211”灭火剂在氮气压力作用下射出。使用时，应垂直操作，不可放平和颠倒，喷嘴要对准火源根部，并向火源边缘左右扫射，快速向前推进，防止复燃。如遇有零星小火可点射灭火，射程一般在 3 ~5 米。

存放与检查：“1211“灭火器应放在取用方便的地方，不要放在加热设备附近，也不应该放在阳光直射和放有腐蚀性物质的地方。每半年检查一次灭火器的总重量，如重量减少十分之一，应补充药剂和充气。

E．消防栓

用水扑灭火灾主要通过消防栓装置来进行。客房的每层楼都设置有安装消防栓的消防柜。

使用方法：打开消防柜卸下水口的堵头，安上消火栓接扣，接上消防水带，注意接口要衔接牢固，然后将水带甩开，注意不折花或拐死弯，最后拧开闸门，水即经水带转送到火场。使用完毕后，应先关闸门，然后再把水带分解开，卸下接扣，把堵头装好，并冲洗干净，晒干卷好。定期检查，如发现漏水要及时修理。具体比较（见表 5－4）。

（六）服务人员的安全操作

对各项事故的分析表明，只有 2% 的工作事故起因于自然灾害，而 98% 的事故是由人为过失造成的，因此，如何加强服务员的安全意识，注意在服务与操作过程中的安全性，是客房安全工作的一个重要方面。

1. 加强技术培训，提高安全意识

研究表明，有 93% 的事故通过专业培训、定期监督和加强员工意识是可以避免的。培训工作的内容具体包括三个方面：

（1）了解引起安全事故的原因；

（2）遵守安全操作规定，养成安全操作习惯；

(3)掌握发生安全操作事故的处理方法。

表 5－4　　**便携式灭火器**

类别	适用对象	使用方法	喷射时间与距离
二氧化碳灭火器	电器灭火;着火范围不大的油类物质;电石;精密仪器;重要文件;不适用于金属钾、钠等	①拔去保险销;②将鸭嘴压下;③将喇叭口对着火源外部，由外向内喷射;④另一类是逆时针旋转顶部的手轮。	①喷射时间不定 ②有效射程 3 米
干粉灭火器	多数类型的火灾;易燃液体;金属着火;电走火;纸类;纺织品;不适用于配电设备、精密仪器等	①拔去保险销; ②挤压提把; ③将干粉对着火源外部，由外向内喷射	①时间 14～16 秒 ②有效射程 4.5 米
泡沫灭火器	易燃气体起火;切忌用于扑救电起火	①将灭火器颠倒握牢 ②使泡沫从外向内射向火源	①时间 60～170 秒 ②射程为 8～13.5 米
酸碱灭火器	用于木料、纸类、纺织品着火;切忌用于电起火，易燃液体起火	①将灭火器颠倒握牢 ②将药液喷至火源根部	①时间不定 ②射程 10～12 米
1211 灭火器	电走火;易燃液体;精密仪器设备;重要文件等，切勿用于扑救金属起火	①拔去保险销; ②挤压压把 ③喷向火源根部	①时间 6～8 秒 ②射程 3～5 米

2. 加强检查，消除一切可能导致事故的隐患

例如，过道应保持干燥;松动的扶手应上紧;碎玻璃应及时清理等。

3. 配备劳保用品

配备劳保用品可以避免和减少事故发生的可能性。

4. 制定安全操作须知，使员工在工作中有所留意

(1)不可将手伸进垃圾桶或垃圾袋，以防有针、玻璃等物伤手。

(2)须用双手推车，不能用单手推车，以防失控。

(3)如发现走廊、楼梯照明不良或设备损坏，须马上报告主管，尽快修理。

(4)地板湿滑或有油污，应立即抹去，以防滑倒。

(5)工作车、吸尘器、洗地机或地毯机尽量放置边上及留意有否电线绊脚的可能性。

(6)所有玻璃或镜面，如有崩裂，应立即更换;不能更换的，须用强力胶布贴上，以防坠下。

(7)损坏的电器千万不可私自修理。

(8)洗地毯时，小心不要弄湿电掣或插座以防触电。

(9)大面透明玻璃当眼处应贴上醒目标志以防客人或员工不慎撞伤。

(10)不稳的家具和凳椅应尽快修理。

(11)高空擦窗作业时，一定要系上安全带。

(12)在公共场所进行地面清洗或打蜡时，须放置警告牌，提醒他人留意。

(13)家具、地毯上有钉子或碎玻璃，须马上清除，以防刺伤人。

(14)使用较浓清洁剂时，应戴上橡胶手套。

(15)客房钥匙的控制。

第三节 洗衣房的运行与设备管理

随着“绿色”饭店时代的发展，洗衣服务业也面临着新的挑战。中国从五十年代的汽油洗涤，六十年代的三氯乙烯洗涤，八十年代的四氯乙烯洗涤到今天的绿色环保石油洗涤。三氯乙烯、四氯乙烯都是有毒溶剂，对人体危害及大，对环境造成污染，而在发达的西欧国家早已被取消，国家计委和环保总局根据国际先进技术的引进。已发布文稿，2001 年我国彻底淘汰氯氟溶剂，固在北京，为迎接 2008 年奥运会，现在就已经取消有毒溶剂，绿色石油洗涤必然取而代之。

上海奉洁洗烫设备有限公司面对洗衣服务业这一客观要求，率先在本地区引进全套绿色环保洗涤设备，并采用进口石油溶剂确保洗后无毒，对人体无害，保护面料，延长寿命，并能清洗各种衣物，解除各类“衣”难杂症，为消费者的身体健康、环境保护带来了更多的便利，特别是全透明洗衣方式能使消费者洗的如意，穿的放心。

可见洗衣房是客房部的重要部分，主要担负洗涤布草、制服和洗送客衣等三大任务。其管理水平、洗涤质量和工作效率的高低，不仅直接影响饭店整个经营活动和成本消耗，而且影响客人需要的满足和其对饭店形象的评价。加强洗衣房的业务管理方能达到预期的目的。在建立较为完善的洗衣房组织机构和岗位职责的基础上，合理制定工作程序，并严格按程序运行、按标准管理，是洗衣房管理的目标。

一、洗衣房的运行与管理

(一)洗衣房的组织机构

洗衣房组织结构设立的形式与饭店的管理机制、洗衣房的规模大小、工作范围及工作重点有密切的关系。

在大多数饭店，洗衣房是属于客房部管理的，其原因是洗衣房所洗衣物大多来自客房部和客人。把洗衣房归入客房部管理，可以减少部门与部门之间繁杂的协调工作，保证客房所需布草的正常供应。在具有先进洗熨设备的饭店，洗衣房可是一个独立的部门。这种类型的洗衣房，除完成店内洗涤任务外，还可承接店外洗熨业务，在经济上一般实行独立核算。总之，有条件的饭店设立洗衣房是十分必要的，根据相关资料计算，社会上的洗衣公司洗涤一条床单或一张台布的费用约为一元左右。一家 500 间客方的饭店，如果没有洗衣房，而把全部棉织品送到外面洗涤，一年需要支出大约 120 万元。有的饭店为了减少这笔费用，采取使用几台洗衣机和甩干机洗涤，采用自然晒干的办法，但不能保证棉织品的洗涤质量和需要，常常出现床单、台布等折皱多，不平整，既影响服务质量又给员工带来极大的不便。因此，凡有条件的饭店，都应建立自己的洗衣房。

(二)洗衣房岗位职责

洗衣房岗位职责是根据机器设备和洗涤业务范围来制定的。洗衣房是一个技术要求很高的部门，管理人员和操作人员都必须经过较长时间的专业技术训练后，才能上岗。

1. 洗衣房经理岗位职责

洗衣房经理（主管）属客房部经理或总经理领导，负责客衣、制服和棉织品的洗熨管理工作。

（1）主要职责：

① 负责制定洗涤计划、操作规程及工作制度。

② 负责员工工作安排及人力调度。

③ 负责本部门设备维修保养的管理。

④ 负责处理洗涤差错和损坏赔偿。

⑤ 负责洗涤业务统计和报告，确保部门经济效益。

⑥ 负责员工业务技术培训。

（2）业务要求：

① 熟悉客衣、棉织品及制服的洗涤流程。

② 熟悉各类棉织品、布料的理化性能，熟悉洗涤、熨烫的技能。

③ 掌握洗衣房设备的性能和操作知识。④ 熟悉各种洗涤剂的使用方法和性能。

2. 洗涤熨烫领班岗位职责

负责洗涤熨烫组各工种的安排和协调工作。

（1）主要职责：

① 负责本组员工考勤和工作分配。

② 对主管负责。按时向主管报告洗涤用品及能耗量。按月制作各类用品报表交有关部门、定期领取工作用品。

③ 负责将洗涤物分批清洗。清点完毕后交熨工领班，办理交接手续。

④ 督促员工按时、保质、保量的完成任务。

⑤ 工作完毕，检查洗涤熨烫设备、工作场所的环境卫生和安全情况。

（2）业务要求：

① 熟悉各种织物对热、蒸汽和水的反应。

② 熟悉各类洗涤剂化学成分及其对不同织物洗涤过程中的影响。

③ 了解一般棉、丝、毛及纤织物的构成特点。

④ 熟悉掌握洗涤、熨烫工艺流程；掌握不同质地织物的洗烫方法与质量标准；能熟悉配制洗涤剂。

⑤ 掌握洗衣房洗涤熨烫设备的性能、使用操作及一般维修知识。

3. 客衣收发员岗位职责

负责客衣的接收、送洗及发放。

（1）主要职责：

① 每天晚上或接到楼面电话即收客衣。

② 按时与楼面服务员清点客衣、检查洗涤客衣情况，按“清点交接单”内容签收。

③ 清理衣物并在所收衣物上打码编号。

④ 衣物洗熨后，在装袋前检查质量、核对件数。

⑤ 及时将装袋的衣物或上架衣物分送楼面服务员签收。

（2）业务要求：

① 熟知客衣收发程序，懂得客衣贮存知识。

② 了解各种质地、品种和规格的客衣洗烫质量标准和要求。

③ 能用英语做简单的应接会话。

4. 洗涤工岗位职责

负责客衣和各类布件的洗涤。

(1)主要职责：

① 操作前做好洗涤设备和电器设备检查工作，配制好洗涤用水。

② 清点收洗的客衣、布件，分类整理，并做好洗涤记录。

③ 按程序和注意事项进行干湿洗涤，并自查质量，签字交领班。

④ 工作完毕，切断电、水源，搞好机件保养工作及环境卫生。

(2)业务要求：

① 懂得洗涤设备的性能、结构和操作方法。

② 熟悉掌握洗涤工艺流程、洗涤用品常识和不同质地织物的洗涤方法及质量标准。

③ 了解电流、电压及安全用电常识。

④ 了解洗涤机器一般故障的排除知识。

5. 熨烫工岗位职责

负责客衣及各类布件的熨烫工作。

(1)主要职责：

① 熨烫干、湿洗衣物。

② 鉴定各类不同织物的质地，对未洗净衣物退洗涤组返工，并做好记录。

③ 按要求和程序保质保量的完成整熨任务。

④ 将熨烫好的衣物交领班签字。

⑤ 工作完毕后切断电源，将设备、用具、物品归位，做好清洁卫生。

(2)业务要求：

① 掌握各类织物熨烫程序、工艺流程、方法和要求。

② 掌握熨斗及熨烫机性能、特点和使用方法。

③ 熟悉棉、丝、毛和化纤织品的性能特点及其受热反应。

6. 衣物分类员

负责衣物的分类和打码工作。

(1)主要职责：

① 将所有棉织品按餐厅和客房分类。

② 根据种类、颜色及肮脏程度、将衣物及棉织品分门别类、打码，并负责清除衣物及棉织品中的杂物。

③ 协助将衣物放进洗衣机及干衣机。

④ 协助衣物及布草的熨烫工作。

⑤ 确保投入洗衣机中的衣物量符合开机量。

(2)业务要求：

① 熟悉各种不同的洗衣机和烘干机的容衣量。

② 熟悉各种棉织品及其洗涤工艺。

（三）洗衣房业务范围

洗衣房的业务，属于生产性质。虽然不直接创造新的价值和产品，但它以追加劳动的形式延长棉织品、制服和客衣的使用寿命，恢复其使用价值。

在大多数饭店的洗衣房属于客房部管理的。其原因是洗衣房所洗衣物大多来自客房部和客人。把洗衣房归入客房部管理，可以减少管理环节，保证客房所需棉织品的正常供应。但有一些饭店的洗衣房独立成一个与客房平级的部门，这种情况主要出现在具有先进洗熨设备的饭店。这种类型的洗衣房，除可完成店内任务外，还可承接店外洗熨业务。在经济上，一般实行独立核算。这两种类型的洗衣房虽然是两种不同的管理体制，但其业务范围是基本一致的。

1. 棉织品的洗涤过程

对饭店棉织品的洗涤是洗衣房最重要也是最主要的工作内容，洗涤效率的高低和洗涤效果的好坏，直接影响着前台的服务。

（1）棉织品的划分

我们在这儿所讨论的对棉织品的洗涤，是指使用水洗设备进行的洗涤，一些需要干洗的，如幕、帘、床罩等则不包括在内。这样，饭店所使用的棉织品大致包括客用日常棉织品和餐厅日用棉织品等类型。

将棉织品如此划分，主要原因是，它们虽同属棉织品，但因其织造方法上的差异，使用区域的不同，而形成了不完全相同的洗涤要求和洗涤方法。

①床单、枕套的洗涤过程（如表 5－5）

表 5－5　**床单、枕套洗涤程序**

程序	原理	注意事项
将适量布草件放入机内	洗衣机有其固定的承受洗涤的重量，也可用数量来换算	检查床单、枕套内有无夹裹客人物品等
预洗	清水浸润	
主洗水温约 60°C、低水位	用碱性清洁剂（适量）除垢洗涤（较强碱）	手工操作的机器可用粉状洗涤剂，全自动机器最好用液体剂
漂洗水温约 50°C、高水位	加入适量漂白粉（次氯化钠）对床单、枕套增白除浅斑渍	水位不得低，否则不起漂白作用
过水（Ⅰ）	第一次过水，注入高温高水位清水，减少碱度	高水温效果好
过水（Ⅱ）	第二次过水，注入中温高水位清水，再减少碱度，结束时 pH≈8	慢慢使床单等冷却
过水（Ⅲ）加适量酸粉或醋	注入常温、高水位清水，同时加入酸粉，使 pH≈6～6。7 与人体皮肤 pH 值接近	酸粉通指醋酸
脱水	高速脱水，将床单甩到六成干左右，便于熨烫	洗衣机本身的功率不够时，可用专门的脱水机
整烫、折叠	一般使用蒸汽滚压熨烫方式。这也是一个高温过程	调整蒸汽压力至适当位置，边角处要熨平熨干，按使用标准折叠

床单、枕套的洗涤标准是：洁白、无污点、无破损、杀菌消毒、平整、舒适度好。

如果床单、枕套要增加洁白度，可在漂洗时加次氯化钠，既具漂白功能，又可杀菌。但不一定每洗一次都要加，因为有些主洗涤剂本身就有一定的漂白功能。

②毛巾的洗涤过程

对毛巾的洗涤标准是：洁净、无细菌、柔软、无破损 、无污点、色泽明亮。

与床单、枕套的洗涤所不同的是，毛巾分为彩色和白色两种情况。若是白色毛巾，洗涤时要加漂白粉，若是彩色毛巾，则要使用过氧化氢漂白剂，以保证色彩的鲜艳。方法同氯漂，另外，在最后一次过水时除加入酸粉外，还要加入柔软剂，以恢复毛巾的柔软度。

将毛巾甩至六成干后放入烘干机内烘干，注意调节好烘干的时间与温度，避免时间过长或过短所造成的损伤和浪费。

③餐巾、台布的洗涤过程

餐巾和台布的洗涤要求相当高，除要求洁净、卫生、无破损、无污点外，还特别要求平整、挺括。由于餐巾和台布的特殊使用性，洗涤的难度也较之其他棉织品大。

A. 主洗前必须进行浸泡－清水洗涤，洗掉一些残渣剩饭等。

B. 预洗－加入少量的洗涤剂洗涤，以减少主洗的难度。

C. 主洗－除加入适量的主洗涤剂外，还应特别加入化油剂，以彻底除污。

其它程序与洗涤床单相同。因餐巾、台布需具有挺括性，为增加其硬度，在最后一次过水时，也就是在第三次过水时，除加入酸粉，还应加入适量上浆粉，使其在经过高温熨烫后能保证其硬度。

（2）洗涤棉织品的注意事项

① 餐厅与客房的棉织品不能放在一起洗，因为脏污特性不同，洗涤使用的洗涤剂也就不一样。

② 对色彩不同的棉织品必须分开洗涤，以免混在一起进水后互相染色。

③ 特别要留意再棉织品里有无夹杂遗留物品。

④ 分类处理后，要根据机器的承载能力放入允许重量或数量的棉织品。

一般饭店洗衣房的湿洗衣机都比较大，机器一开动，水、电消耗都比较大，应规定最低的开机洗涤量。例如，机器定量较大的，可规定 80～100kg 为最低开机量。

⑤ 客房的床单的洗涤要再甩至五六成干后直接送入整熨机整熨。其效果较之烘干再熨要好的多，这样可提高工效，又可节约用电。

⑥ 卫生间棉织品不熨烫，所以必须完全烘干。卫生间棉织品要求洗涤后要柔软如新，但棉织品使用一段时间后，洗涤易变硬，像脸巾、浴巾等，所以最后漂洗时，加一些柔软剂会达到预期的效果。毛巾、枕套和枕巾等洗涤后，必须送入风干机，然后吹冷风 15 分钟左右。这样洗出来的东西比较柔软、手感好、不发硬，使用时有舒适感。

⑦ 白色台布、口布必须使用碱水、漂白粉洗涤，然后上浆风干、烫干，使之有挺括感。有颜色的台布和口布必须选用化学油剂洗涤剂或碱粉高温水洗。

⑧ 干洗选用四氯铜烯洗涤为佳。这种洗涤剂不仅效果好，而且可以长时间循环使用，成本较低。但必须每天下午蒸馏一次，方可有效。

⑨ 各类棉织品所需烘干的时间要严格控制，装烘干机的棉织品不能超载。

⑩ 有折纹、未熨平的或未干的棉织品要返工。

2. 客衣的洗涤

客衣洗涤是直接为客人服务的，也是洗衣房经济收入的主要来源。其洗涤效果、洗送时间都直接影响服务质量。而员工制服的洗涤效果则是反映了饭店的精神面貌，并且在某种程度上反映了饭店的等级和规格。

(1)客衣的送洗程序

① 客人将换洗衣服放入客房洗衣袋，由客人填写"洗衣单"。

② 客衣收发员按楼层每天收取洗衣袋，检查客衣及洗衣单，填写"客衣洗送记录表"，交洗衣房。

③ 客衣分类员将收到的客衣分类、打号，送洗涤。

客衣则必须有打码员根据洗衣单上填写的房号在衣服上做上标记，通常将房号打在衣领和衣袖上。打码员在打码的同时，要检查衣服有无需要特别处理的污迹，确认衣料是否客衣湿洗等。

④ 按洗衣单要求洗涤客衣，保证质量和时间。

⑤ 客衣洗好后，熨平整形，连同洗衣单装入洗衣袋。衬衣要用薄膜包装袋封好，对西服、裙子及其它质料好的衣物要连衣架一起送到楼层，由楼层服务员签收。

⑥ 楼层服务员将衣物交客人签收。

⑦ 重要客人的换洗衣服的收取和分送，都必须经客房楼层管理员的核实和检查。

(2)客衣的洗涤流程(见5-6表)

表5-6　　客衣洗涤流程

程序	方法	注意事项
打码分类	分清干洗、湿洗，对每件衣服都做上标号，将号码打钉在衣领、袖、裤腰处，同一份衣服要同一号码。	仔细检查有无特殊污渍
清洁特殊斑渍	用专门配制的清洗剂先行清洁	如果没有把握，不可随意除污，以免留下不可弥补的斑点
湿洗或干洗	根据服装的纤维质地和式样，选择适当的洗涤方法，通常外套、套装、天然纤维高档织物都应干洗	
烘干、熨烫	无论水洗或干洗都要熨烫平整(内衣裤、袜除外)	大面积处用熨烫机熨烫，领袖、腰等处手工熨烫
折叠、上架	外套、制服必须用衣架悬挂，其它则折叠装包，有破损处及时修复	注意号码，避免搞混

(3)客衣洗涤服务注意事项

① 满足客人对洗涤的时间要求。

② 满足客人对洗涤的质量要求。

③ 避免因洗涤所造成的客衣损坏、丢失现象。

④ 避免将客衣弄湿。

⑤ 对客人提出的特别要求尽量予以满足。

⑥ 纠正客人错误的洗涤方法的要求。如客人要求湿洗，但衣料经不起湿洗，应向客人提出纠正。

3. 员工制服的洗涤

员工制服与客衣的洗涤要分开；员工制服都有标记无须打号码；但洗涤流程相同。对员工制服最好的保养和处理是：每位员工有 2 ~ 3 套制服替换使用，及时清洗，及时修复，既可延长制服寿命，又可保障上岗的着装要求。

总之，在员工制服和客衣洗涤中，有三条必须遵守的规定，特别是客衣的洗涤更应严格执行。

(1)明确要求，严格检查

客衣种类多，其面料、质地、颜色也不一样，洗涤的方法和所需的洗涤剂及剂量就要有所区别。因此，收取客衣要明确洗涤要求，让客人填好洗衣单。同时，客衣收发员和楼面服务员要做好核实工作。客衣收发员和分类员应配合，严格检查衣服有无破损和严重污渍，以及衣袋内有无遗留物品等，以防止差错。

(2)严格打码，防止混淆

分类服务员必须根据洗衣单打码编号，或按客房号码编号；洗衣单上的号码必须与客衣上的号码一致；洗好的客衣按号码装入衣袋内，防止混淆、丢失。

(3)掌握技术要求

保证衣服洗涤质量。

(四)洗涤方式

洗衣服务可分为水洗、干洗、熨烫三种。时间上分正常洗和快洗两种。正常洗多为上午交洗，晚上送回；如下午交洗，次日送回。快洗不超过 4 小时便可送回，但要加收 50% 的加急费。送洗客衣工作由楼面台班服务员承担。

最常见的送洗方式是客人将要洗的衣物和填好的洗衣单放进洗衣袋，留在床上或挂在门把手上，也有客人嫌麻烦请服务员代填，但要由客人过目签名。洗衣单一式三联，一联留在楼面，另两联随衣物送到洗衣房。为了防止洗涤和递送过程中出差错，有的饭店规定，客人未填洗衣单的不予送洗，并在洗衣单上醒目注明。

送洗客衣是一件十分细致的工作。按国际惯例，由于饭店方面原因造成衣物缺损，赔偿金额一般以洗涤费用的 10 倍为限。我国由于洗涤费用便宜，按 10 倍赔偿客人也不满意。所以要求经手员工认真负责，不能出一点差错，否则会遭致投诉，给饭店造成经济损失和名誉影响。

(五)洗衣房与饭店内其它部门的关系

洗送客房、餐厅所用布草是洗衣房的重要工作内容，所以洗衣房与客房和餐饮部都应保持密切的联络，既要保证前台业务活动的需要，又要防止丢失、损坏，降低消耗，提高效益。另外，洗衣房的正常运转又离不开工程部和采供部的支持，对机器设备的维修保养，对洗涤用品的采购供应均需要部门间的通力合作，才能保证洗衣房的正常运转。

1. 洗衣房与餐饮部和客房部的关系

每天将洗干净的布草送到楼层(也可由布草房承担，详见下节)，餐饮部则有专人到洗衣房或布草房领取、送交干净或脏布草，要求严格点数，填单记录。

2. 洗衣房与采供部的关系

洗衣房提供物品采购清单，要标明数量、价格、质量和供货时间等要求。采购回来的物品必须由洗衣房验收后方能入库，以确保质量要求和规格，减少不必要损失。

3. 洗衣房与工程部的关系

洗涤布草的水质要求很高，不同的水质对洗涤剂的选择也不同，否则会影响洗涤效果。工程部对水质定时检查，并将检查结果及时反馈给洗衣房，以决定使用洗涤剂的型号或增加必要的附加剂。对洗衣房的设施和能源供应系统，工程部和洗衣房应共同制定检修计划，定期检查、保养，尽量做到防患于未然。洗衣房也应尽早将设备维修零件申购要求通知工程部，以便能得到及时更换修理。

二、洗衣房设备的使用与保养

(一) 设备种类

1. 湿洗机

主要用于洗涤棉织用品，有全自动、半自动、机械操作三种。容量大小有 50kg ~ 140kg。大小容量比例的选择应根据酒店客房数量和其他情况决定。原则是既不使机器经常处于超负荷运转状态，又不让其经常闭置。

2. 烘干机

烘干机分电和蒸气两种。视酒店能源供应而定。

3. 棉织品熨平机

专门用来熨烫床单、枕套、台布等大面积的棉织品。原理是通过蒸气高温杠杆滚压，达到平整和干燥自动折叠棉织品的目的。

4. 干洗机

干洗机就是用干洗液对衣物进行洗涤的机器。工作原理同于洗衣机，所不同的是除有主洗机外，增加了回收干洗液的装置。

5. 熨烫机

熨烫机是利用蒸气和压力共同作用来达到平整、定型衣物的效果和能省时、省力目的。

6. 打码机

这是专为洗涤客衣而设置的。原理是将不干胶电打在衣物的领、袖、腰等处，以防衣物混乱搞错。

(二) 洗衣房设备的保养

为降低成本，延长设备使用寿命，做到正确使用与保养设备是十分必要的。保养时应遵循下列原则：

1. 不使机器超负荷的运转工作，否则是致命的损害。

2. 应有专人负责使用和保养，加强保养管理的责任心。

3. 每次开机前要先检查，决不带病运转。每天停机后及时切断电源、汽源，对机器进行擦拭，给转动连按部位加油。

4. 定期检修，防患于未然。

第四节　客房设备用品采购计划与储存量管理

一、客房设备用品采购计划

客房设备用品实行绿色化管理，故然，物品采购要有鲜明的绿色意识，主要包括二层含义:一是饭店物品的采购应科学统计，避免压库浪费。在采购某种物品之前，一定要确定是否确实需要这种物品，应检查一下库房还有多少存货，其它部门是否也有这种物品。如果这种物品当天就能买到的话，存货量一般不宜超过三个月的用量。二是选择资源消耗少的物品和绿色设施设备及用品。购物时应尽可能购买包装较少的物品或包装物能回收再处理的物品。特别是应把节能性和环保性作为设施设备和物品的采购标准。即把耗能低、噪音小和有害物质少，作为选择依据。如先进的中央能源管理控制系统、无纸办公系统、绿色冰箱和空调、节能灯泡、纯植物油的生态香皂，以及不刺激皮肤的沐浴液、洗衣液、洗头液等各类洗涤用品、可再生的购物袋、方便盒等，避免购买和使用含氯氟烃的产品、含氯漂白剂和漂白过的布草件。

(一)设备用品采购计划

设备用品采购计划应根据酒店物资统计账目、日清月结、季清查、年盘点的具体消耗、周转、储备量等来进行年度、季度、月度备件请购计划。

1. 布草的储备定额

布草的采购工作除要考虑质量外，还必须考虑决定采购的多少数量。过多过少都会造成浪费或经营故障，引起不良后果。故决定布草采够数量还得依据下列因素：

(1)应有的布草储备量。

储备量是指酒店按100%出租率营运时的周转需要而配备的数量。通常为三套。

(2)洗衣房工作运转是否正常。

(3)根据星级标准衡量预计更新补充的周期是多长。

(4)布草的贮存备件和资金占用的损益分析。

因此，确定布草的储备定额时应综合考虑上述因素来确定合理的采购数量，制定有效的采购计划。

但是，并非一次性购进布草后便万事大吉，定期的更新和补充是布草采购工作的继续。

2. 布草的盘点和采购计划

布草房必须建立盘点制度，定期盘点。对现有布草情况进行检查统计，然后与定额标准进行比较，得出盘盈和盘亏的数据，以利于采取相应的措施。(见表5－7)

盘点时主管人员应在场，年终盘点须请财务部协助，在得出需补充数量后订出采购计划。

表 5－7　　布草盘点分析表

——部门　　——盘点日期　　——制表人

品名	额定数	客房		楼层工作间		布草房		点总数	报废数	补充数	差额总数	备注
		定额	实盘	定额	实盘	定额	实盘					

3. 设备用品采购要求

(1)要求美观适用。客房采购的一切物品都应以满足客人的需要为中心。因此，采购时，必须针对自己的客源市场主体需要，注意品种、规格、花色的选择和质量的鉴别，必要时进行专门设计。

(2)要求供货及时。必须根据不同物品的需求量大小、季节、进货渠道等因素事先做好安排，保证采购物品能按需要的时间及时供货。

(3)要求价格合理。采购时应比质比价，尽量向生产厂家直接以批量优惠价采购；灵活运用地区差价和季节差价。

(4)要求选择合适的供应商。合适供应商的标志是：物品品质好，符合酒店需要，价格合理，交货及时，销货条件优惠，有良好的售后服务，运输较方便，买卖公道，能严格履行合同，资产信誉良好。

(二)客房设备用品的选择原则

客房设备用品种类庞杂，花色繁多，酒店应根据自身的特点，确定科学合理的选择标准，遵循技术先进、经济实用、符合酒店等级、适应宾客需要、有利于提高工效、提高服务质量的原则。同时，在选择中还应综合考虑下列因素：

1. 档次性与实用性相结合

选择客房设备，既要考虑到符合酒店星级等级，又要考虑实用性，既要经济实用，又要提供宾客的享受性成分。

凡是直接或间接为客人享用的设备，要以满足客人的生活需要为主，提供享受性成分，而生产性、服务性设备，要以提高工作效率和服务质量为主。

2. 针对性与协调性相结合

根据客房的不同等级和服务项目，选择不同的设备。例如总统套房、标准间、经济间的设备就应分档次配备，这就是针对性。

设备的大小、造型、外观、色彩、质地等，必须与客房相协调，整个房间应有一个统一的色调，以达到美化客房环境的效果。

3. 节能性与安全性相结合

设备的选择要考虑节能效果，同时要考虑是否具有安全可靠的特性。如家具饰物的防火阻燃性，冷热水龙头的标志，电器设备的自我保护装置，防噪音污染等，此外商家有否售后服务，也是设备安全的重要保证。

(1)家具的选择

客房家具的使用率很高，损坏率也高。应选购表面耐火、耐高温、耐污染、防水、防乱划、撞压，并简单、坚固、使用时无噪音的家具。

客用床的要求：

① 尺寸合适，各种类型的客用床应有1.95米长，床底净空21.5厘米，床高55~66厘米。

② 使用合适、安静无声。

③ 经久耐用。

床头柜要配套，通常在60~70厘米之间，也称客房音响控制柜。

(2)卫生间设备的选择

客房卫生间是客人盥洗空间，面积一般为4－7平方米。主要设备是浴缸、马桶和洗脸盆三大件。

浴缸以表面耐冲击、易清洁和保温性良好为最佳。尺寸分大(长168厘米、宽80厘米、深45厘米)、中(长150厘米、宽75厘米、深45厘米)、小(长120厘米、宽70厘米、深45厘米)三种型号，一般采用中型的。

马桶尺寸一般为36厘米宽、72~76厘米长，前方需要有50~60厘米空间，左右需要有30~35厘米的空间。

面盆尺寸一般为55厘米×40厘米，离地面76厘米左右。

卫生间三大件设备应在色泽、风格、材质、造型等方面相协调。

(3)布草的选择(布草的选择主要是在布草分类的基础上，强调布草的质量和规格)：

①布草的类型

A. 按用途划分：床上布草：床单、枕套

卫生间布草：大浴巾、小浴巾、面巾、方巾、地巾

B. 按质地划分：全棉织物、棉麻混纺织物、化纤织物棉、化纤混纺织物

②布草质量、规格的主要技术参数(见表5－8、表5－9)

表 5－8 床上布草规格

类别	参考尺寸	单位	计算方法
单人床(床 100×190 厘米)	160×250	厘米	在床的长宽基础上各加 60 厘米(不含缩水率)
双人床(床 150×200 厘米)	210×260	厘米	同上
大号床(床 165×205 厘米)	230×270	厘米	同上
特大号床(床 180×210 厘米)	270×290	厘米	同上
普通枕套(枕 45×65 厘米)	50×85	厘米	在枕芯的宽基础上加 5 厘米，长基础上加 20 厘米
大号枕套(枕 50×75 厘米)	55×95	厘米	不含缩水率

表 5－9 卫生间布草规格

类别／等级	浴巾		面巾		方巾		地巾	
	尺寸(厘米)	重(克)	尺寸(厘米)	重(克)	尺寸(厘米)	重(克)	尺寸(厘米)	重(克)
一星级	120×60	400	50×30	110	30×30	45	65×35	280
二星级	120×60	400	55×30	110	30×30	45	65×35	280
三星级	130×70	500	60×30	120	30×30	45	70×40	320
四星级	140×80	600	70×35	140	32×32	55	75×45	350
五星级	140×80	600	70×35	140	32×32	55	75×45	350

(三)设备用品采购与管理应注意事项

1. 采购物品要符合酒店等级、质量标准、使用规格。

2. 与销货商订货要注意信誉，供货及时，符合要求。

3. 对采购用品要分类、归口，加强库存管理，特别是布草用品的使用率高，需求量大，采购数量多，在控制、管理中应注意以下几点：

(1)布件的存放要定点定位。如工作车、楼层布草房、中心布草房分点定量可防止差错，提高工效。

(2)建立布草收发制度。等量领发、以脏换净，如需超额领用，应填写借物欠单作为归还凭据。收发布件点数时，应将有破损、污渍的布件分拣出来以便处理，否则将引起布件质量下降。

(3)建立布件报废和再利用制度。布件报废应定期、分批进行，应有核对审批手续并填写报废记录。

(4)控制员工使用布件，杜绝偷窃浪费现象。

(5)把好洗涤关。做到脏布不过夜，湿布件优先处理。

(6)建立盘点制度。布件盘点通常每年盘点四次，其中年终是大盘点。

二、客房设备用品存量管理

(一)设备用品储存管理方法

1. 库存储备定额管理

储备定额：是指保证客房商品经营活动不断进行所必须的设备物资的数量标准。

确定各项库存物品的标准量数量是实施有效库存品管理的首要任务。

标准量：是指须随时备足以支撑日常客房运作的库存物品的标准数量。

在客房商品营运中，必须保持一定的用品储备量。目前，我国酒店客房物资储备量有两种，一种是客房部设中心库房，统一管理部门设备用品。另一种是酒店设物资仓库，楼层设小库房，从酒店库房领取设备用品再分配给各班组，保持一定的设备用品储备量。

但设备用品的储备量又不能过多，过多不仅造成超储积压，占用大量资金，而且长期存放，会损坏变质，造成浪费，因此储备量应适当合理。

(1)科学核定物品消耗定额

① 客房供用品消耗定额(一次性消耗品)

消耗定额制定方法，是以单房配备为基础，确定每天需要量，然后根据预测的年平均出租率来确定年消耗定额。计算公式为：

单项物品的年消耗定额 = 单房每天储备量 × 客房数 × 预测的年平均出租率

② 客房备用品消耗定额(多次性消耗品)

定额是按照一定时间的物品损耗率来确定的。首先是根据酒店的等级或档次，确定单房配备量，然后确定棉织品的损耗率，即可确定出消耗定额。计算公式为：

单项棉织品年度消耗定额 = 单房配备套数 × 客房数 × 预测的年平均出租率 × 单项棉织品年度损耗率

(2)确定合理的储备量

设备用品的储备要有一个合理的限量。以既能保证供应，又不致积压为宜。具体储备量可根据客房物品消耗定额、客房总数、客人过夜总数来确定。客房部应根据物品实际使用情况，制定物品需要计划，向酒店采购部申购。

(3)严格进出手续

做到进有计划、有账卡、有登记，出有计划、有手续、有鉴发领料单，要求准确无误。

(4)做好物品消耗量的统计与分析工作

为了有效控制客房物品的消耗量，客房部应实行每日统计和定期分析制度。

每日统计：客房员每天应填写一份主要客房物品耗用表。客房部对所有楼层客房物品耗量作汇总备案。

定期分析：一般情况下，这种分析应每日作一次。其内容包括：根据每日消耗量汇总表制定出月度各楼层耗量汇总表，结合出租率及上月情况，制定每月物品消耗分析对照表，结合年初预测情况，制作月度预算对照表。根据统计情况确定每天平均消耗额。严格控制和管理设备用品的购进与合理使用。

2. 运用 ABC 分析法管理

ABC 分析法是意大利经济学家帕累托(Parlto)在统计分析社会财富的分配时间时采用的方法，说明了关键的是少数、次要的是多数的关系，其实质就是我们通常所讲的的“保证重点、照顾一般”的方法。

ABC 分析法证明，不管库存物质多么繁杂，但通常总是为数不多的品种占了库存总金额的绝大部分，如果将品种少、价值量大的物资用品称为 A 类，将品种次之、价值量一般的物质用品称为 B 类，将品种最多、价值量最小的称为 C 类，则在库存管理中，应以最大的精力注意 A 类物质，对 B 类物资给予一般性注意，对 C 类物资可以多储备一些，其数量标准一般为：

A 类物资：品种占总数的 10～20%左右，资金额占总额的绝大部分。

B 类物资：品种占总数的 20～30%左右，资金占总额的 30%左右。

C 类物资：品种占总数的 60%左右，资金额占总量的一小部分。

将酒店客房需要储备量的各类设备物资列表统计，就可以求出 A、B、C 三类物资所占资金额和百分比，如下表 5－10：

表 5－10 客房常用物资年需要量统计表

编号	品名（件）	需求量（件）	单价（元）	金额（元）	累计百分比	分类

（二）设备用品存量注意事项

1. 注意设备用品购进的性能、特点、标准，以利于正确收藏，合理贮存。
2. 注意设备用品贮存摆放规范和存放要求。
3. 注意设备用品进出、领发的严格手续与登记，以便存放管理。
4. 注意明确分工、责任到位到人。
5. 注意定期检查，安全库存，有效保管。

【案例 1】

一位黄老先生住在 306 房间，第二天清晨提出要调换房间，理由是空调温度太低，怕冷。随后，值班员工帮助调高了室温，黄老先生高兴得道谢。

案例分析：

本案例反映的问题是，客人不会使用电器设备，要求调换房间，怎么办？首先，应立即调试好室温；其次，向客人介绍电器设备的正确使用方法，让客人享受现代化设备的优良环境；再次，应追究当时带房服务人员的工作责任，以免类似事件的再次发生，影响客房服务质量。

【案例 2】

某饭店一晚发生了一件令人不愉快的事情。一位客人因担心浴缸不干净，于是站在浴缸内淋浴。片刻水温突然变得滚烫，结果把客人的皮肤烫伤了，他勃然大怒，提出投诉，要求酒店负责。

案例分析：

本例中客人被烫伤的责任应归酒店。原因是因为该酒店使用的淋浴器是老式的，同时客房员工应将使用方法告知客人，避免客人烫伤。

处理方法：

(1)代表酒店诚恳地向客人道歉。

(2)送客人去附近医院治疗。

【案例 3】

某饭店住了一位商务客人，当晚因没有商务活动留在房内。他拧开电视机，多数频道没有图象，一些频道即使有图象也模糊不清。于是他打电话给楼层服务员要求派人前来检修。半个小时过后，客人仍未见有人进房检修，再打电话给服务员，询问是否有人检修电视机。服务员向客人接连道歉，并要求客人耐心等候。大约又过了 20 分钟，才来了一位维修员，对电视机做了一番检查后，表示这电视机无法修理，离房而去。恼怒的客人打电话到客房部投诉。

案例分析：

完好的设施设备是客房优质服务的物质保证。一旦设施设备出现故障，又不能及时维修，就意味着饭店失去了自己的"产品"价值。要满足客人的住宿要求，离不开工程部门的配合。客房服务员要对客人的要求给予关注和服务跟踪，要迅速及时报告工程部及时维修处理，同时也要掌握客房设备的使用方法和简单的维修技能。

本章小结

本章主要展开分析了客房设备用品的概念、意义、特点、任务，介绍了设备用品的分类、使用、保养、采购、储存等有效控制的管理方法。显然，加强客房设备用品管理是保障客房经营活动正常运行，获得优质服务，提高经济效益的最佳手段。

关键词：客房设备用品管理 消耗定额管理 安全设备

复习思考题

1. 何谓客房设备用品管理？
2. 何谓消耗定额管理？
3. 加强客房设备用品管理有何意义？
4. 客房设备用品管理的任务是什么？
5. 客房设备编号应注意哪些事项？
6. 如何加强布草的日常管理与控制？
7. 使用电冰箱应注意哪些事项？
8. 如何保养洗衣房的设备？
9. 什么是安全设备？客房常用的报警器有哪些？
10. 客房设备用品储存量注意事项有哪些？

第六章　客房安全管理

● **学习提要**

一、客房部安全管理工作的概念、特点、重要性及基本原则。

二、客房安全管理工作的任务及其岗位职责 。

三、客房安全管理制度 。

四、客房安全设施的配置。

五、各种安全事故的预防与处理 。

六、客房员工的职业安全。

● **学习目标**

通过本章的学习，使学生了解客房安全管理的有关知识，熟悉各岗位职责，掌握各种安全事故的预防与处理，并能从自身做起，杜绝各类安全隐患，保证客房物品和住店客人的人身和财产安全。

第一节　客房部安全概述

饭店是为住店客人及社会公众提供各种服务并使之满意的场所。客房部不仅要以干净舒适的客房、齐全的服务项目以及服务人员热情好客的态度、娴熟的操作技能技巧来满足宾客的各种需求，使其乘兴而来，满意而归，同时，也决不能忽视宾客的一个最基本需求——安全。因此，要随时提高警惕，把安全工作放在客房服务工作的首要位置，保证客人的生命和财产安全。

一、客房安全的概念

客房安全是一个全方位的概念，不仅包括客人的人身、财产安全，而且包括客人的心理安全及员工和饭店的安全。有三层涵义；

(一)安全是指客房区域应保持良好的秩序和状态

在客房范围内，客人、员工的人身和财产以及饭店的财产安全不受侵犯。区域应当处于一种没有危险，也没有可能发生危险的状态。如果客房存在一些不安全因素，又没有相应的的防范措施，即使暂时没有发生事故，也不是真正意义上的安全。例如，客房内的电源插头损坏、电线裸露，浴缸无防滑措施，热水龙头过于灵敏，客房的门琐没及时修好，钥匙管理混乱安全通道堵塞，安全门方向无指示标志等。所以这些因素都可能会在一定条件、一定场合、一定时间内突然引发危险，造成人身伤亡和财产损失。因此，客房安全是指不发生危险以及对潜在危险因素的排除。

（二）安全不仅包括事实安全，也包括心理安全

事实安全是指不发生并且不可能发生危险的安全状况；心理安全则是指宾客对饭店安全程度的一种心理感受。

（三）事实安全与心理安全的关系是：

心理安全是由事实安全引发的。宾客对饭店有着心理安全感，是饭店安全状态长期稳定的结果，而失去安全感也必定是由于饭店的某些事件引发的。一个控制有效、秩序井然的饭店，宾客是不会有心理负担的，不安全的心理感受也是无从产生的。反之对与老是发生不安全事件的饭店，宾客心里当然不可能是踏实的。

事件安全和心理安全有着因果关系，但有时两者并不统一，在同一时间状态下如客人感到安全的时候，却并不一定是饭店最安全的状态，事实上，刚发生过安全事件的饭店，往往是最安全的，因为这时饭店必将从各个方面加以改进，防止再犯。然而宾客却有余悸，不安全的心理感受难以消除。由此可见，不安全事故发生对饭店带来的危害，不仅仅是事故本身所造成的损失，更严重的发生后一段时间内事故所带来的危害。

二、客房安全管理的特点

安全管理是一项繁杂、持久且专业性很强的工作，没有安全，一切服务也就无从谈起。安全管理的特点如下：

（一）不安全因素较多

饭店大多数为高层建筑，设备和结构复杂，用火、用电、用油、用气量大，易燃易爆危险品多，潜在不安全因素相对较高。

（二）安全管理责任大

饭店对保证客人生命财产具有义不容辞的责任。客人住店期间发生意外事故，不仅使客人蒙受损失，更重要的是给饭店声誉带来恶劣的影响，甚至要负法律上的责任，对饭店的经济损失是难以估量的。所以饭店必须加强防范措施，对安全要有高标准的要求。

（三）服务人员要具有安全意识

服务人员重视本身的安全条件外，对饭店的安全管理如防火、防盗、防爆等公共安全事件必须具备高度安全意识。由于客人居住的时间短，流动性强，随时都有任何突发事件，饭店员工必须提高警觉性，维护公共安全。住客的隐私度高。一些不法分子往往利用客房进行违法乱纪的活动，诸如吸毒、走私、卖淫、嫖娼、赌博等。这就要求服务员有观察、识别、判断和处理问题的能力。

三、客房安全的重要性

（一）安全是饭店经营的前提和保证

饭店经营要满足宾客消费需求，必须以保证宾客安全为基础。可以想象，一家老是发

生偷盗伤亡事件的饭店，即使其设施再豪华，服务再周到，客人也是不会光临的。可见，安全虽不是宾客消费的内容，但却是宾客消费的前提，因此也是饭店经营的保证。

(二)宾客安全是宾客基本、突出的需求

饭店的宾客来自四面八方，在陌生的环境中对安全的需求较之平时更为突出。客房是客人在饭店暂时的最主要场所和财产存放地点，是宾客的“家外之家”，客人对客房的安全期望值也最高，因此,客房必须是一个安全的场所。饭店有义务和责任为宾客提供安全和保护，以满足宾客安全的期望。

(三)客房安全是饭店工作的重要组成部分

饭店安全工作的范围很广泛，涉及饭店各个部分和各个角落。客房是饭店的主体，是客人住宿、生活的场所。危及客人人身财产安全的事件绝大多数发生在客房。因此，客房区域是饭店安全工作的要害部位，客房安全是整个饭店安全工作的重要内容。

四、客房安全管理的基本原则

(一)“宾客至上，安全第一的原则”

“宾客至上，安全第一”是饭店一切工作的基本指导思想，也是安全工作的根本出发点和最终归宿。无论是保安部工作人员，还是客房部员工，都要切实保障客人和饭店员工的人身以及财产安全。没有安全保障，一切工作就无法顺利进行，从这个意义上讲，安全工作是第一位的。

(二)“预防为主”的原则

所谓“预防为主”，就是集中主要精力做好积极主动的防范工作，防止案件和事故的发生。这是饭店安全工作的基点。预防为主，一要加强防范，堵塞各种空隙漏洞，不给任何违法犯罪分子以可乘之机，把违法犯罪活动制止在预谋阶段;二要定期进行安全检查，及时发现和消除各种不安全因素和事故苗头，把各类事故消灭在萌芽阶段。从一定意义上讲，衡量安全工作好坏的标志，不是首先看破案率的高低，而是看事故和案件发生的数量，该防止的是否已经防止了，不该发生的是否已经发生了。因此，预防为主是一种积极的预防，既要做好各种防范工作，又要对已经发生的事故和案件进行调查取证，通过查处，堵塞漏洞，改进工作，加强防范。

(三)“谁主管、谁负责”的原则

“谁主管、谁负责”就是分清层次，各司其职。客房部安全应该执行总经理领导下的客房部经理负责制。安全是一个综合性指标，实践证明，光靠一个安全部门，是很难把具体部门的安全工作做好做彻底的。因此，只有把工作的各项要求分解到各个部门，由部门经理包干落实，才能把饭店的安全工作做好。客房部的安全工作自然也应遵守这一原则。

(四)“外松内紧”的原则

“外松内紧”是安全工作的又一项重要原则。所谓“外松”，是指安全工作在形式上要自然，气氛要和缓，要适应环境，顺其自然。所谓“内紧”，是指要有高度警觉，做好密切防范工作，随时注意不安全和各种违法犯罪的苗头和线索，保证安全。“内紧”和“外松”是不可分离的统一体。其中，“外松”是形式，“内紧”是实质。只有“外松”而没有“内紧”，就无法发现和消除不安全因素，也就无法保证安全;相反，只有

“内紧”而没有“外松”，饭店的气氛就会非常紧张，甚至把客人吓跑。

（五）“群防群治”的原则

“群防群治”，就是依靠广大员工做好饭店的安全工作。员工是饭店的主人，最熟悉内部情况，深知不安全因素和薄弱环节。只有广泛依靠员工，才能采取切实可行的措施去堵塞漏洞，消除那些不安全因素。另外，住店客人与饭店安全有着直接利害关系，因此，发动依靠客人也是安全工作的一个重要方面。

五、客房安全管理的制度

（一）入住验证制度

无论国内或国外的客人，凡入住饭店必须持本人有效身份证、回乡主、护照、旅行证等证件登记入住。入住验证由总服务台负责，楼层服务台只负责查验总服务台签发的客人入住通知单，核对无误方可引领客人进房。

（二）来访登记制度

为维护饭店业的治安秩序，保障宾客的安全，政府有关部门对来访人员的来访登记作了规定。没有楼层服务台的，在楼层服务台设来访登记岗，由台班服务员负责来访登记工作；不设楼层服务台的，在总服务台设来访登记处，由总台服务员负责来访工作。

（三）跟房检查制度

凡客人外出或退房，必须由服务员跟查该房间三项情况。房间设备、物品是否损坏或损失；酒水是否饮用；是否有烟火隐患及其他的异常情况，并记录客人外出时间、跟房时间及签上名字。

（四）巡楼检查制度

要求每隔一小时，由服务员巡楼一次，注意检查五项内容。

1. 楼层上有闲杂人员，劝导闲留人员离开楼层。
2. 有无烟火隐患，消防器材是否正常；如有烟火隐患及通道卫生问题应立即解决。
3. 门、窗是否已上锁或损坏。
4. 房内是否有异常声响及其他情况。
5. 设备、设施有无损坏及是否情况设备损坏立即报修。

（五）治安事件报案制度

当遇有行凶、抢劫事件，团伙斗殴事件，发现爆炸可疑物品，或者发生爆炸事件或突发性事件，要立刻通知保安部和上级，或按报警铃，并记录好案发地点、时间和过程，控制人员，封锁现场，提供线索，填写报案表。

（六）火警火灾的报案制度

发现火警，楼层服务员立即报告饭店消防中心，并向上级汇报，控制现场，保证信息的准确联络。

（七）情况汇报制度

在客房所属范围内，涉及与治安消防有关的一切事情的苗头、倾向，必须及时了解，以书面形式记录所发生的时间、事情经过、涉及服务员的情况分析，立即向上级和保安部汇报。

(八)长包房制度

经常出入长包房(公司房)的客人必须有客人资料登记，并分类:房主;白天办公，夜间留宿人员;只白天办公的公司职员。此外，其他的客人都要进行来访登记。

(九)遗留物品处理制

凡在饭店范围内拾获的一切无主物品，视为遗留物品。任何人拾获，必须立即登记好拾获者、日期、时间、物品等。上交部门后，由部门登记造册，统一存放。凡私留遗留物品的，视为盗窃处理。

(十)交班制度

各当班人员必须有交班簿(表)，当班时认真填写好各项内容，签上自己的姓名。交班时，以书面内容为准，必要的项目用口头表达清楚。

(十一)财物保管制度

客人来保管贵重物品时，问清所住的房号和本人的姓名;请客人把保管的物品包装好，用透明胶封好袋口，并请客人在上面签名;把封好的物品放进保险柜，分别用A、B锁锁好;问客人要保管的天数，然后开保险箱匙号(保管单上写清客人的房号、姓名、保管天数、保管费额);把物品保管单连同保险B匙一起交给客人;把保险箱的A匙用袋包好存放(贵重物品的保管，一般由前台账务存放)。

(十二)服务员留宿制度

服务员非因工作关系不得在饭店留宿。如在饭店留宿，要向部门申请，登记好留宿人姓名、日期、地点等。服务员不得带非本店人在店及留宿。

(十三)客房失窃报案制度

一旦发现客房失窃，立即通知保安部，并立即停止一切操作，以保证第一现场的完好性，要控制人员进出，为有关部门提供一切可知情况。

(十四)设备的检查制度

落实对各项重型设备的定期以及不定期检查，如电力系统、锅炉、冷气系统的维修和安检，尤其饭店备有发电机，应定期测试，一旦遇有停电情况，发电机能够马上衔接供电，可以避免停电造成的恐慌。

(十五)留意住宿客人的房间情况

1. 是否有枪械等凶器。
2. 是否有违禁及管制的药品、毒品。
3. 是否在客房内烹煮食物及使用耗电的电器用品。
4. 房内有强烈异味。
5. 房内有否宠物。
6. 客人是否生病。
7. 房内是否有大量金钱或金饰珠宝。

六、安全设施的配备

为保证客人和饭店的财产安全，饭店管理人员必须认真考虑保安人员、保安设施及设备可靠性和有效性。饭店应配备必要的保安设施，明确各部门在保证客人安全方面的责任等。

（一）电视监视系统

为保护客人、饭店的财产安全而在外围控制方面所采取的措施中，监视也起了一定的作用。这一作用虽然主要依靠操作人员来发挥，但也可以通过使用各种设备予以加强或补充。电视监视系统是饭店较先进的监视设备。电视监视系统由电视摄像机、电视监视房、电视荧幕操作机台、录像等部分组成。它能较全面地掌握情况，如饭店的客流量，人员进出情况，可疑人、可疑事的情况，紧急情况等，都能通过电视荧幕显出来。但这一系统只在饭店有较严格的监视制度和观察的情况下，有能力作出反映时才是有效的监视系统。但由于这一系统的机械性、被动性，故在关键部门、部位还必须派保安人员加强巡逻。对于建立客房服务中心的饭店，电视监视系统是必备的安全设施，其摄像镜头（监视器或称电眼）主要分布在：

1. 前厅大堂

大堂是宾客集散和出入的重要场所，一般要安装大角度旋转的变焦镜头，并在大堂转门和店外广场分别安装固定视角的摄像镜头，以确保对这一区域情况的控制。一旦发现案情，监视人员可及时通知客房楼层进行监视，并立即向安全部报告。

2. 客用电梯

客梯升降时是封闭的，一出现故障或违法犯罪行为，受害人无法求援。因为，每部正常使用的客梯内均要装摄像镜头，发现可疑现象，即可定点录像取证和加强跟踪；如遇屏幕图像消失，要迅速采取措施，防止不法分子用胶布封贴镜头。客用电梯由于空间范围小，视角大，一般采用视野宽阔的广角镜头。

3. 楼层过道

设立客房服务中心的饭店，除了安全了工作人员的定期巡视外，不设专职的值台服务员。因此，均需安装摄像镜头，以保护住店宾客的安全，防止盗窃及其他不法分子或陌生可疑人员在楼面进行不法活动或骚扰住客。楼层走道视角小、视距大，应采用中、长焦镜头。

4. 公共娱乐场所

饭店的公共娱乐场所，例如，健身房、舞厅、游泳池等，是客人密集的地方，不安全因素存在的可能性大，有必要安装摄像镜头，以控制治安事件的发生。

5. 超级商场

超级商场特别是格局比较复杂的饭店超级商场，员工在视线范围内不可能观察宾客的购物情况。另外，超级商场往往采用开架导购的形式，容易发生偷窃行为。因此，在一定的角落安装摄像镜头，有利于对整个商场的控制。

6. 贵重财物集中场所

贵重物品保险柜、收银处、仓库等，是犯罪分子窥视的地方。配备电视监视器可及时发现案情，同时，如出现无关人员，监视人员应及时通知有关部门询问盘查。对形迹可疑、说不清来历意图的人，有必要采取一定的措施。

（二）通讯系统

为了对安全情况作出迅速反应，需要有一个能快速通知负责安全保卫人员的通讯系统。饭店管理部门应根据饭店的规模和结构布局选择适当的设备系统。通讯系统应能与饭店所有区域取得联系。饭店治安通讯系统主要有治安专用电话、BP 传呼系统和对讲机。

(三)安全报警系统

安全报警系统是由饭店在一些关键部位安装的各种类型的报警器联结而成的安全网络系统，其目的在于防盗、防抢、防爆等。

1. 常用报警器

(1)微波报警器。由一微波发射器向前发出一束微波信号，微波信号遇到障碍物就会被反射回来，然后由接收器接收。由于活动目标与固定目标所反射的微波信号频率不一样，微波报警器就会发出报警声。所以，微波报警器适用于发现动态的目标，一般不宜在室外使用。

(2)红外线报警器。任何物体都会发射出红外线，温度越高，发射的红外线越多，反之就越少。被动式红外线报警器就是根据这一原理工作的。当红外线达到一定数量时，控制装置就发出报警信号。由于受气温的影响大，这种报警器比较适用于气温宜人的春秋季节和有空调的场所，控制面积也不宜过大。主动红外线报警器由收、发和控制装置组成。发射装置发出一束红外线，当有物体穿越光束时，红外线被挡住，接收器接收不到红外线，控制装置就会发出报警信号。这种报警器受气候影响不大，控制距离长，比较适用于室外的直线墙、开阔地等。

(3)超声波报警器。超声波报警器由发射装置向控制区域发出超声波，只要入侵者进入控制区域，会被立即发现。超声波报警受气候和外界干扰较大，适用于密封性较好的仓库和比较安静的室内环境。

(4)声控报警器。声控报警器由一个特别敏感的话筒和放大器组成。话筒能接收极微弱的声音信号，放大器将这一声音信号放大后送入扬声器，使值班人员能清楚地听到现场活动的声音。声控报警器适用于室内，通常和其他报警器配套使用。

(5)其他报警器。开关报警器以开和关形成报警。微动式报警器一般适用于保险柜、贵重物品存放处等;磁控式报警器一般适用于门窗;金属条断裂式报警器除适用于门窗外，也可将金属条粘在玻璃上，玻璃易碎、金属条断裂，遂发出报警，也可利用其引线形成警戒防护网。

2. 饭店设置报警器的主要部位

(1)收存钱款。财务部、收银处、保险柜等部位一般都存放大量现金或资料，房间无专人值班看守，需要安装防盗防抢的报警装置。当白天发生抢劫时，工作人员可通过手掣报警;夜间发生盗窃会自动报警，以便采取紧急措施。

(2)贵重物品和财物集中处。仓库、商场、珠宝柜、展销厅等处，犯罪分子多会在夜间撬门或打碎玻璃入内偷窃。因此，这些部位的门窗应分别安装报警装置，与电视监控系统配套使用，效果更佳。

(3)消防通道。饭店的消防通道是无人看守的，客人一般也不会从这些通道出入饭店。因此，违法犯罪分子为逃避监视，常常利用通道出入饭店做案。有的饭店为防止这一漏洞，采取夜间上锁的方法，因此，解决这一矛盾的最好方法就是安装报警器和摄像镜头。

(四)客房保安设施

使用以下安全设备可使客房的安全得以保证，这些设备是:饭店的功能锁、安全链以及类似装置；在滑窗、阳台、毗连客房门所装的二道门控制；经营性窗口所装的控制装置；客房门上所装的“窥视孔”以及向客人详细介绍安全情况的标贴和通知。

1. 锁

客房门锁是保护客人和一个重要关键，饭店应选择坚固度强的门锁。坚固、安全的门锁和对锁的控制制度是饭店重要的措施。客房门锁主要分为以下两种，即普通门锁和电脑门锁系统。电脑门锁系统是目前较先进的门锁系统，也是国家旅游局倡导在全国推广使用的门锁系统，该系统安全可靠，客房的失窃率较低。电脑门锁系统的安装通常分为两类，一是独立运作，另一则是用电线直接连接到中央处理机。但无论是独立的或者连线的，门锁本身的程式都可以重新制订。而开启此种程式锁的工具则为锁匙卡片和复制锁匙两种：

（1）锁匙卡片。用以开启电脑门锁的锁匙卡片（也可称为卡片锁）主要有磁条卡片锁和打孔卡片锁。它们都是电脑化电子门锁系统中最新开发的。每一卡片各有其自己的程序密码。简单的说，每一电脑锁仅接受或容许一个特定的号码卡片开启它，而号码的数目字却有各种不同的组合方式。如果客人失落他原来的卡片，柜台职员可以在4秒钟内给他换发一张新卡片，那上面的号码也变了。此时，纵使那张失落的卡片落在他人手中也无法开启门锁，因为那种卡片已因程式号码的改变而完全无效。

至于打孔卡片锁的特性和功能，大致上和磁条卡片锁是相同的。但不同的是它可以用于一种定时的电子门锁系统。例如宾客住店登记时，通常要说明预定住店的期间或天数，此时接待员便在其客房的门锁系统中设定住店的天数。过了这一天，卡片锁即无法开启门锁，除非另行设定时间。

（2）复制锁匙。在电脑门锁系统中 除了上述的使用卡片锁开锁以外 还有一种使用复制锁的系统。所谓复制锁 系指其外观或形状上类似传统的锁匙，但它具有电脑作业系统的功能，可以配合那种能够重新制订程式的门锁，也就是所谓“可以重新制作程式的金属仿制锁匙”。这种匙锁的用法和功能是和上述磁条锁 卡片一样的，但其优点则在于住店宾客结账离店而将此种锁匙还柜台时，那上面的程式密码可以抹掉，并可重新制作程式而供后来的宾客使用。另外还有一种塑胶仿制锁，可以随用随丢，也可由宾客带走作为纪念品。这种锁的侧边有许多V字形刻痕，具有程式密码的作用。而它们的门锁都和中央处理机连线，可以鉴别各个锁匙上的刻痕所表示的密码程式。如果门锁和经理部的电脑系统连线，再连线到店中各个卖点的终端机，塑胶锁匙的用途就更大了。举例来说，住店宾客如果在本店餐厅用餐，或在其他卖点买任何东西，都可不必当时付账，仅需将他的塑胶锁插入终端机，他应付的账便会转到他的住房账单上，待离店结账时一并结算。

2. 窥视孔

考虑到客人在开房门前就知道来访者是谁的需要，门上应安装窥视孔。广视镜头的窥视镜能扩大视野，看到房门附近的走廊。窥视镜可以安装在门的下端以供坐轮椅的残疾人使用。

3. 客房通讯

饭店管理部门应考虑每间客房都有电视或其他通讯装置。客人可以利用房内电话或其他装置向饭店报告紧急情况或可疑活动，饭店也可用通讯装置通知客人发生了紧急情况(如火警)。

4. 房内安全须知

饭店要根据本店情况，提供房内安全须知，如一些饭店把安全和消防须知制作成录像带在饭店闭路电视上播出。此外，许多地方要求提供楼层平面图或注明客房与安全通道位置的须知卡。这种须知卡也列出发生火警时应采取的行动步骤。除消防须知外，应考虑在客房门上贴上安全须知，指导客人如何锁上房门，然后再上保险；告诫客人在未辩清来人身份之前不要开房门；介绍房内有否特别的安全装置；指出前厅是否提供保险箱以及饭店管理部门认为有必要列入的其他情况。

(五)消防监控系统

火灾是饭店安全的最大敌人。虽然火灾的发生率很低，但现代饭店大都为高层建设，一旦发生火灾，仅靠消防部门的救火能力和救火高度，是不能迅速扑灭大火的。因此，有关部门明确规定，饭店必须要建立自己的消防监控系统。饭店监控系统一般由火灾报警器、灭火设施和防火设施组成。

1. 火灾报警器

(1)烟感器。在火灾发生时发出的烟雾微粒对烟感器里面的电离子或光波产生干扰，烟感器就会发出警报信号。烟感器安装在4米以下的高度时，其保护面积为100平方米，适用于起火时烟多而升温慢的场所，如客房、餐厅、走廊等。

(2)热感器。在发生火灾时，因周围温度升高而启动报警，适用于发生火灾后温度迅速上升的场所。

(3)光感器。可以感受到火光的辐射而发出警报，比较适用于烟雾较少的火灾和易燃液体的起火。

(4)手动报警器。一般安置在每层楼的进口处和公共区域的明显地方。一般用玻璃罩罩住，当服务员发现火灾时，可以立即打开玻璃盖或打碎玻璃报警。

2. 灭火设施

(1)消防给水系统。由装备在消防栓箱内的消防栓、水龙带、水枪以及安装在饭店各处的自动喷水器组成。发生火灾时，可以击碎玻璃取出消防水枪，打开消防栓进行灭火(具体内容在第四章有详细介绍)。

(2)化学灭火器材。饭店除了装置用水消防灭火的设备系统以外，还必须配置各种化学灭火器材，用以扑救带电设备的火灾和重要文件档案、精密仪器、贵重物品以及油类火灾。饭店配置的化学灭火器材主要有酸碱灭火器、泡沫灭火器、二氧化碳灭火器、干粉灭火器和卤代烧灭火器。

①酸碱灭火器。这是最普通常用的灭火器，适用于一般固体物质的火灾，但不可用来扑灭油类及带电的电气设备火灾。其灭火原理是灭火器内碳酸氢纳溶液，遇强酸发生化学反应产生大量二氧化碳气体，形成强大的压力，通过灭火器喷嘴将水和气射向燃烧物。使用手提式酸碱式灭火器时，只需把筒身颠倒过来，上下摇晃几下(让筒内的酸、碱充分混合起化学反应)，筒内液体即喷出。

②泡沫灭火器。其基本原理与酸碱灭火器基本相同，不同的是在灭火液体中增加了发泡剂。使用时将筒身颠倒晃动即喷出带泡沫的液体。泡沫灭火适用于油类火灾和一般固体物质火灾和可燃液体火灾，但不适用于忌水火灾物质和带电的电气设备火

灾。在扑救油类及可燃液体火灾时，不要用泡沫直接喷燃烧液体，而是让泡沫轻轻覆盖到火焰上。

③二氧化碳灭火器 。二氧化碳是一种比较稳定的不燃烧、不助燃的气体，而且易于液化贮存在钢瓶中，用来灭火既可隔绝空气阻燃，又能在汽化过程中吸收大量的热量使燃烧物的温度骤降至燃点以下而停止燃烧，而且灭火后没有遗留物和痕迹，因此是一种有效和适应性广的灭火剂。凡是酸碱泡沫灭火剂能灭的火灾也适用，而且还适用于带电的低压电气火灾，对于贵重的仪器、设备、物品和档案资料等火灾更为适宜。但是，它不适用于钾，钠、铝、镁等金属火灾。在使用时，要把二氧化碳灭火器的喇叭式喷嘴靠近燃烧物，先喷旁边再喷中间。对装有阀门的灭火器，应先去掉铅封再打开阀门，装有手柄式阀门的要先拔去保险销再压手柄。

④干粉灭火器 。干粉灭火剂是以碳酸氢纳为主要成分的干粉和碱性钠盐干粉组成，是一种干燥的易于流动的微粒固体粉末，且有灭火效力高、速度快、无毒性、不导电、久贮不变质的优点。其性能与二氧化碳相仿，适用范围也基本相同。但是，由于干粉中的碱性的纳盐会残留下来，故不适用于精密仪器、电器设备、档案资料的火灾。使用时应在火场的上风处，将灭火器喷嘴对准着火处，拔去保险销 ，按下手柄（ 有的是提起拉环),瓶内压缩气体立即将干粉喷向目标。

⑤卤代烷灭火器。卤代烷由卤素（ 氟、氯、溴、腆 ）原子取代烷烃分子的全部或部分氢原子后的有机化合物的总称。卤代烷灭火剂灭火效力高，约为二氧化碳的五倍。灭火后不留残迹、毒性低、不导电，久贮不变质，凡能用二氧化碳、干粉、泡沫灭火剂扑灭的火灾都可用卤代烷，并特别适用精密仪器、电气设备、文件档案资料的火灾。使用时要在火场的上风处接近着火点，打开阀门，对准火焰根部 ，频频扫射，注意死角，以免复燃。

(3)防火设施。为了将火灾控制在一定区域，阻止火势向各处蔓延，以便于人员疏散和灭火求援工作，饭店都配备了一定的防火设施，主要有防火墙、防火门、防火卷帘、排烟系统、通风系统等。

第二节　安全管理的任务及各岗位职责

一、安全管理的工作任务

(一)负责制定安全制度

(1)负责制定饭店的各项安全管理制度。如治安管理制度，防火制度〈消防作战行动方案〉、保密制度，安全管理奖罚制度等等。

(2)协同各部门制定安全生产岗位责任制度和安全生产的培训，考核及落实检查制度。

(3)制定特别安全管理制度。如重要接待任务的安全措施，重大节、假日的安全管理制度。

(二)负责饭店的安全保卫工作

(1)在饭店范围内，注意防止犯罪。若发现饭店内有犯罪活动，要及时报告总经理及公安部门，并配合公安部门调查侦破各类案件。若店内员工在店外犯罪，同样要配合公安部门调查侦破案件，打击违法犯罪分子的犯罪活动。

(2)负责饭店范围内的治安管理和警卫工作。根据国家安全法规和饭店里的安全制度督导和检查责任人和部门的执行情况。

(3)负责督导和检查各部门的安全防火措施，加强对饭店消防设备、器材的检查与管理。

(4)负责管理饭店住客户籍，证件，贵重物品，及来访宾客登记。

(5)负责管理饭店有关治安工作的档案、资料。

(三)负责对饭店员工的安全教育、培训、宣传工作

根据形势和饭店各时期的中心任务，负责对职工进行治安知识、安全意识及法制观念的教育及宣传工作。

(1)根据酒店的实际情况定期对专职和义务消防人员，管理人员进行培训及考核。

(2)了解和掌握饭店员工的各种思想和表现情况，配合各部门做好违法乱纪人员的教育转化工作，防止犯罪。

二、安全部门的岗位设置及其职责

(一)保安部经理

1. 职权

(1)根据部属员工的工作表现情况，有权进行表扬或奖励、批评或处罚，有权提升或建议总经理提升工作积极、认真负责、业务熟练、有管理潜质的员工。

(2)有权调动保安，消防人员及其它部门人员对危急事件，如刑事犯罪、火警等事件进行紧急处理，防止事态扩大。

(3)对饭店治安保卫、消防等不够严密和完善的方面，有权向总经理建议，使其逐步严密、完善。

2. 职责

(1)对总经理负责，负责保安部的全面工作。

(2)对饭店治安、安全保卫工作负有重要的责任。

(3)负责对下属的员工进行考勤，考绩。负责对饭店治安安全保卫工作进行督导、检查和落实。

(4)对下属员工的素质、工作态度、业务能力、负有培训提高的责任。负责对饭店员工进行治安宣传教育。

3. 业务要求

(1)熟悉和掌握饭店内部治安情况，了解和掌握社会治安情况及其对饭店的影响，对治安工作要有敏感性，积极主动地做好治安保卫工作，防患于未然。

(2)善于策划饭店的安全保卫工作。在危急情况下能够沉着冷静，善于指挥，使危急事件能够得到迅速妥善的处理。

4. 工作内容

(1)协助各个部门制定安全岗位责任制，并代表总经理监督其落实。

(2)对饭店员工进行法制教育、安全生产教育、遵纪守法教育。

(3)治安检查 。

①检查保安员履行岗位职责情况。

②检查饭店大门前及大堂的安全情况。

③检查饭店公共场所、娱乐场所的安全情况 。

④检查饭店客房楼层、环境的安全情况。

⑤检查要害、危险部门及部位的安全情况。尤其要注意深夜后的饭店安全检查。

(4)消防安全检查 。

①检查消防设施、消防器材，如灭火器、烟感器、消防栓等是否正常、灵敏。

②检查危险部门、要害部门的消防工作是否落实。

③检查消防通道是否畅通。

④检查消防培训、消防考试的情况。消防安全检查要注意排除一切不安全的隐患，特别要注意深夜的消防安全工作。

(5)亲自策划重大节目、重要接待任务的安全保卫工作，届时一定要在饭店内值班、进行督导。

(6)积极配合公安部门调查和侦破酒店内发生的各类案件。

(7)了解和掌握酒店内部员工的情况，与人事部一起做好违法人员的教育转化工作。

(8)注意防止因自然灾害而造成饭店和宾客、员工的生命财产的损失。

(二)治安保卫部经理的职责

1. 职权

(1)有权调动和安排部属员工的工作。

(2)根据本部门员工表现的好差 ，有权进行表扬、奖励或批评、处罚。

2. 职责

(1)对保安部经理负责 ，负责治安保卫部的全面工作。

(2)对饭店治安保卫工作负有重要的责任。

(3)负责对部属员工的工作考勤、考绩工作。负责对各岗位治安人员的工作进行督导和检查。

(4)对部属员工的素质、工作态度、业务能力、负有培训、提高的责任。

3. 业务要求

(1)要有法律知识、法制观念。熟悉饭店情况，掌握饭店内部治安保卫的特点，对什么地方要设保卫岗，什么地方设巡逻岗，什么时间、什么范围内需加强保卫等，必须心中有数。

(2)善于策划饭店的安全保卫工作，在危急情况下能够协助保安部经理妥善处理危急事件。

4. 工作内容

(1)制定饭店治安保卫工作计划和措施，经保安部经理或总经理同意后负责实施。

(2)检查保安员的仪容仪表，巡查他们履行治安保卫工作职责的情况。

(3)治安检查。

①检查大堂、门前的安全情况，维护大堂、门前的正常秩序。

②检查公共场所，娱乐场所的治安情况，防止有人闹事。

③检查客房楼层、饭店坏境的安全情况，注意饭店和客人、员工的安全。

④检查要害、危险部门的安全情况，注意尽早排除隐患。

(4)特别注意深夜以后、重大节日、重要接待任务的安全保卫工作，要亲自值班，不可有一点疏忽和麻痹。

(5)注意防止因自然灾害或其它原因而造成饭店、宾客、员工生命财产的损失。

(6)注意对饭店员工进行法制宣传和教育，协助公安部门调查和侦破在饭店内发生的各类案件。与人事部门一起做好违法人员的教育转化工作。

(7)开好班前或班后会，做好交接班工作。

(8)写好安全日志，向保安部经理报告饭店治安情况和本部工作情况。

(三)消防中心经理的职责

1. 职权

(1)有权调动和安排部属的工作、在发生火警的情况下，有权调动饭店专职和业余消防人员紧急扑灭火灾。

(2)对饭店各部门的火情隐患，有权提出质询，有权建议改善防火设施，对员工进行防火知识的培训及考试。

(3)根据部属员工工作表现的好差，管理潜质的好差，有权进行表扬或批评，奖励或处罚，提升或撤换。

2. 职责

(1)对保安部经理负责、负责消防中心的全面工作。

(2)对饭店消防安全负有重要的责任。

(3)管好消防监视中心的各种设备、设施，保证监视中心正常工作。

(4)管理好饭店消防系统，保持它们的灵敏度。

(5)严格执行国家、饭店制定的有关消防安全工作的法规，自觉做好饭店消防管理工作。

(6)负责制定饭店防火安全管理措施并负责组织实施。

(7)负责防火安全的培训工作，组织专职和义务消防队员进行防火演习，每年至少组织全饭店管理人员进行两次以上的消防（灭火）知识及操作的考试。

(8)负责对部属员工工作进行考勤，考绩。

3. 业务要求

(1)具有消防专业知识、熟悉和掌握政府和饭店有关消防的法则和制度。

(2)熟悉饭店建筑布局、建筑材料的特点，消防通道走向、消防系统的布局、消防设备的配备和设置情况。

(3)在火警情况下能沉着冷静、有较强的应变能力，能迅速组织疏散人员和扑灭火灾。

4. 工作内容

(1)制定饭店发生火警时的工作方案，并以工作程序表的方式张贴在明显的地方。

(2)确定饭店重点消防工作对象，并和公安部门及有关部门共同制定灭火行动计划。

(3)建立消防安全工作资料档案。

①将饭店各部门，特别是重点防火部门，部位的情况，如人员情况、工作情况、周围环境情况、建筑特点、面积大小、防火水源、电源总闸的位置等等记述清楚。

②根据上述情况绘制灭火行动平面图。

③根据上述情况制定灭火与疏散行动计划。

(4)按饭店和公安局的有关规定，对饭店里的用电设备进行检查和监督。检查各部门消防工作的落实情况。

(5)按有关规定对饭店里的各种危险物品（易燃品、易爆品、化学毒品）实行监管。

(6)与在饭店施工的单位或个人制定防火安全措施和安全施工计划。

(7)巡查和检验饭店消防系统、消防设施、消防器材是否完好、有效，对损坏和失效的要及时更换。

(8)抓好消防人员专业知识的学习和培训工作，不断提高他们的业务能力和工作效率。

(9)抓好消防安全的宣传工作，要利用各个时机，各种场合下，宣传防火的重要意义，普及消防知识。做到人人重视防火，人人会使用防火器材，在危急情况下人人能够救火。

(10)每周向部门经理和总经理呈报防火安全检查报告。

(11)写好消防日志，向部经理报告工作。

(12)注意积累饭店治安工作资料。

(四)保安员的岗位职责

1. 对保安员的要求

(1)仪容要求总的按酒店“员工守则”的规定执行。要求着装整洁，仪容端庄，无体臭、口臭，女保安员要画淡妆。

(2)配戴要求:配戴系指腰带、肩章（有的酒店不用)，对讲机等等。配戴要整齐，执勤时要有精神，使客人感到既庄重又温暖。

(3)礼貌要求:对宾客要有礼貌，语言要亲切。无论是干预或劝解，态度都要和蔼，决不可凶神恶煞，使人感到缺少教养。

(4)责任要求:保安工作许多是流动性的工作，要有高度的事业心和责任感，忠于职守。对治安安全保卫工作要有敏感性，自觉、认真、负责地做好安全保卫工作。

(5)法纪要求:保安员要认真学习有关法规和各项政纪纪律，增强法制观念和政策、纪律观念，自觉地遵纪守法和执法。

2. 饭店正门前保安员的职责

(1)根据饭店的具体规定，放行客人出入店。对于一家开放的饭店，一般只要不是精神病患者、衣衫褴褛者、衣冠不整者、行迹可疑者谢绝入店外，其他均可准予入店。

(2)对来饭店的客人要彬彬有礼，无论是步行还是乘车来的宾客都要表示欢迎。乘车来的客人要协助迎宾员照料客人下车，若客人要求将车停在饭店停车场时要引领到适当的位置停放。若没有车位主动向客人或司机同志解释清楚，并介绍客人将车停到附近的公共停车场保管。

(3)对带有危险品、易燃品、易爆品入店的客人，要劝其交保安部代为保管。

(4)当“VIP”客人入店时，若需疏通车道、或有欢迎队伍，要在客人抵达饭店前十分钟疏通好车道和停车位置，维持好欢迎队伍的秩序，劝走围观的群众。客人离店时亦同，并提前调好车辆到门前准备迎客。

(5)对离店的客人要表示欢送，欢迎他们下次再次光临。对带大件和多行李离店的客人要有礼貌的进行查询，证实属于客人的行李者要予放行并帮行李员将行李上车。在离店客人较多而车辆不足的情况下，要与汽车服务部配合尽快 疏散宾客。

(6)本饭店员工不准由正门出入，若由正门出入者要扣留，查询其工作部门及姓名交部门教育，责其检讨，保安部可处以罚款或批评教育。

(7)门前保安员要不断学习、钻研保安业务、善于根据宾客的特点进行判断以便提高工作质量。

(8)门前保安员要切实做好门前的警戒，特别是夜间警戒，要注意车辆和行人的安全。人多时要注意防止失窃、闹事或斗殴，保证门前的安全。

3. 大堂保安员职责

(1)大堂是客人出入饭店的必经之地，人多情况复杂，保安员必须注意客人的动向，细心观察，保证饭店和客人的生命财产安全。

(2)要注意警戒在总服务台办理入住或离店手续的客人的行李不被人顺手牵羊拿走。

(3)维持大堂的秩序，对在大堂争吵、大声呼叫、到处乱串的客人要婉言劝止，保持大堂的高雅肃静。

(4)对大堂的一些公共设施要注意保护，不准客人随意刻画，敲击和损坏。大堂若设有宾客休息沙发的，对坐在扶手、靠背上的客人要劝其坐在沙发座上，不准在沙发上睡觉，保持大堂严肃文明的环境。

(5)大堂人多时，要注意警戒和观察，防止失窃，若发现可疑的人要及时报告保安部领导。

(6)夜深时要加倍警惕，特别注意警戒。

(7)不准与大堂无关的员工进入大堂。

4. 商场保安员职责

(1)对名贵商品，如名人字画、古玩、名贵陶瓷、玉石、金银首饰、象牙雕刻等要注意重点警卫，加强保护。

(2)在宾客在购物时，要注意，商品和宾客的钱包物品的安全。

(3)商场巡逻保安员要提高警惕、做到勤巡、勤查，发现可疑的人要密切注意监视，防止其进行犯罪活动。

(4)商场收市后，要督促检查商场职工是否已锁好货柜门和商场房间门、窗，夜深人静后要加强警卫，保证商场的安全。

5. 花园巡逻保安员职责

(1)保护花园里的花草树木、园林建筑、不遭损坏。对践踏草坪、采花折树的人要进行干涉、制止或处以罚款。

(2)宾客在花园活动时要注意警戒。拾到客人的遗失物品要及时转交客人或交保安部处理。

(3)深夜一点钟后，要清理花园，不准客人继续在里面活动，请他们回去休息。

(4)花园是供宾客活动休息的场所，本饭店非工作人员不准进里面活动，特别是不准穿工装在里面活动。

6. 娱乐场所保安员职责

(1)维持好售票秩序，特别是节假日、旅游旺季，在人多的情况下，组织客人有秩序地排队，不得争先恐后，注意安全，不准超限量售票。

(2)对娱乐场所要严格按文化部门和公安部门的规定进行管理，维持好娱乐场所的治安秩序，防止场内起哄、争吵、斗殴、捣乱和无理取闹。若有上述事件发生，要将肇事的双方带到场外或保安部妥善处理。避免造成坏的影响和妨碍其他客人进行正常娱乐活动。

(3)娱乐场所人多情况复杂，要密切注意场内动向，防止饭店和客人的物品被盗和遭受损害。若发现可疑的人要严加监视，发现违法犯罪分子要及时擒拿，保护饭店和客人生命财产的安全。

(4)场内若发生事故，如火警、爆炸等，要稳住客人，及时抢救并组织客人离开现场，有秩序的疏散，防止事态扩大。

(5)娱乐活动结束，让客人有秩序地离开场所后，要协同服务员清理好场地，检查有否客人遗留物品、危险品、火种。关好音响、灯光，锁好门后方可下班。

(6)不准本饭店员工进入娱乐场内参加娱乐活动。

7. 客房楼层巡逻保安员职责

(1)不准与住客和客房楼层无关的人员进入楼层或客房。已进入的，要劝其离开。对与住客有关而未办理来访登记手续的，要补办好手续后方可准其进入。

(2)检查客房安全管理的情况，有否不安全的因素，如住客离开房间，门是否锁好，房间通道有无不安全的因素。

(3)勤巡查楼层、发现问题要及时报告、及时解决。若发现可疑的人要注意监视并报告保安部经理。

(4)对违反饭店住客规定，在楼层或房间闹事、斗殴、损坏客房设施者先劝其冷静或将其带到保安部酌情处理。

(5)楼层若发生事故，如火警、盗窃、凶杀、爆炸等等，要沉着冷静，尽快报告保安部经理及总经理，安定住客，控制出事地点，迅速组织客人疏散，立刻进行处理和抢救，防止事态扩大。

(6)晚上十二时后要协勤楼层台班通知住客房间的访客尽快离开房间，检查防火安全门、楼梯门是否打开。

(7)保安员不得借工作之便使用客房设施，如在客房睡觉、看电视、听音乐、打私人电话、和客房服务员闲聊等。

8. 消防中心工作人员

(1)具有一定的消防专业知识和专业技能，熟悉业务。要有较强的防火意识和敏感性、自觉地、一丝不苟地做好防火工作。

(2)要熟悉饭店各种火警监视仪表、信号、开关的性能和作用。善于操纵和控制各种设备和消防器材。对仪表的使用与管理必须严格遵守规章制度，要定期维修保养，运行过程中若发生故障、要及时排除，要保证它的正常运行。

(3)负责检查和测试消防系统设施、设备的灵敏程度，定期进行维修、保养和更换。与各有关部门协同搞好饭店内消防设施和设备的维护、保养和测试，保证其完好无损。

(4)经常检查饭店各部门火情隐患，并督促、协助其及时整改和根除。对要害部门、危险部门、如液化站、油库、厨房、公共场所的灭火装置、楼层消防分机及报警器、排烟系统、呼叫系统等重要设备要定期检测。

(5)对重要的火警情况，或监视仪表发生故障，要详细记录时间、地点、程度、原因和处理结果，交班时要交待清楚并及时报告领导。

(6)值班时要密切注意主机和监视仪表信号，认真作好值班记录。值班人员要忠于职守，工作严肃认真，密切监视消防主机信号，发现火警信号应立即采取措施并向保安部经理和总经理报告。

(7)发现火警信号或接到火警报告要及时将发火地点、火势状况、燃烧物质、报告人姓名，抢救情况及时报告保安部经理和总经理，并以最快的速度向公安消防部门报警。作好详细记录，坚守岗位，随时了解和掌握情况。

(8)协助领导做好对义务消防员的培训工作，做好对管理人员的消防考试工作和对饭店员工消防知识的普及教育和宣传工作。

9. 特殊情况的安全保卫工作

(1)国家元首抵离店的安全保卫工作

①国家元首抵离饭店前要注意清理饭店大门前的无关人员，疏通行车通道，调好车辆，做好一切准备工作，迎接贵宾的抵离。

②贵宾到达时要加强贵宾行走或参观线路的警戒，前有开道的保安员，后有警卫的保安员，注意周围环境和人员的动向。

③贵宾在餐厅进餐，在会客室、接待厅或在其它场所休息、工作、观赏风光等等，要注意警戒，在一定的区域内，不准无关人员进入或接近，要做到内紧外松。

④贵宾用的饮食品，饮料要进行化验检查，注意新鲜、卫生，防止中毒。

⑤凡贵宾所到之处都要进行严格检查，如花槽内、桌下、天花板、地面、角落等有否危险品和不安全的因素。

(2)重大事故的保安工作

①饭店若发生重大事故，要沉着冷静，及时报告保安部和总经理，保护好现场，及时处理。若是火警要立刻抢救，进行扑灭。

②需要及时疏散客人的，要尽快打开安全通道和楼梯门，有秩序地组织客人进行的疏散，将客人尽快疏散到安全的地方。

③疏散客人过程中要注意安全，注意防盗。

④事故发生后要注意调查发生事故的原因，写出详细调查报告交保安部经理和总经理及公安部门处理。

(3)节假日的安全保卫工作

①在人们活动比较集中的场所要特别注意防盗窃、防斗殴、防闹事，注意客人的安全。

②注意走散的儿童及其他客人遗忘的东西。拾获客人遗忘的物品要交保安部代客人保管。帮失散的小孩找到他的父母和亲人。

③注意劝止到处丢烟头、杂物和随地吐痰等不文明的举动。

第三节 安全事故的预防与处理

一、火灾问题与处理

宾馆和饭店是供国内外宾客住宿、就餐、娱乐和举行各种会议、宴会的场所。现代化的宾馆、饭店一般都具有多功能、综合性的特点，集餐厅、咖啡厅、歌舞厅、展览厅、会堂、客房、商场、办公室和库房、洗衣房、锅炉房、停车场等辅助用房为一体，从而组成有"小社会"之称的综合性建筑。

(一)火灾的危险性

现代的宾馆、饭店抛弃了以往那种以客房为主的单一经营方式，将客房、公寓、餐馆、商场和夜总会、会议中心等集于一体，向多功能方面发展。因而对建筑和其他设施的要求很高，并且追求舒适、豪华，以满足宾客的需要，提高竞争能力。这样，也就带来许多消防安全问题，主要有：

1. 室内装饰装修标准高，使用可燃物多 宾馆、饭店虽然大多采用钢筋混凝土结构或钢结构，但大量的装饰、装修材料和家具、陈设都采用木材、塑料和棉、麻、丝、毛以及其他可燃材料，增加了建筑内的火灾荷载。一旦发生火灾，大量的可燃材料将导致燃烧猛烈、火灾蔓延迅速；大多数可燃材料在燃烧时还会产生有毒烟气，给疏散和扑救带来困难，危及人身安全。

2. 建筑结构易产生烟囱效应 现代的宾馆和饭店，很多都是高层建筑，楼梯间、楼梯井、管道井、电缆井、垃圾道等竖井林立，如同一座座大烟囱；还有通风管道纵横交错，延伸到建筑的各个角落，一旦发生火灾，极易产生的烟囱效应，使火焰沿着竖井和通风管道迅速蔓延、扩大，进而危及全楼。

3. 疏散困难，易造成重大伤亡 宾馆、饭店是人员比较集中的地方，且大多数是暂住的宾客，流动性很大。他们对建筑内的环境情况、疏散设施不熟悉，加之发小火灾时烟雾迷漫，心情紧张，极易迷失方向，拥塞在通道上，造成秩序混乱，给疏散和施救工作带来困难，因此往往造成重大伤亡。

(二)导致火灾的因素

宾馆、饭店用火、用电、用气设备点多量大，如果疏于管理或员工违章作业极易引发火灾;加之住店客人消防安全意识不强，乱拉电线，随意用火、卧床吸烟等也是造成火灾的常见现象，因此宾馆、饭店的消防管理十分重要，预防火灾的任务相当繁重。宾馆、饭店一旦发生火灾，损失都极为严重。如 1991 年 5 月 28 日，地处大连闹市区的大连饭店三楼起火，火焰通过楼梯通道，如同进入一个抽力巨大的烟囱，笔直升腾，几乎同一时刻沿着楼梯口向三至十楼迅速蔓延，切断了大楼主要疏散通道。被困在大楼内的中外宾客和服务人员难以逃生，经公安消防队从窗口登高，奋勇抢救. 从大火中救出 53 人，但仍有 6 人在火灾中丧生。从国内外宾馆、饭店发生的火灾来看，起火原因主要是:宾客酒后躺床上吸烟，乱丢烟蒂和火柴梗;厨房用火不慎和油锅过热起火;维修管道设备和进行可燃装修施工等严重违章;电器线路接触不良，电热器具使用不当，照明灯具温度过高烤着可燃物等四个方面。宾馆、饭店最易发生火灾的部位是:客房、厨房、餐厅以及各种机房。

(三)饭店防火措施

1. 客房、公寓、写字间

客房、公寓、写字间是现代宾馆、饭店的主要部分，它包括卧室、卫生间、办公室、小型厨房、客房、楼层服务间、小型库房等。

(1)客房、公寓发生火灾的主要原因是烟头、火柴梗引燃可燃物或电热器具烤着可燃物。发生火灾的时间一般在夜间和节假日，尤以宾客酒后卧床吸烟，引燃被褥及其他棉织等发生的事故最为常见。所以，客房内所有的装饰、装修材料均应符合《建筑内部装修设计防火规范》的规定，采用不燃材料或难燃材料，窗帘一类的丝、毛、麻、棉织品应经过防火处理，客房内除了固有电器和允许宾客使用电吹风、电动剃须刀等日常生活的小型电器外，禁止使用其他电器设备，尤其是电热设备。

(2)对宾客及来访人员应明文规定:禁止将易燃易爆物品带人宾馆，凡携带进入宾馆者，要立即交服务员专门储存，妥善保管。

(3)客房内应配有禁止卧床吸烟的标志、应急疏散指示图、宾馆客人须知及宾馆、饭店内的消防安全指南。服务员在整理房间时要仔细检查，对烟灰缸内未熄火的烟蒂不得倒入垃圾袋;平时应不断巡逻查看，发现火灾隐患或起火苗头应及时采取措施。

2. 电气设备

随着科学技术的发展，宾馆、饭店设备的电气化、自动化日益普及，因电气设备管理使用不当，引起的火灾时有发生。宾馆、饭店的电气线路，一般都敷设在吊顶和墙内，如发生漏电短路等电气故障，往往先在吊顶内起火，而后蔓延，并不易及时发觉，待发现时火已经烧大，造成无可挽回的损失。因此，电器设备的安装、使用、维护必须做到:

(1)客房里的台灯、壁灯、落地灯和厨房机电设备的金属外壳，应有可靠的接地保护。床头柜内设有音响、灯光、电视等控制设备的，应做好防火隔热处理。

(2)照明灯具表面高温部位应当远离可燃物;碘钨灯、荧光灯、高压汞灯(包括日光灯镇流器)，不应直接安装在可燃构件上;深罩灯、吸顶灯等如靠近可燃物安装时，应加垫不易燃材料制作的隔热层;碘钨灯及功率大的白炽灯的灯头线应采用耐高温线穿套管保护;厨房等潮湿地方应采用防潮灯具。

(3)空调、制冷和加热设备等要加强维护检查，防止发生火灾。

3. 安全疏散

宾馆、饭店建筑内应按照有关建筑设计防火规范设置防烟楼梯间或封闭楼梯间，保证在发生火灾时疏散人员、物资和扑救火灾。安全出口的数量，疏散走道的长度、宽度及疏散楼梯等疏散设施的设置，必须符合规定，严禁占用、阻塞疏散走道和疏散楼梯间；为确保防火分隔，楼梯间、前室的门应为乙级防火门，并应向疏散方向开启；楼梯间及疏散走道应设置应急照明灯具和疏散指示标志；应急照明灯宜设在墙面上或顶棚上，安全出口标志宜设在出口的顶部；疏散走道的指示标志宜设在疏散走道及其转角处距地面1米以下的墙面上，且间距不应大于20米。

4. 定期维修保养建筑消防设施，保证正常运行

通常应当设置火灾自动报警系统统、消火栓系统、自动喷水灭火系统、防烟排烟系统等各类消防设施。这些设施设在建筑竣工验收合格后，应设专人操作维护，定期进行维修保养，在万一发生火灾时，保证发挥其作用。

5. 实行消防安全责任制 宾馆饭店必须落实消防安全责任制，既要加强硬件设施的管理，也要加强软件管理。遵守各项消防安全管理制度，依法履行自身消防安全管理职责，定期组织防火检查隐患，加强员工消防教育培训，制定并经常演练灭火、疏散预案。

（四）火灾事故的处理

客房楼层发生火灾，服务员要保持冷静与镇定，机智果断的迅速采取措施，保证宾客的生命财产安全和饭店的安全，尽量减少损失。

1. 及时扑救，如果燃烧面积不是很大，可用水桶、灭火器等进行扑救。扑救时，应注意关闭所有电器开关、通风排风设备。如果发现客房门有烟冒出，应先用手触摸房门的温度，如果很热，千万不能开房门，以免火势蔓延。

2. 及时报警，应用报警装置发出警报，同时应用楼层通信系统，立即报告饭店消防中心和上级，视火情，值班经理决定是否拨打“119”火警电话。

3. 疏散宾客，如果火势不能控制，则应立即疏导宾客离开火场。具体步骤如下：

（1）开所有疏散楼道和安全门，关闭电梯。

（2）通知各楼层工作人员敲击、打开房门，帮助客人迅速离开房间并立即关上门。

（3）组织人员把守各楼梯口、路口，有步骤的引导客人从安全通道疏散，避免人流盲目拥挤，造成压挤死伤现象。

（4）分头检查每一个房间内是否还有客人。

（5）客人疏散完毕，工作人员迅速撤离现场。

4. 火灾逃生的办法

（1）选择最近的安全通道撤离。

（2）疏散时，随身带一条湿毛巾，经过烟雾区时，用湿毛巾捂住嘴鼻，以防有毒气体。

（3）经过浓烟区，能见度很低时，应弯腰或趴下沿墙壁匍匐前进。

（4）身上如若起火，千万不能奔跑，应把着火的衣服脱去或仍掉，如果来不及脱，可就地打滚。

（5）如身处高层，已无法下楼时，可往上跑至楼顶，站在逆风一面，等待营救。

(6)如疏散线路中断，应退回房间进行自救并等待救援。

(7)烟雾进入房间，用湿毛巾或床单沿着门缝塞上，以防烟熏。

(8)在浴盆里放满水，将所有易燃物品用水浸湿，若把洗头液和洗洁精混在水里，灭火效果会更好。

(9)如果房门或把手发烫，千万别开门，要不断往门和其他易燃物上浇水，以冷却降温，防止辐射燃烧。

(10)不可开窗，以防火焰从窗外窜入。除非房间内充满浓烟，为避免窒息，可开窗换气。

(11)在紧急情况下，可将床单拧成绳，从窗户进入下层楼的房间逃生。

二、盗窃事件的预防与处理

安全部门的主要职责是保护客人及其财产，以及饭店本身的财产。发生在饭店客房的偷窃事件主要与住客、外来人员及员工有相当关系。饭店良好的安全管理可以减少这类事件的发生。一般而言，房内未上锁、钥匙储存控制不良和平常的疏忽、缺乏警惕性，都是提供盗窃犯罪的温床。

(一)房间钥匙的控制与管理

客房钥匙控制关系到住客人身和财产安全，也关系住客隐私权的维护，而客房内的设备及贵重品又成为盗贼窃取的对象，所以客房钥匙控制是饭店保护财物安全的重要手段。

1. 钥匙的种类

由于钥匙的重要性与使用领域不同而分为3种：

(1)紧急钥匙

紧急钥匙能打开饭店的全部房间，甚至客人从房间内反锁亦可以打开。它必须小心存放，置于安全的地方。使用的时机仅在紧急必要的情况之下，例如火灾发生时，客人或是员工被锁在房间内，需及时打开协助等情况，客房服务员作业时并不需用到此种钥匙。

(2)主钥匙

主钥匙因使用的功能又分为3种：

①总钥匙：此种钥匙能够打开所有房间及客房储藏室，但如果房门反锁是无法打开的。不过它也使用于紧急必要的情况，所以通常总钥匙都存放在大厅柜台。

②区域钥匙：此种钥匙只能使用于数个楼层或饭店所划分的责任区域，由领班以上级别的干部使用，尤其是在楼层巡视时。

③楼层钥匙：此种钥匙只适用于单一楼层。当客房员整理楼层及客房时才使用。如果客房员需要到另一楼层工作，则要用另外一把能够适用该楼层的钥匙。它也能打开所适用楼层的储藏室。

(3)客房钥匙

这是给住客使用的单一的钥匙，所有客房钥匙均置于柜台，当客人办完住宿手续后，分发给客人使用，退房时交回给柜台。

2. 钥匙的控制与管理

做好钥匙控制的方式为：

(1)主钥匙的使用记录于“使用登记簿”里，登载内容包括日期、时间、使用人签名(领取与缴回均要签名)，分发与收回钥匙的人同时也要签名以示负责。主钥匙由客房中心负责管理。

(2)客房员只能在当班时领取和使用各楼层钥匙，下班离店必须缴回，不能随身带走。员工若违反饭店使用客房钥匙的规定，或遗失钥匙者，要承担过失责任。

(3)员工领取主钥匙要随身保管。饭店通常会分发钥匙链以连结钥匙，可系于腰带或挂于颈部。不可将之置于置工作车上、客房里或任何易丢失的地方。

(4)不可将主钥匙随便借予其他同事，因为既然签名领取它，就要负责保管到底。

(5)禁止使用主钥匙为客人打开房间。当客人要求服务员为其打开客房门时，应很礼貌地说明饭店措施，并请客人到大厅柜台请求协助。

(6)客房员整理房间时发现客房钥匙置于房间里应将之收藏在工作车的钥匙箱中，事后交回柜台，千万不可置于工作车上。如果工作车没有钥匙箱的设计，则应藏放于安全之处。

(7)当员工发现住客把钥匙插在门锁外边时要及时取出并交给柜台保管。

(8)工程部人员、行李员需进入客房，均必须由客房员开门，如果房间已是住宿房而客人外出时，客房员要待该员工完成任务后方可离开。

(二)要完善保险箱服务

为了方便客人使用保险箱，现在许多饭店在房间内设置电脑控制小型保险箱。这样可以免去在柜台出纳登记办理使用保险箱的手续，同时也减轻了前台对保险箱的管理负担。但仍有多数的饭店在柜台出纳旁设有保险箱的小房间，提供客人寄存贵重物品，确保客人财物的安全。

1. 客人申请使用保险箱的程序

(1)客人申请用保险箱时，先给客人一张空白登记卡，请客人填写每一项目，包括姓名、房号、日期、使用时间，并请客人签字。

(2)出纳员在电脑上查看房号，核对客人填写内容无误后签名。

(3)根据客人登记时所需的保险箱大小，确定所给箱号，取出钥匙交付客人，并告知客人保存好钥匙。

(4)告诉客人详阅保险箱规定事项，并提醒客人离店前将钥匙退还出纳处。

(5)当客人要求开箱时，先把登记卡找出来，让客人在卡上签名，与原签名核对无误后方可给客人开箱，经办人亦要在卡上签名。

(6)当客人要注销使用保险箱时，要求客人在卡的最底栏签名处签名，同时经手人也签名，并写上日期和时间，最后把卡放到离店客人资料柜上。

2. 为保证寄存保险箱业务的安全，必须注意下列事项

(1)当客人保险箱登记卡背面签字与原有签字不符时，应查看客人的房号，检查保险箱是否是现在签字人所使用的。

(2)如钥匙无误而签字不符，则应请客人稍候，马上通知客务经理前来处理。

3. 客人钥匙丢失的处理

(1)客人报失钥匙时，应在保险箱登记卡的背面请客人签字，并注明钥匙丢失，

以防他人日后冒领，然后由客房经理签字认可。

(2)注意客人动向，严防他人冒取。

(3)若客人没能找到钥匙并要求破箱取物时，除按规定赔偿外，再开启。

(三)盗窃预防与处理

客人声称丢失物品后仍应通知上述相关人员，以便统一做出适时处置。断绝客人和员工偷窃行为不是一件容易的事，但适当的预防可以避免这类事情发生。

1.员工的偷窃问题

饭店也存在员工偷窃的问题，如果不加以防范和正视，将影响营运的成果。其防治方法如下：

(1)主管应以身作则，才可有立场纠正和管理员工的不良行为，并应制定有关偷窃的责罚以便共同遵守。

(2)主管应对面谈应征的人员先做背景了解，是否过去有前科或劣迹记录，可向公安机关请求调阅资料。

(3)对储藏室做好控制管理可减少员工偷窃念头，对各项物品的进出须作好明细账，每月至少盘点一次。如果各项物品账目有异或短少，可能就是偷窃的征兆，应积极调查清楚。

(4)加强对员工的培训，以提高他们遵守法纪的自觉性。

饭店员工多，尤其是流动率高的饭店，新旧员工常常更替，应积极要求佩戴识别证，作为辩识人员的基础。

(5)防止员工或施工人员携带饭店财物离店。理想的员工停车场应稍远离饭店建筑物，至少不要设在建筑物的隔邻，以免员工偷窃得逞，亦可减少员工非分的意图。

(6)员工进出饭店应自动接受安全警卫的检查，不得从营业处所进出，携出公物要有主管人员的放行证明。

2.客人的偷窃事件

防止客人的盗窃事件发生，可采取下列措施：

(1)客房当班人员提高警觉，掌握客人出入情况，做好来访登记工作，注意观察进出客人携带物品情况。

(2)房态报表、交接班簿本对外保密。

(3)客房员整理房间时，将工作车停在打开的客房门口，调整好工作车的位置，使工作车上的床单等物品面对客房，防止被人顺手牵羊。

(4)对储藏室的管制与上锁，不可让客人自己进入储藏室拿取备品或布巾用品。

(5)加强楼层巡视。凡发现房门未关的，应提醒客人把门关好，钥匙插在锁头上的，要取出交还客人。

(6)客房中较有价值的东西如挂画、灯饰等，应该采用较大尺寸，以便无法将其装入行李箱中。至于客用备品或设施如冰箱、电视等，应打上饭店的标识，有助于打消客人偷窃的意图。

(7)客人可能带走浴巾、浴袍之类用品作为纪念品，而不视之为是一种盗窃行为，其他如闹钟、电视遥控器、文具夹等，客人顺手带走的确防不胜防，则应以房间价格来适度反映这些风险。

3. 盗窃事故的处理

客人的财物被盗以后，直接通知当地公安机关，称为“报案”，未向公安机关报案，而向饭店反映情况，称为“报失”。“报案”由公安机关受理，“报失”由饭店处理。但无论是报失还是报案，客房部员工都应采取积极协助的态度，及时向有关部门和上级反映情况，妥善处理问题。

(1)保持冷静，认真听取客人反映情况，在事情还没有完全弄清之前，不做任何结论性的意见，以免给以后的处理带来麻烦和困难。

(2)根据情况，分析是否确实被盗，并及时将情况安全部及其他有关部门。

(3)对确属被盗事件，听取客人的细节说明，详细询问丢失物品的特征。

(4)尽量帮助客人回忆来店前后有无查过、有无放错地方等。

(5)征得客人同意，在客人的陪同下对现场做一次彻底检查。

(6)征求客人意见，是否要求向公安机关报案，做好笔录，请客人答案签字，并保护好现场。

(7)报告值班经理，经同意后向公安机关报案。

(8)如盗窃财物涉及某服务员或有可能客人“自盗”，在未掌握确凿事实之前，不可妄下结论，以免损伤客人和服务员的自尊心，把事情闹大。

(9)采取“外松内紧”的原则，细心查访和找寻。

(10)将盗窃案件发案、查访过程及破案结果的材料整理和档案工作。

三、设备和人身事故的预防与处理

为了使客人在客房内住得更加安全，更加放心，必须消除日常服务中的不安全隐患，防止设备和人身事故的发生。

(一)设备和人身事故产生的原因

自然事故产生的原因是多方面的，有些是属于设备维修和更新不及时，有些则是由于员工违反操作程序工作检查不细，一时疏忽造成的。主要有下面原因：

1. 电器设备

(1)电冰箱内温度偏高或偏低，造成食品腐烂或饮料冻结引起客人投诉。

(2)电视机长期工作无人关闭电源，使机内部件过热导致失火。

(3)电源线长期磨损，插销磨损，导致火灾及客人触电。

(4)各种电源线(电话线、台灯线、电视天线等)露在明处，绊倒客人。

(5)房间顶灯、楼道走廊顶灯没有安装牢固，自然掉落。房间、楼道走廊照明不良。

(6)电器插座插头破损、松动。

2. 家具及设施

(1)洗脸盆、镜子、写字台等脱落，砸伤客人或员工。

(2)马桶不稳，摔伤、扭伤客人。

(3)写字台、椅子、沙发严重开胶、断裂。

(4)楼道走廊地毯、房间地毯凸起，绊倒、摔伤客人或员工。

(5)浴缸没有防滑设施，摔伤客人。

(6)玻璃窗活扇门开焊，自然掉落。

(7)热水瓶(或电热水瓶)底被氧化。

(8)房间各处拉手松动，各悬挂物不牢固。

3.其他不安全因素

(1)打蜡地板(楼道、房间)没有安全措施，摔伤客人。

(2)餐茶酒具破损后不及时更新，使用前也不检查，造成伤害。

(3)客人初次住饭店，由于服务员没有向客人介绍房间设备的使用方法，客人不会使用浴室水龙头，造成烫伤。

(4)卫生间地面、工作室地面积水过多，损坏、沾污物品。

(5)煤气锅炉、电热水炉、蒸汽炉等，在使用时严重违反操作规程，造成人员伤亡。

(6)卫生间地漏不畅通造成积水，客人滑倒摔伤。

(二)设备和人身事故的预防措施

1.加强安全意识。

服务员除平时工作认真、细心、负责外，对自己所负责的房间、卫生间还应做到：

(1)查：日常工作加强各种设备的维修检查。

(2)报：发现各种不安全因素及时报告。

(3)验收：各种设备更新、维修后坚持实施验收制度，避免出现漏洞。

2.加强维护和保养

(1)地毯：发现楼道走廊(或房间)地毯有凸起、卷边，要及时拉平。

(2)电源线：清理房间、卫生间时，发现各种电源线在明显处(易绊人的地方)要及时顺好，放在暗处；发现电源线有磨损之处，要及时通知服务台给予更新。

(3)木器家具：发现有松懈、开胶之处要及时更换、维修。

(4)电器设备：各种电器要经常检查，始终保持完好状态。

(5)各处地面：卫生间地面、房间地面、楼道走廊地面，在搞卫生时，要擦干、擦净、无水印。

(6)电镀设备：发现各种电镀拉手、水龙头等脱皮现象，要及时更换，防止扎手。

(7)打蜡：无论是房间或走廊地板打蜡，一定要安全第一，有客人的房间或楼层不要大面积工作，尤其禁止在住客人的房间打蜡，避免难闻气味影响客人休息，或者地面太滑，造成摔伤。

客房部服务在日常工作期间，必须严格执行各项操作规程，并做到规格化、标准化、科学化，防止出现不安全隐患造成事故。

(三)设备和人身事故的处理

设备和人身事故的后果是难以想象的，可能造成宾客(或员工)伤亡，也可能造成家具、设备严重损坏。因此，对设备和人身事故的应急处理是服务员必须掌握的业务技能。当宾客因事故致伤时，服务员应做以下几件事：

1.首先查清致伤的原因。

2.及时向上级主管部门汇报实际情况，听领导处理意见。

3.征求受伤宾客意见，是否立即联系医院或联系接待单位。

4. 如果客人伤势不重，在饭店疗养，服务员应热情关照，满足客人要求。

5. 客人致伤后，无论是住进医院还是在饭店疗养，有关领导应给予特别关照。

四、突发事故的处理

1. 遭遇抢劫的处理

遭遇抢劫时，服务员要镇定自若，立刻按报警铃。如果在服务台外，设法往服务台靠，按动手掣；如果在服务台内，要立即踩动脚掣。同时，要看清罪犯的面貌特征，并记住。此时，也可以先安抚稳住罪犯，不让罪犯有进一步行动，以等待救援。

2. 客人斗殴的处理

遇到客人斗殴，如果事态不是很严重，要力求劝开，等主管来处理，并在事情处理后劝客人退房或调换楼层，以防事后再引起磨擦。如果事态严重，要立刻按报警铃。

3. 醉酒客人的处理

饭店中客人醉酒屡有发生。这些客人，有的会大吵大闹或破坏家具，甚至打人；有时会随地乱吐，不省人事。遇到这类情况，服务员要保持理智，根据客人情况机警地分别处理。

(1)对轻醉客人，应适时劝导，安置其回房休息。

(2)对重醉客人，应协助保安人员，将其制服，以免扰乱其他住客或伤害自己。

(3)在安置醉酒客人回房休息后，客房服务员要特别注意其房间内动静，以免客房的家具及用品受到损坏，或因其吸烟发生火灾。

4. 突发性疾病的处理

当服务员发现住客突发疾病时，应立即报告客房部，同时采取应急方法，缓解病情。

(1)如果客人突发癫痫，口吐白沫，牙关紧咬，服务员可在其口中塞入布巾，以防其自伤。

(2)如果客人突发心脏病，不能随意搬动，应让其平卧，等待医生到来，采取急救措施。

(3)如遇客人食物中毒，服务员立即报告上级，以便采取急救措施。

(4)客房部接到服务员情况报告后，要立即与医务室联系，并赶赴现场，实施处理。

(5)如果伤病情况不严重，急救处理后，可安排医生来出诊，也可送客人去医院作仔细检查及治疗。

(6)如果伤病情况严重，应边急救边安排急救车送客人去医院。若以上工作都有困难，应立即叫救护车，并将客人的伤病状况告知医院，以便急救，决不可延误时间。

(7)事后，客房部应写出有关伤病客人的处理报告，写明伤病客人的姓名、国籍、住店房号、发病时间、地点、伤病情况及原因，并将处理过程与结果，呈报总经理，并留一份存档。

5. 客人死亡、意外受伤的处理

(1)当在房间发现不明原因的伤亡时，要保持镇定，不要大声喊叫。

(2)察看受害者是否还活着，立即报告上级及保安部，封锁楼层，控制现场。

(3)保安人员到达现场后，立刻提供情况，包括有关时间、地点、当事人的身份、国籍、房号等，以便弄明情况后进一步向上报告。

(4)如客人未死亡，则应及时送医院抢救。

(5)如客人已经死亡，要立即向公安机关报案，并加派保安人员保护现场，等待公安人员前来处理。保安部值班主管还要填写死亡客人登记表。如果死者是外国人，应通知外国驻华使馆或领事馆。

(6)对客人残废的情况，只向公安机关和上级管理部门报告，不得向外透露。

6. 对住客违法行为的处理

由于客房具有高度的隐私性，一些人往往利用这一点在客房内进行违法乱纪活动。诸如进行吸毒、贩毒、走私、卖淫、赌博等。客房部必须加强对员工的安全保卫意识的培训，提高他们的观察、识别、判断和处理事件的能力。一旦发现有述行为，要及时报告，并加强对楼层的控制。在公安人员进入楼层后，要主动协助开展工作，并提供情况。

7. 突然停电的处理

停电事故可能源于外部供电系统故障，也可能源于饭店内部设备故障。饭店对此设有应急措施。一旦发生停电事故，应按以下办法处理：

(1)当值员工安静地守在各自的工作岗位上，不得惊慌。

(2)及时向客人说明是停电事故，告知正在采取紧急措施恢复供电，以免客人惊慌失措。

(3)如在夜间，应用应急灯照亮公共场所，帮助滞留在走廊及电梯中的客人转移到安全地方。

(4)加强客房走廊的巡视，防止有人趁机行窃，并注意安全检查。

(5)防止客人燃点蜡烛，避免引起火灾。

(6)恢复供电后，要检查各种电器是否正常运行，其他设备有无被损坏。

(7)做好工作记录。

第四节　客房职业安全

客房服务员在清扫整理房间或进行其他项目的清洁作业过程中,必须注意安全,严格遵守饭店的安全守则,杜绝事故发生。事实证明,大部分的事故都是由于服务员不遵守操作规程,工作粗心大意、不专、精神不集中造成的。因此,所有当值服务员无论进行什么工作,都必须提高警惕,防止发生事故。

一、造成事故的主要原因

1. 进房间不开电灯。
2. 把手伸进垃圾桶里。
3. 清洁浴室时没有注意到云石台上有剃须刀片。

4. 挂浴帘不使用梯形凳,而是站在浴缸的边缘上操作。

5. 搬动家具时不小心被钉子或尖锐处刺伤。

6. 没有留意地面的玻璃碎片。

7. 插头的电线没有靠墙角放置,电线绊倒了人。

8. 工作时精神不集中,粗心大意。

9. 缺乏安全意识,工作中不遵守安全操作规程。如擦高层玻璃窗不系安全带,或由于梯子破损,使用前又不检查,造成摔伤。

二、安全操作须知

1. 在饭店范围内不得奔跑。

2. 对湿滑或有油污的工作地带,一经发现应立即抹去,以防滑倒。

3. 员工制服不宜过长,以免走动中绊倒。发现鞋底过分平滑时要换鞋。

4. 取高处物品,应使用梯架。

5. 举笨重的物品时,要用脚力,勿用背力。

6. 保持各种设备和用具完整无缺。有损坏的物件切不可再用,要及时报告上级,尽快修理。

7. 发现公共地方照明系统发生故障,要立即报告有关部门,尽快修复,以免行人发生碰撞。

8. 在公共地方放置的工作车、吸尘器、洗地毯机等,应靠边停放,电线要整理好,不能妨碍客人和员工行走。

9. 所有玻璃或镜子,如发现有破裂,必须立即报告有关部门,及时更换;对暂时不能更换的,也要用强力胶纸贴上,以防坠下。

10. 清洗地毯、地板时,切勿弄湿电源插头和插座,以防发生漏电。

11. 卫生间内及露天花园的地板、楼梯等处不宜打蜡,以防滑倒。

12. 在玻璃门挡眼处要贴上有色条,提醒宾客或员工,以免不慎撞伤。

13. 卫生间热水龙头要有使用说明提示。

14. 家具或地毯如有尖钉要拔去,以防刺伤人。地板有洞或崩裂,要尽快修理。

15. 清理碎玻璃及一些尖锐物品时,要用垃圾铲,勿用手捡拾。处理时,应与一般垃圾分开。

16. 开门关门,必须用手推拉门锁,勿用手推拉门边,防止轧手。

17. 不要将燃着的香烟弃置在垃圾桶内。

18. 手湿时,切勿接触电器,防止触电。

19. 经常留意有无危险的因素。

20. 放置清洁剂、杀虫剂的仓库,要与放食物和棉织品的仓库分开,并要作明显的标志。

三、安全操作的措施

1. 真空吸尘器、磨光机等器具的连接装置必须安放在地上。

2. 工作台车应装有宽大的车轮,以便推行。装载较重物品时,应用双手推车,特别在铺有厚地毯的走廊上更应如此。

3. 搬运床椅等笨重物品,应有两人以上合作。

4. 擦洗地面时,应在擦洗区域设置告示,如“谨防地滑”的标牌,或用醒目的绳子将该区域围住。

5. 高空作业一定要系安全带。

6. 当使用较浓的清洁剂时,应带上手套,以免化学剂腐蚀皮肤。

四、安全方面的自我防护

客房服务员绝大多数都是女性,脑筋在工作中要有自我防护意识, 在实施对客人彬彬有礼, 热情主动服务的同时, 要始终与客人保持一定的距离。如客人召唤入房, 要将房门打开;如客人关门, 要保持警惕;客人请坐时, 不要坐下, 更不要坐在床上;尽量找借口拒绝客人邀请外出, 不要轻信和陶醉在客人的花言巧语中而失去警戒;下班后, 不得到客人房间串门;客人要求与你合影时, 要尽量谢绝,实在盛情难却时, 也要拉上几个同事一起照;若客人耍流氓时,应高声呼叫, 尽力反抗;摆脱不了客人的纠缠时, 可按报警铃求救。

【案例 1】

有一天客房服务员正在打扫着 1802 房的浴室门敞开着工作车置于楼层走廊中,客房员一边轻声哼着歌曲一边清洗浴缸。这时一名在饭店多次作案的惯窃轻手轻脚地溜进房间坐在床上大模大样的假装打电话。服务员清洗完毕看到房内有人以为是住客回来了不宜打扰于是退出房间关上了房门。于是惯窃就在房内有恃无恐的作案撬开客房小保险箱偷走了现款和有价值的物品随后迅速离开房间。晚间客人回来发现失窃立即报案。在当地派出所的协助下逮着了这名惯窃追回赃物但是这件事已严重损害了饭店的名誉。

案例分析 :

1. 客房服务员必须具备高度的安全意识确保客人的生命和财产安全这是饭店职工的基本责任。该服务员的安全意识低毫无警惕性, 见到客人回到房间没有主动打招呼问好并确认他是否是该房住客, 假若客房员能及时了解“客人”身份可能可以避免这场窃案。

2. 客房员没有按照操作规程去做将工作车堵住房门可防止小偷和闲杂人员乘机混入。服务员发现房间有客人应主动征求意见是否是继续做清洁工作并礼貌地请客人出示住宿证件〔或是钥匙卡〕就不会给不速之客作案机会。

【案例 2】

1997 年 1 月 29 时左右, 东海渔村海鲜酒店保安员雷文革准备用酒精炉煮东西吃, 拖酒精炉时, 酒精洒泼到手上及桌面台布上, 点火时引燃酒精炉和手, 雷顺势把酒精炉朝地下甩去, 酒精洒泼到方桌和过道的地毯上起火, 雷慌忙用方桌上的台布去扑打, 结果越打越大, 并迅速向四周蔓延, 很快引燃了窗帘, 雷看到大火已无法扑灭, 扔下桌布呼救逃生。消防支队5时8分接警后，立即调出三中队2辆消防车，5时12分到场，此时燕山酒家东向烟雾较大，火焰直向窗外窜，不少人员被困，指挥员根据火场情况，在组织扑救的同时请求指挥中心增援。指挥中心迅速调出一中队2辆消防车赶赴火场，并报告支队战训值班员和总值班。值班首长在赴火场途中，用对讲机调动专勤队3辆消防车、一中队1辆登高车和1辆14吨大型水罐车赶往火场增援，到场时火势已猛烈燃烧，有的被困人员跳楼。随即增调四中队、五中队、六中队、二中队、铁路机务段队、长纺专职消防队增援。同时，通知用电管理所、煤制气供应所、市自来水公司等单位协助灭火，并迅速向上级报告。大火于6时左右得到控制，7时被完全扑灭。

火灾损失：死亡40人（当场烧死8人，在送医院途中抢救无效死亡32人），重伤27人，轻伤62人，烧毁建筑997平方米以及空调、卡拉OK机、冰柜等财物，直接财产损失97.2万元。

案例分析：

1. 火灾原因：

火灾系酒店保安员雷文革，违章使用酒精炉所致。

2. 主要教训：

（1）内部管理不严，火灾隐患多。长沙燕山酒家及湖南东海海鲜酒店对消防工作极不重视，开业以来，对职工既未进行过防火安全教育，也没有建立健全必要的消防工作制度，内部管理混乱，火灾隐患较多，员工缺乏基本的消防常识，消防观念淡薄，严重违反消防规定的行为（如夜间值班用酒精炉煮食、不关厨房液化气罐总阀门等等）屡屡发生。

（2）消防设施设置不合理，管理不善，使用不当。一是消防水泵断电后不能启动；二是报警系统长期末检修，起火时报警功能失灵，不能及时警示员工和客人迅速疏散；三是2至7楼没有安装应急灯，安全门上方也未标明“出口”标志，紧急情况下不便于人员疏散；四是未经消防部门同意，擅自将三楼北向楼梯间通道堵死，南向1至2楼楼梯间被杂物堵塞，起火后抢救、疏散工作严重受阻。

（3）主管单位不认真履行管理职责，放任自流，缺乏有效的管理措施。

（4）报警迟，贻误了战机。肇事者发现起火后，不是及时报警，而是先扑救，当发现火灾越救越大时，便只顾逃命没有报警；保安员也是先上楼扑救，等火无法控制时才报警。

（5）消防设备严重缺乏。长沙市只有1辆消防登高车，既要灭火又要救人。另外，公共消防设施严重不足，燕山酒家东向长岛路无一个消火栓，北向八一西路距燕山酒家110米左右才有一个不能使用的消火栓，最后只好到长岛饭店门口的消火栓接水灭火。

本章小结

人身和财产安全是客人入住饭店需要考虑的一项重要因素，客房部必须在安全工作上加强管理，让客人住的放心，必须让全体员工加强安全意识，以预防为主，内紧外松，让客人在轻松、愉快的环境中高兴而来，满意而归。

关键词： 客房安全 安全管理的特点 安全管理的重要性
安全管理的基本原则
安全管理制度 安全设备 安全事故的处理与预防 职业安全

复习思考题

1. 事实安全与心理安全的关系是什么？
2. 客房安全管理的特点是什么？
3. 客房安全管理的基本原则是什么？
4. 客房安全管理要建立哪些有效的制度？
5. 客房主要有哪些安全设施？
6. 如何预防火灾的发生，一旦发生火灾应如何处理？
7. 如何管理客房钥匙？
8. 发生盗窃事件应如何处理？
9. 员工在工作中应注意哪些操作事项？
10. 案例分析：

根据下面的案例谈一下自己的看法，并说出理由。

1998 年 10 月，吴先生之女吴小姐办好一切住宿登记手续后入住某宾馆 4 楼客房，当天晚上，一凶犯潜入某宾馆将吴小姐杀害。事后通过录像等监视系统发现，该凶犯于作案前曾七上七下宾馆楼梯以觅下手机会，得逞后穿着吴小姐的大衣从容出逃，某宾馆保安人员严重失职。目前凶犯在逃。吴小姐之父吴先生认为该宾馆未尽到合理的保护顾客人身安全的义务，致使其女儿生命权益受到侵犯，于是一纸诉状将该宾馆送上了被告席。对此事件有 3 种不同的看法：

第一种看法认为，宾馆无须承担赔偿责任。他们的理由如下：其一，宾馆的确存在对房客人身安全的保障义务，但这种义务是有限度的，主要包括宾馆自身提供的饮食必须洁净、电器不会突然爆炸等一切宾馆内在的设备无安全之忧。至于由于外在的力量，如地震、凶犯潜入而致房客人身或财产受到损害，宾馆则无赔偿的义务，因为宾馆本身并不是侵权人。其二，退一步而言，即使宾馆负有义务，但房客一旦入住客房，该客房即成为私人空间，宾馆无权也不可能对宾馆内暂属于私人空间里的事情进行干涉。

第二种看法认为，某宾馆须承担部分赔偿责任。因为《消费者权益保护法》第 7 条明确规定，消费者在购买、，使用商品和接受服务时享有人身、财产安全不受损害的权利。吴小姐在接受该宾馆服务时人身权利受到了侵犯，宾馆保安玩忽职守，该宾馆自是难辞其咎，理应给予赔偿。但同时，由于造成吴小姐的被害有在两个独立的行为：其一是凶犯的杀人行为，其二是该宾馆保安的疏忽行为。由于行为人主观上并没有共同的故意，所以只能分别追究行为人各自相应的赔偿责任。

第三种看法认为，该宾馆作为一家上星级的宾馆，其提供的服务理应包括安全的住宿环境，但结果由于其保安的失职行为，致使房客被害，应视为宾馆的服务中存在加害给付行为，应承担全部赔偿责任。

第七章 主题客房和绿色客房管理

● 学习提要

一、主题客房的性质特点。
二、主题客房的设计要点。
三、主题客房的服务功能。
四、主题活动的设计。
五、绿色客房原则。
六、绿色客房管理。
七、绿色饭店标准、评定条件。
八、21 世纪客房发展趋势。

● 学习目标

通过本章学习，使学生了解随着社会发展的快速递进，人们的消费需要和消费层次日益朝着高消费和个性化迈进，主题客房、绿色客房以及未来发展的数控客房是人们争相推崇和喜爱的产物，把握客源需求、满足个性需要、推崇时尚消费、创建行业潮流是每一位酒店经营者的追求，也是酒店消费者的向往，掌握本章内容有利于酒店经营者更新经营理念，把握经营方向，改进管理方式，达到双赢目的。

“可持续发展”是未来人类所追求的自然、社会、经济、文化等的发展模式和发展的目标，饭店产品的更新也随着出现日新月异的变化，人们已经明显感觉到“标准房”带来的乏味，曾有一位美国客人感叹中国饭店客房模式的单调，无论到哪个城市，入住哪家饭店，早晨醒来环顾四周，总以为身在同一家饭店的同一间客房。“标准房”代表整齐划一，便于饭店管理及定价，但是标准划一、源自同一模子的产品已经无法跟上“个性化”时代的脚步，社会进入 21 世纪，符合可持续发展的主题客房、绿色客房将受到酒店经营者和消费者的普遍推崇和欢迎，房内的各种设施、设备及装饰、摆件亦将随着人们的需求不同而改变。

第一节　主题客房

主题饭店的概念起源于主题餐厅，最早在美国等地发展起来，著名的迪斯尼度假俱乐部、太阳国际度假公司等都是经营主题饭店的专业机构。近年来，主题饭店地域上呈现全球化分布趋势，并且，可供选择的主题也趋向多样化，从原来单纯与地理环境特征相一致的主题发展到音乐、博彩、高尔夫、历史传说、体育活动等各种主题。客人需求的个性化以及饭店产品的成熟促使饭店走向多元化、专业化，主题客房则是饭店迈进主题化经营的初步尝试。它对于今后饭店产品的发展具有非常重要的意义，它具有一般客房不同的性质和特点。

一、客人需求与主题客房

饭店提供的服务是无形的，服务的质量最终是由客人评价的，客人评价服务质量的标准是能否满足客人的需求。而客人的需求又是千差万别的，既有共性的又有个性的，要使服务质量提高层次，必须满足客人的需求，因此，不同主题、不同内容、不同风格、不同形式的各种客房将成为客人的新宠，也是饭店竞相显示文化魅力的又一舞台。

（一）客人需求的个性化

1. 客源结构与层次日趋丰富

饭店所面临的客源结构日趋复杂，客人消费层次有高有低，以往的饭店主要接待国外商务和观光客为主，饭店的客房形式多为向西方学习的标准间西式床，而对客人而言，他们更希望在客房内也能够有一些新奇的享受和经历，能有一些与众不同的收获和感受。因此，饭店应开发各类具有个性色彩的新概念主题客房，塑造客房卖点，满足不同客人的偏好。

2. 客人消费由基本需求向高层次发展

与传统饭店相比，主题饭店有不可比拟的优势。“清洁卫生安全舒适”是客人对客房的基本需求，二十多年来，我国的人居情况发生了天翻地覆的变化，人们的经济势力的增长，使他们的需求向更高层次迈进.“现代化的人居环境”、“居住的文化”、“智能大厦”是人们的高层次追求，饭店更应拿出实际行动，提供“精品”客房，既满足人们的基本需求，更能满足客人高层次的需求。

3. 个性“张扬”的时代

21 世纪是从崇尚个性的时代，各种各样的消费品从单调、雷同向新颖、独特发展，不仅增设了许多新产品，而且花样繁新，品位高雅。饭店产品属于高消费产品，客房是客人的主要消费区，如能提供个性设计独特、文化品位高雅的客房环境，就能深层次的满足消费者的“个性”需求和得到自我实现的满足，体现饭店更深层次地关怀人、尊重人，同时也体现饭店产品本身的个性。

（二）主题客房的定义及性质特点

1. 定义

主题饭店也称为“特色饭店”，是以某一特定的主题，来体现饭店的建筑风格和装饰艺术，以及特定的文化氛围，让顾客获得富有个性的文化感受；同时将服务项目融入主题，以个性化的服务取代一般化的服务，让顾客获得欢乐、知识和刺激。历史、文化、城市、自然、神话童话故事等都可成为饭店借以发挥的主题。主题饭店的推出在国外已有近50年的历史。1958年，美国加利福尼亚的Madonna Inn率先推出12间主题房间，后来发展到109间，成为美国最早、最具有代表性的主题饭店。目前世界上的主题饭店以美国的“赌城”拉斯维加斯最为集中和著名。拉斯维加斯的主题饭店具有规模大、层次多、变化快的特点，它们充分利用空间和高科技的手段，配以大型的演出，使饭店增色不小。拉斯维加斯是饭店之都，更是主题饭店之都。主题饭店作为一种正在兴起的饭店发展新形态，在我国的发展历史不长，分布范围目前也仅仅局现在饭店业比较发达的广东、上海、深圳等地。我国第一家真正意义上的主题饭店，是2002年5月在深圳开业的威尼斯酒店。

主题客房比普通的客房更具有针对性，是运用多种艺术手法，通过空间、平面布局、光线、色彩、多种陈设与装饰等多种要素的设计与布置，烘托出某种独特的文化气氛，突出表现某种主题的客房。主题客房专门针对中高档商务客人及重要宾客。主题客房不但在硬件实施上进行了全面的升级改造，而且在软件的配套上也实现了升级上档的人性化服务。大到免费上网的电脑配置，根据客人需要的高亮度照明，小到专用的水杯、雨伞、浴衣以及房间的绿色植物和中英文报刊，都为满足客人之需力求尽善尽美。另外，对于入住主题客房的贵宾，还能享受一系列的VIP级的个性化服务。

2. 性质特点

（1）独特性

主题客房具有其它普通客房全然不同的环境气氛，凭借独特的陈设装饰与布置，给人以全新的感受. 千篇一律的标准房早已让人乏味，客房产品的设计一样可以“量身定做”，并展现出与众不同的空间感觉，让人过目不忘，留恋往返。

（2）文化氛围浓厚

主题客房的文化气息渗透于整个房间的各个细部中，从客房的名称、客房的设计风格、客房的陈设装饰上体现出来，让客人感受到深刻的文化内涵，沉浸在主题客房的文化氛围中。饭店还可根据不同历史时代的人文现象进行主题的选择和设计，这种人文现象既可以是现代的，也可以是历史的，甚至是远古的，抑或是未来虚拟的，如史前客房、未来主流客房等；饭店更可以形形色色的文化作为主题切入口，设计各具特色的文化客房，如电影套房、摇滚之夜套房、小说客房等。

（3）针对性

主题客房因其所表达的主题与个性不同，吸引着不同的顾客群，同时也可以为有特殊需求的客人“量身定做”，从而满足客人的理想选择。饭店可以根据目标市场的一些个性需求和偏好设计不同的客房产品，这些客房产品包括老年客房、青年客房、新婚客房、单身女性客房、儿童少年客房等；饭店也可因地制宜，通过挖掘不同的地域文化，开发各类"民俗客房"，如民俗风情客房、乡村风格客房、海底世界客房、世界风情客房、太空世界房等。

二. 主题客房的设计要点

（一）以客人的年龄、性别、职业为主题

1. 老年人客房

21世纪，人类进入了老龄化社会。新加坡的《联合早报》曾报道：由于人均寿命的延长和人口出生率的下降，21世纪的老人数将大为增加。目前，老年人和其他人的比例为1∶14，到2030年就会成为1∶5；另具预测，到2012年，超过65岁以上的老人将占美国总人口的一半以上；中国65岁以上的老人已占全国总人口的6.96%。老年人比上班族更具有空闲时间，他们在饭店中相对滞留时间长，大多在店内消费。为了适应老年人的需求，可根据其特点，在客房的装饰上，突出传统的民族风格，配以字画、摆设等装饰。在色彩上用暖色调为主，多用调和色，少用鲜明的对比色。配置一些可观赏的盆景及常绿植物、鲜花等。

老年人的客房设置重点考虑保障客人健康、安全，如卫生间的防滑设施、门把手及开关位置一定要安全、到位，突出人情味、亲切感，提供按铃召唤和面对面服务。

【案例】

欧洲的"老人酒店"

在法国的戛纳的奥泰利亚饭店里，所有的客人平均年龄83岁，所以这里的设施都是为80岁以上老人特别设计的。如：信号是大号字，电梯有坐椅，沿墙有扶手，床是两用的，卫生间有软坐椅，防滑地面。一按铃就有人来查看，长住短住都可，无须预定，经常开展一些娱乐活动。只接待需要关怀和照顾的老人，不接待病人。

罗马尼亚首都的"富罗拉"饭店，专门接待70岁以上的老人，入住之初先要沐浴一次，用特别配制的洗澡水，是由老年专家专门研制的一种"返老还童"药，洗后全身舒畅，帮助老人恢复青春活力。

2. 女子客房

随着社会的进步，更多的女子参与了大量的社会活动，女子住店的比重越来越大，而且她们的要求比较特别，一些酒店针对这种现象，专门设计了她们喜欢的女子客房，改写了"饭店是男人为男人而设计"的历史。

女子客房的装饰应讲究温馨、雅致、浪漫、亮丽，从色彩、灯光、卧具、织物图案到插花的位置、方向，都要考虑她们的喜好和心里特征，房内的各种用具如毛巾、梳子、梳妆台、试衣镜、香皂、睡衣以及适合女性用的吹风机、熨斗、磅秤、女性杂志等，都要别具一格，造型新颖漂亮，让客房环境充满着女性的浪漫气息。

3. 蜜月客房

蜜月客房的针对性强，在装饰布置上突出新婚的喜庆氛围和浪漫的温馨情调，根据新人的喜好可布置成中式，也可采用西式装饰风格。

蜜月客房可提供新婚宴请一条龙服务、接待访客服务、代办旅游线路策划等服务项目，例如：

特别布置蜜月客房；

豪华婚宴布置；

现场投影播放婚礼 VCD 或录像；

提供香槟酒塔、多层婚礼蛋糕；

新人入场浪漫烛光服务；

浪漫婚礼乐队现场演出等。

4. 儿童、家庭客房

近年来，人们的经济收入有了明显的提高，消费观念不断更新，国家又颁布了能促使人们消费的各项政策，使得越来越多的家庭走进了饭店，儿童市场及家庭市场已成为饭店业促销的新目标。饭店在儿童和家庭客房的设计上都做了积极的努力，尽力做到设施设备具有针对性和完善性，装饰和布置注意营造温馨的家庭氛围。

【案例】

“儿童套房”、“儿童饭店”

假日饭店的“儿童套房”

1995 年假日饭店在佛罗里达开办了两家“儿童套房”促销活动。套房是以家庭活动为中心设计的，房内设有儿童娱乐室，两张儿童床，，并配有电视机、录像机、VCD、闹钟和儿童游戏电话。

巴西的“儿童饭店”

从 3 个月到 6 岁不等的孩子可以在巴西圣保罗的好几家儿童饭店呆上一天半天，甚至住上十天半月，这里配有专业教师、训练有素的医生、护士、保育员、厨师和管理人员，饭店把孩子们当客人看待，组织各种适合孩子们的活动，使他们在住店期间学习知识、掌握生活技能，增长见识。

（二）以各类民族地域文化风格为主题

饭店主题客房的创建主要源于各民族地域的文化特色，民族是世界的，世界各民族都有着不同的文化和习俗，饭店创建具有各地民族风情的主题客房，具有独特的艺术魅力及强烈的吸引力。这类主题客房各有不同特点：

1. 中式风格客房

中式风格的客房可以有两种布置方式：一种是体现中式特点的，可以运用中国画、中国民间工艺、中国传统花纹造型的家具、摆设来布置一个中式客房；另一种是完全中国家庭式的，从室内装修到陈设严格地按照我国的传统进行布置，建筑上是木结构的梁架和隔断，摆设是中国传统的家具和灯具，装饰有强烈民族色彩的年画、窗花（剪纸）、对联等，就可构成一个中国特色的客房。

我国是一个多民族的国家，不同的朝代、不同的地域、不同的民族都有着不同的风格，所以装饰布置不能同一风格，可以根据各自特色设计出不同风格的中式客房。

2. 欧式风格客房

英式、法式、意大利式等风格构成了欧式风格的主流，而各个国家又因不同的时代和不同的流派带有不同的特点。

英式风格客房的特点：家具摆设以典雅、端庄、简明的直线为造型的基调，装饰上常用深色护墙板，墙上爱挂肖像、风景、海景等油画。喜欢用金银器、玻璃器与瓷器来布置房间。

法国式具有代表性的是路易十四、十五和十六时期的风格，其中最突出的是路易十五时期的“洛可可”式，具有纤细、轻巧、华丽和繁琐的装饰性，采用C形、S形或旋涡形的曲线和清淡柔和的色彩，装饰题材体现自然主义倾向。在室内陈设上，家具以曲线造型为主，常镶有螺钿，喜欢瓷器和漆器。

文艺复兴风格和巴洛克风格构成了比较典型的意大利式风格，现在的仿意大利式主要突出体现大理石的装修和室内雕刻上。外观厚重、庄严、线条粗犷的家具，常以大理石镶嵌或做桌面使用，用雕刻、文艺复兴绘画和民间装饰画布置墙面。我国第一家真正意义上的主题酒店，是2002年5月在深圳开业的威尼斯酒店，酒店以著名水城威尼斯的文化进行包装，利用了众多可反映威尼斯文化的建筑元素，充分展现地中海风情和威尼斯水城文化。它融合了文艺复兴和欧洲后现代主义的建筑风格，以威尼斯文化为主体进行装饰。

3. 和式风格客房

日本人对自然美有着深深的眷恋，传统的书法、绘画、诗、插花和茶道等艺术都体现着幽、立、清、寂的特点。很多客人对日本传统文化、民俗的兴趣，成为饭店设计和式风格客房的主要渊源。在日常生活中日本人进屋脱鞋、席地而坐有着悠久的历史，室内设计采用木框糊纸的拉门、窗扇与榻榻米形成独特的风格。房间一般有前厅、和室、卫生间等，过前厅脱鞋，和室可兼起居与卧室，靠墙有龛室，配饰书法条幅和和式插花。喜欢在房内摆设青花瓷瓶、手工绘制的添箱以及香炉、烛台等，但都应带有明显的“和风”。

4. 现代主义风格客房

现代主义产生于20世纪二三十年代，其特征是利用现代工业和科技发展的成果，使建筑和室内陈设尽可能符合人的活动需要。现代主义风格的家具造型简洁，呈流线型和几何型，色彩舒适，强调功能作用和心理效果。

（三）以某种时尚、兴趣爱好为主题

为了满足客人的需要，饭店设计了一些具有某种时尚及兴趣爱好的主题客房，使客人有针对性的选择自己喜好的客房，享受着每一个丰富的夜晚。如美国玛利亚酒店推出的史前山顶洞人房，抓住“石”做主题性文章，利用天然的岩石做成地板、墙壁和天花板，房间内还挂有瀑布，而且沐浴喷洒由岩石制成，浴缸也是石制的。

足球爱好者不计其数，以足球为主题的客房自然要张贴一些球队和球员的照片，摆放一些足球杂志、海报及足球赛事预告等，并以足球图案进行一些装饰，使热衷于足球的客人在此能找到共鸣。

网络已成为最具时尚的现代生活必不可少的一个内容，以网络为主的客房提供可上网的电脑，摆放一些有关网络的杂志，为网上一族提供尽可能的服务。

以汽车为主题的房内设计上注重张贴一些不同产地、品牌、型号汽车的图片，或者在橱窗中摆放一些汽车的模型，桌上提供有关汽车杂志和介绍，使他们闲暇时间自寻乐趣。

以电影为主题的客房主要设有VCD点播系统，客人可以选择自己喜爱的影片，墙上自然张贴有精美的电影海报或明星照片，桌上摆放各类影视杂志，使客人有一种惬意的享受。美国拉斯维加斯米高梅酒店有5005个客房，是世界上第二大酒店，完全以影城好莱坞为主颢。

以邮票为主题客房中挂有各式邮票镜框，并有简介，供爱好集邮的客人欣赏。

（四）以植物花卉或动物为主题

自然景物的神奇魅力会让人产生许多遐想，并给人们带来大自然的美好享受，在客房中以某种植物花卉或动物为主题进行装饰，会让客人在休息的同时，收获不菲。例如：以竹为主题的客房，家具、墙面、吊顶、窗帘、灯罩等各类用品大都用竹为材料制作，墙上也以竹为题的国画和竹制工艺品来装饰。同样，藤制家具与器皿在以藤为主的客房中唱主角，让人在使用的同时，感受到创造者的巧妙构思及大自然的美感。

以蝴蝶为主题的客房内展示着镶有镜框的蝴蝶标本，并附有不同产地的各类蝴蝶的特点介绍，也可提供当地的蝴蝶活动区域和主要品种的简介。

以插花、盆景、画框、各种印有花卉图案的毛巾、地毯、窗帘、床罩与明信片、信纸等形式突出主题，城市或者饭店的标志花要特别展示，让人有在花的海洋中倘徉的感觉。

（五）某种特定环境、景物为主题

人们渴望经历一些从未经历的事物，渴望处在一种奇特的环境并有异样的感觉，以某种特定环境、特定景物为主题的客房，可以使喜欢猎奇、寻求刺激的客人得到满足。

1. 监狱客房

有人愿意感受一下监狱的滋味！乍一听，你会觉得这人有毛病，但国外也就有这样的监狱客房，满足客人的猎奇和寻求刺激的心理。客房一切都按照监狱的式样进行布置，客人在此住宿，换上统一的制服，就餐或行动不能随意，喜欢此消费的人很多，以至于入住须提前预定。

【案例】

监狱旅馆

盖比尔山“监狱”旅馆——世界上千奇百怪的旅馆还真不少，不过大概很少有旅馆会比位于南澳盖比尔山市郊的这家旅馆更符合监狱旅馆的形象了。首先，它的名字就很直接，就叫做“监狱”；再者，这座从1864年建成的监狱所改装的旅馆，高耸的外墙加上以石材为主的建筑主体，仍完整保存140年以前所盖成的坚固冰冷风格，由囚室所改建的客房，都相当的简单和朴素，没有任何多余的装饰。这所监狱1995年关闭，1999年转型成为现今的旅馆形式。除了提供餐食，也开放厨房让客人自行烹饪。另外有电视厅、撞球桌，以及设有壁炉的安静大厅供客人使用。昔日犯人防风的庭院，也成为客人可以舒展活动的地方。

监狱旅馆——位于美国明尼苏达州的监狱旅馆，从外表看少了监狱的萧瑟之气，反倒是多了几分古典浪漫的情怀。这座监狱原是美国明尼苏达州旧费尔摩郡的郡监。1869年完成，整个外观呈现意大利式的建筑风格，经过精心的保存，旅店内部许多地方例如旅馆入口处，以胡桃木雕刻的栏杆，都仍保留着当年原始的风貌，充满着维多利亚时代的风华。不过从一些地方也可以看得出这栋建筑物最原始的用意，比如一些七尺高的白色格门仍然保留着。现在的监狱旅馆则已被列为“国家古迹”之一。费尔摩郡的监狱旅馆现在所有的房间都已经改装的相当温馨，这里提供的一间原始囚室，以及一间原本属于监狱长的寝室，都装有按摩浴缸，让房客从事健身或骑自行车的活动以后，能够尽情的放松自己的身心，这种奢侈的“享受”，想必是以前的囚犯从来不能想象的吧！

2. 梦幻主题客房

创建梦幻主题客房主要通过空间、色彩、光线的艺术处理，让客人感觉处在如梦似幻、可以随意畅想的境界之中。一座位于京城闹市区的度假酒店，设计之初就要求室内的环境要与众不同，充分体现“度假酒店”的空间感觉，并让每个入住的宾客感受到浓厚的休闲氛围。首先设计师为每个楼层设定了一个主题：四层为阳光，三层是树，二层是水，一层是大地。这种独特的设计理念是根据整个酒店“金色夏日”的名称而演绎出来的。如果纵观整个酒店上下四层的设计，你就会发现整个酒店内部的空间，其实是一幅优美的夏日海滨图景。而每一层的走廊、休息厅和楼梯间的色彩，则是根据不同楼层的主题安排的：四层是金色，三层是绿色，二层是蓝色，一层是白色。不同的色彩，让原本建筑风格相同的楼层呈现出不同的风貌。

3. 海底世界主题客房

探索海底世界，体验寂静无声的海底生活，原是科幻小说家的梦想，这种以海底世界为主题的客房以海底世界的特殊氛围吸引着客人，色彩以海蓝色为主，配有巨大的透明玻璃鱼缸，随意游动的是各种色彩与形状的观赏鱼，让人美不胜收。另外还有一种建在海底的旅馆。美国佛罗里达州的朱利斯海底旅馆就是由原来的海底实验室改建的。要进入旅馆，必须潜入深21英尺的海底，房间虽然不大，却是五脏俱全，特别吸引新婚夫妇，早上醒来，可以看到游来游去的热带鱼，真是浪漫极了。不过一晚的代价可不低，大约1000多美元。

4. 太空主题客房

太空主题客房形似太空船，整体的布置要象在太空船舱内，摆设物件要形似仓内的各种物品，还可配有“太空服”，使人有乘着飞船在太空翱翔的感觉。

三. 主题客房的服务功能

（一）客房的传统服务功能

1. 睡眠服务功能

有床上用品的提供、更换、洗涤、做床和开床服务及叫醒服务等。

2. 卫生服务功能

主要内容是客房清洁、齐全的卫生设施配备及这些设施的清洁、消毒、安全的使用方法、更换卫生清洁用品等。

3. 会客服务功能

主要是房客的预约、接待，茶水饮料的准备、座椅的添加、客房清洁等内容。

4. 休闲服务功能。

提供休闲座椅、休闲活动的安排表、电视节目和闭路电视的播放、音乐播放等。

5. 办公服务功能

主要提供书写空间、办公设备、通讯和网络设备等。

6. 安全服务功能

主要有门锁、保险箱、烟感器、安全通道示意图、楼道的电视监控及饭店的保安措施等。

7. 用餐服务功能

主要提供客房小酒吧、食品、冰箱以及送餐服务等。

8. 其他服务功能

包括洗衣、擦鞋、租赁、代办等内容。

(二)主题客房的新型服务功能

现代科技的进步给客人的需求提供了更高的标准，人们的追求更具快捷化、专业化、享受化，饭店客房服务也就应运而生了许多的新项目与新功能。

1. 新型娱乐服务功能

现代化的网络系统、闭路系统、环绕音响系统以及可旋转的液晶显示屏幕组成一体，给客人提供了现代化、多方位、高质量的娱乐服务。

2. 新型办公服务功能

随着各种主题客房的兴起，特别是商务客房的增加，使客房在设施装备上增添了许多功能齐全的办公设施(可将写字台改成“智能写字台”)，以此来满足商务客人的需求。

3. 新型购物服务功能

先进的现代化装备使房内购物成为现实，客人可以根据电视屏幕上显示的商品目录，在遥控器上轻轻一点，即可完成购物。物品由服务员送至房内，货款则自动计入客人在饭店的总帐单。

4. 新型通讯服务功能

为了便于客人在客房内工作的需要，可配备传真机、可视电话及电脑，可以满足客人以各种方式在全球范围内与对方取得联系。

5. 新型阅览服务功能

在房内提供电脑及各种光盘，客人可以自行的进行文字翻译，查看图文介绍，阅读摘要梗概，自行解决语言不通的问题。

6. 新型保健服务客房

客房的环境因素可由传感器连接计算机来控制，房内的温度、湿度、光线、空气清新度都在自动控制调节当中。客人在旅途之中的疲乏，可以随着具有按摩功能的新型床、椅子与浴缸以及遥控芳香治疗系统的启动一扫而空。

四、主题活动的设计

主题客房是根据饭店的主题活动或客人自己的爱好应运而生的，主题活动也是饭店产品的重要构成，饭店的活力很大程度上通过活动体现出来。主题活动要引入“文化概念”，根据当前消费热点，每月(或每季度)推出一个主题来引导消费，同时将饭店的环境、服务、品牌和文化融入主题进行全方位展示。

活动可谓是主题最灵活的表现方式。北京的希尔顿酒店就曾经以小说《环游世界80天》作为主题开展富有特色的主题活动。浙江杭州的之江度假村就曾在不同的季节，推出了不同的主题活动。以“春天的故事”为冠名的春季主题活动在4月5日至5月底上演。而夏天度假村又联合有关部门的主题活动，提出“到度假村过夏令营”的口号，为学生的暑假生活增添了一份惊喜与精彩。在秋季则推出了以“收获劳动果实”为主题的系列活动，并针对金秋老人节，推出适合老年人消费的各种饭店产品和服务。

主题饭店作为一种正在兴起的饭店发展新形态，在我国的发展历史不长，分布范围目前也仅仅局现在酒店业比较发达的广东、上海、深圳等地。我国第一家真正意义上的主题饭店，是2002年5月在深圳开业的威尼斯酒店，它融合了文艺复兴和欧洲后现代主义的建筑风格，以威尼斯文化为主体进行装饰。广州番禺的长隆酒店是一家以回归大自然为主题的主题酒店。在上海，有些酒店以老照片、老绘画、老古董、老服饰、老环境营造怀旧主题，也都妙趣横生。此外，在香港，为配合迪士尼乐园的建设，香港正在兴建迪士尼乐园酒店和迪士尼好莱坞酒店，它们都是以迪士尼为主题的主题酒店，香港的柏丽酒店则是一家以科技为主题的酒店。虽然主题型酒店在我国的出现还是新生事物，但作为国际酒店业发展的新趋势，为处于激烈竞争态势下的我国酒店发展提供了新的思路，拓宽了视野，是我国酒店未来的发展方向之一。

【案例】

城市度假新选择

台北晶华酒店推出“SPA主题客房”，请您享受五星级的Home SPA。

台北晶华酒店結合宽敞舒适的商务客房以及充滿休闲风格的SPA概念，率先于馆内推出“SPA主题客房”，只需于房价外加NT $1000，房客就可以获赠价值近二千元的沐蘭SPA商品、并在满溢峇里島度假氛围的客房中，享受听、嗅、味、视及触觉五感皆美的Home SPA乐趣。

“SPA主题客房”的布置是由沐蘭SPA的协理、也是峇里島四季酒店的芳疗大师Sofie一手规划，打开客房房门后，轻柔雅致的精油香气將帶您进入愉悦的情境当中，触碰您肌肤的是純天然配方的SPA沐浴用品，同时，健康养生的迎宾茶，也可以帮助您舒缓情緒。最令房客兴奋的还有那价值不斐的沐蘭SPA礼籃，内含按摩精油、手工香皂、天然浴盐、洗发精、润丝精、以及沐浴乳，上述項目全部都是沐蘭独家专卖的顶级商品。如果房客对于客房内的Home SPA气氛还意犹未尽的话，位于飯店20楼的沐蘭SPA也提供按摩、裹肤、去角质…等世界級的芳香疗程，房客可享疗程平日八折、周末假日九折的优惠。

台北晶华行销业务部执行副总经理傅蔚表示：“現代人的度假方式越來越多元化，有人选择上山下海、尽情享受大自然，也有人在喧闹的城市中、找个静谧的地方好好沉淀一番，甚至国际商务旅客來台洽公的同时，也想要在繁忙的行程中，找出空档放松自己”。因此，在客房内导入SPA的元素，绝对可以满足后两者的需求，让房客在最轻松的气氛之下、享受身心的绝对放松。当然，这也是位于城市中的商务饭店、抢攻度假市场的另一项利器。

第二节 绿色客房管理

创建“绿色客房”、走可持续发展之路已成为21世纪饭店业发展的必由之路。美国著名管理大师乔格·温特在其〈企业与环境〉一书中指出:“总经理可以不理会环境的时代已经过去了，将来公司必须善于管理生态环境才能挣钱”。在全球性的绿色浪潮推动下，饭店经营中的环保意识逐渐成为广大从业人员和消费者的共识。

一、绿色饭店和绿色客房

(一)绿色饭店产生的背景

人类的环境保护意识始于上世纪60年代末、70年代初，到了80年代末才形成高潮。1992年6月联合国在里约热内卢召开了“联合国环境与发展大会”并通过了《21世纪议程》,

标志着世界进入了“保护环境、崇尚自然、促进可持续发展”的一个崭新阶段，人们称:

90年代世界进入了“环保时代”的绿色时代。绿色时代的到来对世界经济发展产生巨大影响。当然，旅馆业也不例外。人们在生产和消费过程中，越来越关注资源与环境保护，环保时代的到来给旅馆业的发展提出了新的要求，为了旅馆业的可持续发展，1991年“威尔士王子商业领导论坛”(PWBLF)创建了一个名为“国际旅馆环境倡议”(IHEI)的机构。该机构是由世界上11个著名的旅馆集团组成的一个委员会。它们是雅高、福特、希尔顿、假日国际集团、洲际旅馆公司、“Omni”国际旅馆集团，由英国查尔斯王子任主席。1993年，英国查尔斯王子倡议召开了旅馆环境保护国际会议，通过了由上述11个国际旅馆集团签署的倡议，并出版了《旅馆环境管理》一书，旨在指导旅馆业实施环保计划，改进生态环境工作，加强国际合作，交流旅馆环保工作的经验及有关信息，促进政府、社区、行业以及从业人员对旅馆环境保护达成共识，付之实践。

(二)绿色饭店的含义

如今，人们通常把与环境保护、防止污染相关的事物冠之于“绿色”称号。绿色产品、绿色产业、绿色科技、绿色职业纷纷涌现。譬如，就产品而言，已拓展到衣、食、住、行各个消费领域，如绿色时装、绿色食品、绿色住宅(指使用绿色建筑材料建造的住宅、节能住宅等)、绿色汽车等等不胜枚举。“绿色饭店”这个概念也已经逐渐为人们所熟悉，但迄今为止，还没有一个明确的解释。“绿色”一词往往用来比喻“环境保护”、“回归自然”等。当一个与绿颜色无关的名词被“绿色”所修饰时，就表示该事物与环境保护有关。“绿色饭店”可以简单的翻译为 green hotel，但国际上又把“绿色饭店”翻译为 eco – efficient hotel,意为“生态效益型饭店”，由于 eco 也是 economy 的前缀，这个但此也隐含着“经济效益”的含义，意思是充分发挥资源的经济效益，也有将“绿色饭店”翻译为 Environmental – friendly Hotel 即“环境友好型饭店”。应该说，

“绿色饭店”或 green hotel 只是一种比喻的说法，是用来指导饭店在环境管理方面的发展方向。它可以理解为与可持续发展类似的概念，即指能为社会提供舒适、安全、有利于人体健康的产品，并且在整个经营过程中，以一种对社会、对环境负责的态度，坚持合理利用资源，保护生态环境的饭店。绿色饭店只是出了一个原则和框架，并不涉及具体的内容和目标、指标。

所以，绿色饭店是指运用安全、健康、环保理念，坚持绿色管理，倡导绿色消费，保护生态和合理使用资源的饭店，其核心是在为顾客提供符合安全、健康、环保要求的绿色客房和绿色餐饮的基础上，在生产运营过程中加强对环境的保护和资源的合理利用。近年来，绿色管理已“风靡”全球酒店业，国内外不少酒店纷纷实施绿色管理战略，成效显著。香港的 ISL 酒店制定了 100 多条绿色管理条例，严格绿色管理操作程序，成为亚太地区首家通过国际标准 ISO14001 的酒店。中华人民共和国国家经贸委 2002 年 12 月 25 日颁布了由中国饭店协会起草的《中华人民共和国商业行业标准——绿色饭店等级评定规定》，这个标准对绿色饭店的管理和评定条件做了具体的规定。并于 2003 年 3 月 1 日开始实施。2003 年 6 月 22 日，我国首家参评达标 5A 级中国绿色饭店——海南博鳌金海岸温泉大酒店正式挂牌(《海南日报》2003.6.22)，同时参评达标的还有深圳圣庭苑酒店(中国旅游人才网 2003.9.19)

(三)绿色客房

“绿色客房”是绿色饭店所提供的客房产品，它必须符合“绿色饭店”的一些基本要求，包括设备的运行对环境的影响最小，物资消耗降到最低，客房环境符合安全卫生标准，给客人提供良好的自然空间。如无建筑、装修污染，无噪音，有空气过滤装置，有室内环境完全符合人体健康要求的禁烟房间;房间所有的用品、用具对它们的使用都符合充分利用资源、保护生态环境的要求。

二. 绿色客房管理

(一)创建绿色客房的意义

创建绿色饭店并不是一项负担，而是一次挑战，更是一次机遇。她与高新技术的应用、大力开发人力资源和努力建设学习型组织等时代潮流相结合必将引起和推动我国饭店业的新变革。美国负责旅馆估价服务业务的伊万洛斯基瑞希莫认为，顾客看待饭店经营对环境影响的态度、购买行为、政府立法等方面的变化将会确立饭店绿色化在未来饭店经营管理中的重要位置。他们认为，建设绿色饭店意义在于以下三个方面:

第一，节约成本。环境问题与饭店经营成本直接相连，而把成本减至最低就需要恰到好处的管理。收集排放的各种废物、运输和倾倒等方面的费用不断上涨，同时，政府的有关处罚力度也在加大，饭店需要承受越来越大的成本压力。而饭店把这些废料，根据不同的特点进行再循环使用，例如在客房设置征询牌，减少棉织品的洗涤量;减少一次性消耗品，设置多次性消耗品;废水处理后再利用等都可降低成本。能源是饭店经营成本的一条重要渠道，饭店的照明、供暖、通风和空调等方面都离不开能源。加强对能源的管理力度，节能降耗，无疑还大有潜力可挖。

第二，适应社会要求。饭店的生存发展首先要符合国家各种法规的要求和广大消费者的青睐。随着国家对环保立法的完善和公众关注程度的提高，饭店必然要采取措施来适应这一大环境的变化。如今绿色法典已经颁布，饭店管理人员应该为自己的饭店量身订做一套建立绿色饭店的方案与制度，使之朝者符合国家政策法规、适合本身的实际情况、适应人们的消费需求的方向发展。

第三，赢得竞争优势。创建“绿色客房”已成为各饭店的主要竞争点。她成本低，适合人们的消费理念和生活环境，所以会受到越来越多顾客的欢迎。据美国旅协会的调查，仅美国国内就有约4300万人自称是“生态旅游者”。数据显示，他们宁愿多花8.5%的价格也要使用关心生态的旅游生产供应商提供的产品和服务。所以通过建设绿色饭店并把自己的努力与社会公众及时沟通，可以为饭店在生态旅游者这一日益壮大的市场中极大地赢得竞争优势。

（二）绿色客房管理的原则

“绿色饭店”需要有一些基本的原则来指导实际工作以支持它的持续改进和发展。

1. 再思考——转变观念

人们的追求总是围绕经济发展、提高生产力、提高生活水平来进行的，并没有刻意破坏环境的用意，只是在追求高效率、高质量的过程中的一个副产品。尤其是90年代以来变得日益严重的一些环境问题，如固体废弃物、白色污染增加，于产品生产者的生产、促销理念、人们的生活、消费理念有密切的关系。有些产品是方便了消费者，达到了他们的满意，但无意的给环境带来了污染。所以，饭店要把握现行的生产方式、经营方式和服务方式，看它是否首先符合环境因素，把它作为一个重要内容来考察现有行为的合理性，然后进一步的提出改进措施。确须改变长期以来在旅游界流行的“旅游业是无烟产业，不会造成对环境的污染”的观念。事实上，我国许多地方为了开发旅游业大兴土木，已经造成了对自然环境的“人为”破坏，而且许多破坏是不可弥补的。

2. 再循环——节约资源

人们常说：“我们只有一个地球，正如我们只有一双眼睛”。的确如此，地球上的绝大多数资源都是有限的，我们要想法提高其利用率，一个较好的方法是对可循环使用的资源进行再利用。再利用可分为微观再利用和宏观再利用两个层次。微观再利用是一种企业内部的行为，而宏观再利用是在全社会范围内，由政府干预或其他的方式而实现。饭店内部首先要努力实现微观再利用，例如中水、冷凝水的回用，将报废床单改制为洗衣袋，将客人用过的肥皂收集制成洗涤剂进行再利用等。但是纸张的再生，在饭店内部是无法实现的，此时，饭店的任务是要为宏观再利用创造条件，即把废弃的纸张从其他的废弃物中分离出来，集中由废品处理站送到造纸厂进行再生。

3. 再减少——降低成本

减少物品消耗量有助于减少废气物的产生，从而降低经营成本提高资源效益。在大部分人的观念中，现代饭店就是豪华生活的代名词，所以饭店非常注重“包装”，包括对服务过程、对提供的物品的包装，正是这种包装使得饭店产生大量浪费并产生大量废弃物。典型的例子就是饭店提供的生活用品、卫生用品包装精美，但被客人打开后就成了废弃物，饭店完全可以实施简化包装，既能节约资金，又可达到环境保护的目的；又如饭店为客人一天一换床单，浴室里的易耗品如香皂、浴液、洗发水、牙膏、润肤露等均超出正常人四天的剂量。据新华网北京8月17日电，长沙、上海数家酒店日前推出“绿色饭店”新做法：如果顾客不提出特殊要求，酒店将不再提供被业内人士称为“六小件”的牙刷、牙膏、拖鞋、梳子、瓶装洗发水、沐浴液，这样做是否合理，我们有法可依了，中国首部饭店行业的“绿色法典”——《绿色饭店标准》最近正式出台。可以在“绿色客房”章节里看到，《标准》要求“房间的牙刷、梳子、小香皂、拖鞋等一次性客用品和毛巾、枕套、床单、浴衣等客用棉织品，按顾客意愿更换，减少洗涤次数；改变、简化或取消客房内生活、卫浴用品的包装”。但并未提到“撤除”。据一项针对京、沪、穗三地682位市民的最新调查显示，目前赞同这一做法的仅有16.3%。同时，有三成被访者表示，如果宾馆不提供洗浴用品就不会入住。国际上一些发达国家也不是所有的酒店都不提供“六小件”。

绿色饭店是营造人类社会可持续发展环境的全球性科学理念和措施。这种理念的培养并付诸实施，不是一朝一夕的事，亦非简单撤掉牙刷所能了之的。对一些客用消耗品，完全可以从减量、再循环的角度去考虑这些消耗品的配置方式。比如沐浴液可以使用固定的容器存放，硬纸壳包装可以简化，香皂可以通过造型设计减少克重。同时，进一步提高这些消耗品的内在质量。绿色饭店是一个持续改进的过程，取消“六小件”在一定程度上确实能降低酒店成本，但作为一个有公众责任心的酒店，更应该把这些节省的资金用于继续完善酒店的绿色投入，比如把这部分资金放在如何改进酒店的绿色配置，提升酒店的绿色内涵上。

4. 恢复、补偿—— 改善环境

饭店存在大量对环境不利的因素，因此需要对这些因素进行改进，减少对环境的破坏；同时饭店要在可能的情况下投入资金，对已经造成破坏的环境进行治理，以使环境得到恢复和补偿。虽然环境在遭受到破坏后很难再恢复原貌，但是对它进行恢复和补偿是必要的，例如饭店通过种植花草树木的方式来净化空气、补偿绿地的减少。

（三）绿色客房管理的基本内容

伊万洛斯基等人指出，所谓绿色饭店，其实就是指它的设施设备，政策和实践，以减少其对环境的负担的饭店。它们认为，对于现有体系及经营程序，特别是在废物，水和能源方面的管理的认真调研和分析，将使得许多可能的改进措施不会有很多费事支出或者很快就会为饭店带来回报。专门从事ISO14001认证的SGS国际认证服务香港有限公司营销经理和注册审核师陈宝玲女士介绍绿色饭店标准最少包括六个要素：最低排污量，某些物品的回收与再利用；能源有效利用，贮存与管理；新鲜水资源的管理；废水管理；关注环境保护的采购政策；社会文化的发展。但归纳起来，根据伊万洛斯基等人的说法，建设绿色饭店主要包括以下三方面的内容。

1. 废物处理

饭店的废物管理目的在于努力减少排放废物的数量及毒性，饭店应按照3R原则，采取各种措施，减少，再利用和循环利用纸张，塑料，杯子，金属，木材，有机废物和某些有毒物质。废物管理主要遵循以下几条原则。

(1)重复使用和一次性使用。饭店中能够实现重复使用的东西应尽量使用可重复利用的材料制作。比如说，客人洗澡间中摆放的装洗的瓶，在客人离店后重新整理房间时，饭店可以专门分类收集，送厂家经过清洗消毒之后，重新灌注，再次利用。这无疑少了废物排放量，也减少了所排放废物中的不可降解的成分，同时也降低了成本。

(2)化学药品的使用。许多化工产品不仅在使用时会对人产生副作用。如食品添加剂，而且在排放后也会对环境造成污染，如含磷的洗衣粉等。饭店可以使用天然的可再生的材料或经过改良的化工产品来加以代替。

(3)延长产品使用时间。饭店应加强各种设施设备的管理，能够修理和翻新的就不要重置。即使需要重置的，也应考虑将那些淘汰下来的物质充作其它用途。如各种瓷制餐具等，要么换到饭店其它部门继续使用，要么奖励给员工，要么捐赠给有需要的机构。

(4)尽量循环使用。饭店各种物品的循环使用需要员工和顾客的参与。回收，加工废物没有员工的积极主动参与是无法实现的。

2. 水资源保护

节水设施与策略不仅是有效的水资源保护计划的基础，而且由于它见效快，所以事实上，也是饭店业中应用最广泛的。许多设备都可以减少水龙头，花洒等的出水量。但是这些节水设备必须与其它保护策略相配合才有效。例如，清洁走廊时用扫帚而不用水冲;客房中也可摆放一些给客人的建议信等材料，提醒客人节约用水。

3. 能源管理

自从70年代第一次在能源危机以来，能源的保护也已成为西方国家饭店经营管理者所关心的问题。在饭店日常经营管理中许多技术都可以在员工日常行为中达到节能的目的，而不需要另外的资本投入，例如，控制温度，关掉暂时不需要照明的灯和及时报告，哪有浪能源之处。饭店也可通过在客房中发放特别的小册子等措施，鼓励客人参与节能。比如提醒客人在睡觉时将温度调高一点，饭店还可提供可调节温度的开关并提醒客人调节器到他们最合适的温度。这样即使饭店的能耗降低，又可让客人满意。

虽然建设绿色饭店与赚钱并不矛盾，但是，许多饭店仍把“以罚代改”视作处理环保问题的良方，而不愿意投资购买或改造环保设备，这是一种短视行为和权益之计。从长远发展来看，早一点投资就早一点有回报。

三. 评定绿色饭店的标准、条件

中华人民共和国国家经贸委2002年12月25日颁布了由中国饭店协会起草的《中华人民共和国商业行业标准——绿色饭店等级评定规定》，这个标准对绿色饭店的管理和评定条件做了具体的规定。并于2003年3月1日开始实施。

(一)绿色饭店标志及意义

对达到或超过绿色饭店标准的饭店和餐馆，将准许使用绿色饭店标志。目前绿色饭店以银杏叶作为标志。

图案外形为C,代表中国的China，C型用银杏叶围成，银杏树是世界上最古老的树，有植物界的“活化石”之称，代表着生生不息的绿色与生命，中间H代表着含客房的酒店、度假村Hotel,中间若是R，则代表不含客房的餐馆、饭庄、酒楼Restaurant。

（二）绿色饭店的三个理念

1. 安全。这个概念，是绿色饭店的一个基本特征。

2. 健康。健康是指给消费者提供有益于健康的服务和享受，具体来讲就是绿色客房和绿色餐饮。

3. 环保。

（1）减少浪费、实现资源利用的最大化。比如在餐厅就餐，让消费者适量点菜，注意节约，提供剩菜打包、剩酒寄存服务，这些都是绿色饭店的内容。（2）在饭店建设和运行过程中，对环境的影响和破坏降低到最小。这些内容在饭店就很多了。比如一次性消耗用品的过度使用导致污染；我们对没有使用完的用品不再添加；我们以前对饭店服务规范要每天更换棉织品，绿色饭店要求可根据顾客的意见更换，这样即可以降低饭店成本，又可以减少对环境的污染。

（3）饭店的物资消耗和能源消耗降到最低点。比如在客房随手关灯，随手关空调，在国外都有绿色理念。

（三）绿色饭店的五个等级：

按照国际惯例，我们把绿色饭店分为五个等级，根据企业在提供绿色服务，保护环境等方面做出不同程度的努力，分为 A 级、AA 级、AAA 级、AAAA 级、AAAAA 级共五个等级。AAAAA 级为最高级。（详见《绿色饭店标准》）

附：

绿色饭店标准

——中国饭店协会

前 言

随着全球生态环境的日益恶化，保护环境、倡导绿色消费日益受到人们的关注。

国务院制定的可持续发展战略以及国家经贸委近期推出的“三绿工程”都对我国饭店行业的可持续发展和环境管理工作提出了要求。同时，由于我国加入了 WTO 和北京申奥成功后，国际间交流日益频繁，绿色消费已逐渐成为今后消费的主流。

为因应这种形势和要求，规范和强化饭店行业的环境行为，引导企业在经营中更多地考虑消费者的环保、安全、健康等需求因素，特制定本标准。

本标准的制定参照国际惯例，借鉴了国外实施绿色饭店的先进经验，并结合了我国饭店行业现阶段的经营状况和人们的消费水平，为企业创建绿色饭店、实施和加强环境管理工作提供切实可行的指导意见。

绿色饭店的创建、实施与保持将是一个持续的发展过程。由于环境保护技术的发展、对环保认识的不断深入以及饭店综合管理水平的提高和环境绩效的改善，本标准将根据实际情况不断修订和完善。

本标准由中国饭店协会提出、归口并负责解释及修订。

本标准起草单位：中国饭店协会、全国质量管理和质量保证标准化技术委员会。

绿色饭店管理规定：

1. 总则

1.1 目的

本标准为申请“绿色饭店”评审的酒店、宾馆、度假村以及餐馆、酒家、饭庄等企业规定了应达到的要求。

1.1.1 证实其有能力稳定提供满足顾客和适用法规要求的绿色饭店服务内容。

1.1.2 通过持续的改进提高顾客的消费满意程度和环境保护功能。

1.2 适用范围

本标准适用于中华人民共和国境内的酒店、宾馆、度假村以及餐馆、酒家、饭庄等企业。

2．引用标准

下列标准所包含的条文，通过在本标准中引用而构成为本标准的条文。本标准出版时，新示版本均为有效，所有标准都会被修订，使用本标准的各方应探讨使用下列标准最新版本的可能性。

GB/T 19001－2000 质量管理体系要求（ISO9001:2000）

GB/T 24001－1996 环境管理体系要求（ISO14001:1996）

3．定义

本标准采用下列定义

3.1 绿色饭店：运用环保、健康、安全理念，倡导绿色消费，保护生态和合理使用资源的饭店，其核心是为顾客提供舒适、安全、有利于人体健康要求的绿色客房和绿色餐饮，并且在生产经营过程中加强对环境的保护和资源的合理利用。

3.2 绿色消费：指人们在购买商品和消费时，关注商品在生产、使用和废弃后对环境的影响问题，并在消费过程中关注环境保护的问题。

3.3 绿色食品：指遵循可持续发展原则，按照规定的要求进行生产，经专业机构认定、许可使用绿色食品标志的无污染、安全、优质、营养的食品。

4．等级划分及标识

绿色饭店分为五个等级，根据企业在提供绿色服务，保护环境等方面做出不同程度的努力，分为A级、AA级、AAA级、AAAA级、AAAAA级共五个等级。AAAAA级为最高级

A级：表示饭店符合国家环保、卫生、安全等方面法律法规，并已开始实施一些改进环境的措施，在关键的环境原则方面已作了时间上的承诺。

AA级：表示饭店在为消费者提供绿色服务，减少企业运营对环境的影响方面已做出了一定的努力，并取得了初步的成效。

AAA级：表示饭店通过持续不断地实践，在生态效益成果方面取得了卓有成效的进步，在本地区饭店行业处于领先地位。

AAAA级：表示饭店的服务与设施在提高生态效益的实践中，获得了社会的高度认可，并不断提出新的创举，处于国内饭店行业领先地位。

AAAAA级：表示饭店的生态效益在世界饭店业处于领先地位，其不断改进的各项举措，为国内外酒店采纳和效仿。

5. 等级划分的依据和评定方法

5.1 等级划分的依据是绿色饭店标准。

5.2 评定方法

5.2.1 企业自愿向中国饭店协会及其委派机构报名，并组织相关人员参加培训。

5.2.2 企业参照绿色饭店标准及细则，开展实施活动。根据企业的需要，全国绿色饭店评定机构将派专家进行具体指导。

5.2.3 企业根据实施结果，填写有关评估材料报全国绿色饭店评定机构。

5.2.4 全国绿色评定机构对材料进行书面审核后，委派审核组对现场进行检查评审，出具评审报告并确定等级。

5.2.5 一个企业评定一个等级，如果企业由若干分店组成，应按各店的实际情况分别评定等级。如果是连锁店，可以统一申报，一次评定。

6. 等级评定和管理原则

6.1 绿色饭店的评定采取企业自愿申请，评定为绿色饭店的企业实行强制管理制度。

6.2 经评定的绿色饭店授予相应等级的绿色饭店标志牌，对本企业生产的餐饮食品经专家委员会认定准许使用“绿色美食”标志并颁发证书。

6.3 绿色饭店标志牌由全国绿色饭店评定机构统一制作、颁发，任何单位或个人未经授权或认可，不得擅用。

6.4 经评定的绿色饭店，由全国绿色饭店评定机构每两年进行一次年度监督，四年进行一次复评。在此期间，应企业的申请，可安排进行晋级评定。同时，中国饭店协会还将作不定期暗访，在监督、暗访、复评人员出示审核员证及绿色饭店评定机构委托书后，饭店应积极配合开展相关工作。标志的有效期为四年(自颁发证书之日起计算)。

6.5 企业在使用标志期间，一经发现与标准不符或发生给消费者带来直接的、间接的利益损害的其他行为，将根据情节严重给予警告、降级、摘牌等处理。

7. 审核员

7.1 绿色饭店的等级评定工作实行审核员制度。审核员必须经专业培训与考核，合格者颁发审核员资格证书。

7.2 绿色饭店审核员资格分为初级、中级、高级三级实行注册制度。注册初级审核员有资格实施绿色饭店的企业内部审核，注册中级审核员有资格实施绿色饭店的外部审核，注册高级审核员有资格担任绿色饭店外部审核组组长。

7.3 审核员在四年内要定期接受再培训及验证，以确定其注册资格。

7.4 审核员按规定的审核程序进行审核，应严格执行有关纪律。

7.5 审核员只能在接受执行全国绿色饭店评定机构委派书后方能行使审核职责。

绿色饭店标准

A1. 前提条件

A1.1 严格遵守国家有关环保、节能、卫生、防疫、食品、消防、规划等法律法规，各项证照齐全合格。

A1.2 饭店最高管理者必须任命专人(绿色代表)负责本企业的创建绿色饭店任务，饭店有绿色工作计划，明确环境目标和行动措施，健全有关公共安全、食品安全、节能降耗、环保的规章制度，并且不断更新和发展，饭店管理者定期检查目标的实现情况及规章制度的执行情况。

A1.3 饭店有关于公共安全、食品安全、环境保护的培训计划，全员参与，提高员工安全和环保意识;分管创建绿色饭店工作的负责人必须参加有关安全、环境问题的培训和教育。

A1.4 客人活动区域以告示、宣传牌等形式鼓励并引导顾客进行绿色消费,使顾客关心绿色行动。饭店被授予"绿色饭店"后,必须把牌匾置于醒目处。

A1.5 有建立绿色饭店的相关文件档案。

A2. 节约用水

A2.1 积极引入新型节水设备,采取多种节水措施,加强水资源的回收利用。

A2.2 饭店用水总量每月至少登记一次,厕所水厢每次冲水量、水龙头每分钟水的流量、浴池水龙头的水流量、小便池的用水量、洗碗机的用水量等有明确的标准并执行。

A2.3 饭店的水消耗主要来源客房、厨房清洁和餐具清洗。各主要部门要有用水的定额标准和责任制。

A2.4 饭店用水消耗每月至少监测一次,建立水计量系统,并对用水状况进行记录、分析。A2.5 严格禁止水龙头漏水。

A3. 能源管理

A3.1 饭店要有能源管理体系报告,每年至少做一次电平衡监测,各主要部门有电、煤(油)能耗定额和责任制。

A3.2 通风、制冷和供暖设备应强化日常维护及清洁管理,并配有监控系统,对冷柜、窗户的密封情况每年都要检查,并写出检查报告。

A3.3 健全饭店的能源使用计量系统。

A3.4 积极采用节能新技术,有条件的企业应使用可再利用的能源(太阳能供热装置、地热等)系统。

A4. 环境保护

A4.1 饭店污水排污、锅炉烟尘排放、废热气排放、厨房大气污染物排放、噪音控制达到国家有关标准。

A4.2 洗浴与洗涤用品不能含磷,使用和用量正确,对于环境的影响降到最低。

A4.3 冰箱、空调、冷水机组等积极采用环保型设备用品。

A4.4 室内绿化与环境相协调,无装饰装修污染,空气质量符合国家标准。

A4.5 室外可绿化地的绿化覆盖率达到100%。

A5. 垃圾管理

A5.1 饭店要通过垃圾分类、回收利用和减少垃圾数量等方式进行控制和管理。

A5.2 饭店建立垃圾分类收集设备以便回收利用,员工能将垃圾按照细化的标准分类。

A5.3 对顾客做好分类处理垃圾的宣传。

A5.4 对废电池等危险废弃物有专用存放点。

A6. 绿色客房

A6.1 有无烟客房楼层(无烟小楼)。

A6.2 房间的牙刷、梳子、小香皂、拖鞋等一次性客用品和毛巾、枕套、床单、浴衣等客用棉织品,按顾客意愿更换,减少洗涤次数。

A6.3 改变(使用可降解的材料)、简化或取消客房内生活、卫浴用品用的包装。

A6.4 放置对人体有益的绿色植物。

A6.5 供应洁净的饮用水。

A6.6 客房采光充足，有良好的新风系统，封闭状态下室内无异味、无噪音，各项污染物及有害气体检测均符合国家标准.

A7. 绿色餐饮

A7.1 餐厅有无烟区，设有无烟标志。

A7.2 餐厅内有良好的通风系统，无油烟味。

A7.3 保证出售检疫合格的肉食品，严格蔬菜、果品等原材料的进货渠道，确保食品安全。在大厅显著位置设置外购原料告示牌，标明主要原料的品名、供应商、电话、质检状态、进货时间、保质期、原产地等内容。

A7.4 积极采用绿色食品、有机食品和无害蔬菜。

A7.5 不出售国家禁止销售的野生保护动物。

A7.6 制订绿色服务规范，倡导绿色消费，提供剩余食品打包服务、存酒等服务。

A7.7 不使用一次性发泡塑料餐具、一次性木制筷子，积极减少使用一次性毛巾。

A7.8 餐厅内有男女分用卫生间，洁净无异味，卫生间面积及厕位与餐厅面积成恰当比例，卫生间各项用品齐全并符合环保要求。

A8. 绿色管理

A8.1 饭店应建立有效的环境管理体系。

A8.2 饭店应建立积极有效的公共安全和食品安全的预防、管理体系。

A8.3 饭店应建立采购人员和供应商监控体系，尽量选用绿色食品和环保产品。

A8.4 饭店积极采用绿色设计。

A8.5 饭店的绿色行动受到社会的积极赞同，顾客对饭店的综合满意率达到80%以上。

具体实施细则和评估标准，参见《绿色饭店评估细则》，中国饭店协会将另行公布。

第三节　21世纪客房部经营管理发展趋势

21世纪人们的生活理念是舒适、个性、科技、绿色，酒店要适应人们的这种方式，必须要更新自己的产品，给客人提供以上的服务，才能满足客人的需求。进入21世纪客房经营管理和服务将发生如下变化：

一、服务和管理的高科技化

21世纪的客房不只是为客人提供吃、住等基本的生活服务，还将为客人提供网络浏览、E－mail收发、FTP文件下载、Telnet远程登录、网络游戏等多项Internet服务和其它全方位服务。21 世纪的酒店客房将拥有如下特征：

1. 无匙门锁系统：门锁除了电子门锁外，还会出现指纹锁，视网膜锁、会说话的门锁等，如采用生物识别技术的保险箱，能以客人的指纹作为开启钥匙。

2. 虚拟的窗户或墙：客人可通过电脑控制，不断变换客房的窗户或墙，使它们由千篇一律的建筑和没有特色的城市街道变成美丽的沙滩、绿色的草原等，还可不断变换四季的颜色……

3. 自动感应系统：光线、声音和温度都可根据客人需要自动调节，如坐便器坐盖的温度；当客人进入房间后，可自动追踪客人的一系列追光灯；在客人设定的唤醒时间前半小时增强房间内的灯光来代替须提前定制的电话闹铃或闹钟。

4. 增添健身设备或虚拟康乐中心：健身设备供喜欢单独锻炼的客人使用，康乐中心可供客人在房内参加自己喜爱的娱乐活动。

5. 电子控制系统：功能高度集中的一个触控板遥控器能用来调节室内的灯光、温度；控制窗帘的开合；控制电视机、收音机和 DVD 节目的播放；可随意调节卧床的摆放位置、高低和床垫的软硬度。

二、"绿色客房"掀起高潮

"绿色客房"适合人们追求健康、安全、环保的理念，符合可持续发展的模式，必将受到酒店经营者和消费者的普遍推崇和欢迎。现大多酒店已创建绿色客房，实行"绿色管理"，掀起酒店适时经营的新高潮。

三、客房标准化服务是基础，定制化服务是灵魂

我们都知道客房服务的宗旨是使客人在住店期间有舒适、方便、安全如归的感觉，这是客人需求的共性，每个客人根据自己的个性和爱好不同，又有不同的个性。因此要使服务质量上一个台阶，就必须满足客人的个性需求，提供个性化服务，这也正是 21 世纪的酒店客房服务模式将从"标准化"走向"定制化"的出发点。

标准化服务的特征是什么？是酒店生产什么，客人就消费什么，以一种模式面对所有的客人，而定制化的特征是根据客人的不同情况和需求，生产不同的产品，强调：你需要什么，我就提供什么，所以，"定制化服务"实质上就是以标准化为基础的个性化服务，内含针对服务、灵活服务、超常服务、心理服务等基本内容。标准化、规范化服务是酒店服务质量的基础保障，"个性化"服务才是服务质量的灵魂，所以，要想提高服务质量，必须为客人提供富有人情味的、突破标准与规范的"个性化"服务，这是酒店服务质量的最高境界和发展趋势。

例如，被定为管理标准的西式铺床，现大都改为中式铺床，将呆板、僵化、"压迫"客人的毛毯撤掉，换上轻软、舒适给人带来温情的棉被，使"以人为本"的酒店经营理念得到了充分的体现。

又如：为了体现个性化服务，也从客人的方便和安全考虑，酒店的标准间内的客用品的配备将以色彩和图案来定分开来。"标准间"通常可以住两位客人，传统的标准间内都配有两套大小，色彩、图案完全相同的客人用品，例如杯子、毛巾、浴巾、牙刷、梳子等，这给两位客人带来了极大的不便，分不清哪个是"自己的"，哪个是别人

用过的，每次使用前都要认真回忆一下（即使这样，还是常常用错），总有一种不安全之感。未来的酒店经营将充分考虑这一实际情况，将标准客房内的客用品从色彩、图案等方面区分开来，体现客用品的配备从“标准化”转向“个性化”。

案例：北京王府饭店充分利用信息系统为客人提供与众不同的优质服务。该店客史档案中记录了美国加州旧金山人史密斯先生有洁癖，对白色有独特的偏爱，经常来本店住，而且愿住408房间……当史密斯先生再次有传真预定房间的时候，客房部立即据此信息着手准备接待工作。当史密斯先生入住后一进房间，看到房内布置是清一色的洁白。白色的窗帘、毛巾浴巾与睡衣，白色的沙发套，加上地毯上铺的白布，从上到下白的无懈可击。此外，客房部还为他增加了打扫次数，而且必须当着他的面。史密斯先生说，他在其它饭店都不曾享受到王府饭店为他提供的如此周到的服务。

四、设计无障碍化客房

21世纪，人类社会将走向老龄化社会。按照联合国的划分标准，我国已进入老年型人口国家，进入老龄化社会。老年人市场以往并不受重视，现如今，老年人身体健康、寿命延长，他们比上班族更有空闲时间，旅游居外大多在酒店内消费，因此酒店客房在其建设、经营、管理和服务等方面必须考虑老年人的需求，除为残疾人提供无障碍服务外，还将充分考虑老年人特点，向他们提供能够满足其特殊需要的服务设施和服务项目，同时调整客房部的服务内容和服务方式。

饭店对残障客人更应给予无微不至的照顾，我国星级评定标准规定三星级饭店必须具备残疾人专用进出口、专用厕位以及残疾人客房。根据残疾客人残疾的部位和程度不同，在客房的设计、服务与管理方面其要求也应大为不同。

附：　　　　无障碍客房特征

一间为残障客人设计的无障碍客房应包括以下特征：

. 门口净宽度最少为80厘米
. 房门推拉自如
. 大门上的锁具和其它装置高度合适
. 无障碍设计的安全装置
. 门上的窥视孔离地面0.9～1.1米
. 房内的控制装置和电灯开关离地面1.2～1.4米
. 通向浴室的门的净宽度最小为0.8米
. 无障碍设计的洗手池和水龙头
. 马桶上有扶手
. 马桶座距地面44～48厘米
. 浴缸有扶手，旁边备有换座提升机及其它装置

为听力障碍客人设计的无障碍客房应包括以下特征：

. 一个电视机解码器
. 视听报警器
. 提醒敲门声和电话铃声的装置
. 其它装置

五、商务楼层方兴未艾

商务楼层也叫行政楼层，是专门接待酒店商务客人及公司高级行政管理人员，并为他们提供特殊服务的楼层。

行政楼层通常设在四星级以上高档酒店，虽然各酒店都为客人设置有商务中心，但是这些人为了有效的利用时间，希望办公和居住相近，并避开旅游观光客，寻求幽静而舒适的环境，并且想从内心感觉一下自己与普通客人不一样的心理，这种客人一般需求以下服务:第一，提供与众不同的服务(秘书服务、快捷洗衣、烫衣服务、委托代办服务、以及免费早餐、下午茶、健身等);第二，提供更好，更便利的办公设施设备和物品等。

六、注重客人的安全和健康

21 世纪，旅游者将更加注重自己的安全和健康，因此客房服务和管理中要充分采取各种有效措施和手段，防止恐怖活动，各类犯罪分子、艾滋病以及各种传染病对客人的袭击，确保客人在酒店内的安全与健康。

七、“时权经营”备受青睐

时权经营又称时段所有权，是指以一定的价格将酒店的服务设施(如一定面积的房间等)在一定的时间内的所有权出售给顾客的一种经营方式。此种方式特别适合度假村，既可以较快的收回投资，又可解决因旅游业的季节性所造成的设施闲置问题。

从 20 世纪 70 年代旅游业引进了时权经营理念，现已得到迅速发展。从 20 世纪 80－90 年代，全球引入时权经营的旅游目的地增长 6 倍，其销售量增长 3 倍，销售额达 40 亿美元。据 RAGATZ 预测 2004 年销售额可达到 300 亿美圆。另据世界旅游组织的报告，全球时权经营从 1986～1995 年，年平均增长 15.8%，到 1995 年已有 3.5 万个家庭在全球 81 个国家的 4000 个旅游目的地购买了时权。毫无疑问，酒店的客房服务与管理将随着即受业主欢迎、又受度假者青睐的时权经营的发展发生着重大变化。

八、客房设计突出文化品位和个性特征

随着社会的发展、经济的繁荣，人们的消费层次也在不断提高，酒店的竞争将从低层次的价格竞争逐渐转向高层次的文化和品牌的竞争。有鲜明的个性特征和高品位的文化特色的酒店将受到顾客的青睐，那种统一模式的、毫无个性特色的酒店客房将被市场所淘汰。

九、“单人房”的比例将增加

我国的酒店是从改革开放以来才逐渐发展起来的，当时接待的主要是一些外国旅游者和一些商人，所以房间的设计大多都是适合这些旅游者的标准间。近年来，随着经济的发展，人们把商务经营和旅游结合起来，所以从事商务旅游活动的人数空前增加，而他们的特点是喜欢住单人房，一来不受别人干扰，保护个人隐私，力图安全，另一方面他们与旅游者相比不太在乎客房的价格。所以酒店应设法增加单人房的比例，

满足客人的需求，消除客人出双人房的价格且住“ 单人房”的无奈。

十、“ 钟点客房”卖点繁新

钟点客房以灵活性和便利性深受客人的欢迎，这种酒店按小时收费，使用于中、低档酒店和位于机场、码头、车站等流动人口较多的地方，满足了许多旅客缺少短暂停留的休息场所的需要。近些年，参加高考的高考生是钟点客房的一大市场，很多饭店在高考临近即推出“ 考生房、，并提供了很多便于考生的服务项目，进一步扩充了钟点房的概念，为钟点房增加了新卖点。

本章小结

本章主要阐述因客人需求应运而生的主题客房、绿色客房的性质特点以及在创建这些客房的原则、要求，综述了各种风格的主题客房服务功能及绿色客房的管理和标准，展示了21世纪客房未来的发展趋势，对饭店经营者把握经营方向，调节产品形式，满足消费者的需求，争取更大利润具有倡导、引领和促进作用。

关键词： 客人需求　主题客房的性质特点　风格类型
设计要点新型服务功能　主题活动设计
绿色饭店　绿色客房
创建绿色客房原则　绿色饭店标准　21世纪客房发展趋势

复习思考题

1. 何谓主题饭店？主题客房？
2. 主题客房的性质特点是什么？
3. 主题客房的设计特点有哪些？
4. 何谓绿色饭店？绿色客房？
5. 绿色客房管理的意义有哪些？
6. 绿色客房管理的原则是什么？
7. 绿色客房管理的基本内容有哪些？
8. 绿色饭店的标志和意义是什么？
9. 绿色饭店的理念是什么？
10. 绿色饭店分几个等级？
11. 21世纪饭店客房的发展趋势是怎样的？

第八章　世界各地习俗

● **学习提要**

一、亚洲主要国家的风俗习惯。
二、欧洲主要国家的风俗习惯。
三、美洲及大洋洲主要国家的风俗习惯。
四、伊斯兰国家的风俗习惯。
五、我国主要少数民族的风俗习惯。

● **学习目标**

一、了解不同国家的宗教信仰和宗教习俗。
二、了解不同国家的饮食、住宿习俗。
三、掌握不同国家的生活习俗和日常交往礼节。
四、掌握我国主要少数民族的风俗习惯和日常交往礼仪。
五、掌握不同国家的生活禁忌。

当今社会，国家有大小之分，民族有人口多寡之别，社会形态也各不相同，其风俗习惯和日常礼仪也有很大的差异，也是一个国家和民族区别于其他国家和民族的特殊标志。饭店业是一个窗口行业，其接待服务的直接目的，是为了最大限度地满足不同客人的正常需求，使客人乘兴而来，满意而归。客人进店消费，要求在食、住、行、游、购、娱等方面有一个舒适、安全、方便的感觉；心情上需要愉悦的满足感，他们是“上帝”，是我们的服务对象。他们在住店、就餐、娱乐等各个环节中，时时处处要受到尊重并享受到热情周到的服务。饭店服务要达到这一要求，就要了解不同国家和民族的不同风俗习惯，针对特殊的要求提供特色服务，使宾客获得“宾至如归”的感觉。

第一节　主要客源国和地区的习俗

一、亚洲主要客源国的习俗

（一）日本

日本和我国同属远东，一水相隔。自古以来，两国间就有着密切的往来。70 年代初两国实现邦交正常化以来，两国间的经贸、文化等各领域的交流更为密切，人员往来也十分频繁。

日本号称“礼仪之邦”，素以重礼节而文明于世。在日常生活中，日本人大多彬彬有礼。见面时互致问候，并脱帽鞠躬，表示诚恳、尊敬。日本语言中规定有敬体和简体，凡对客人、长者、上级都要用敬语讲话。初次见面是要鞠躬，问候礼是三十度，告别礼是四十五度。日本人也极为讲究礼貌语言，“您早”、“晚安”、“拜托您了”、“请多关照”、“对不起”等都是使用频率极高的词汇。

日本人一般不愿与客人在走廊上长谈，喜欢在房间或休息室里谈话。与日本人交往时应将目光置于对方双肩与胸部之间的位置，直视对方的眼睛是极不礼貌的行为。另外，日本人一般不用香烟待客，抽烟而不敬烟。故若要吸烟，应征得对方的同意，以示尊重。茶道是日本人通过茶艺术接待贵宾、表达友谊的一种特殊礼节。

在衣着方面，日本人也比较讲究。平时穿着大方整洁，在正式场合一般穿礼服，男子大多穿成套的深色西服，女子则穿和服。在天气炎热时，不随便脱衣，如需要宽衣，应先征得主人的同意。在一般场合，光穿背心或赤脚被认为是失礼的行为。

在日常生活习惯方面，日本人十分爱整洁、讲卫生。即便家庭居室也几乎每天清扫整理，窗明几净，用具陈列放置井井有条。

日本人的饮食习惯里，主食以米饭为主，副食主要是蔬菜和海鲜。日本人尤其喜欢吃鱼，如蒸鱼、烤鱼、炸鱼等，但都要把骨刺去掉。“寿司”是日本料理中传统的海味食品。

日本人饮酒时也很讲究敬酒的礼节。如应该由主人给客人斟酒，主人右手执酒壶，左手把着壶底，但不能触到酒杯。客人则要右手拿着酒杯，左手托杯底接受对方斟酒。客人一般应接受对方斟的第一杯酒以示礼貌，而婉转客气地谢绝第二杯也不为失礼。客人如酒量大，每杯皆可喝光，但主人和其它客人并不陪饮。有人不喝时，千万不要先将酒杯放倒，应等大家喝完后，一起把酒杯倒放在桌面上，这才是礼貌的做法。

茶道，是日本人用来修心养性、进行交际而特有的沏茶、品茗的高尚技艺，是一种讲究礼仪、陶冶情操的民间习俗。日本人认为，茶道的精神在于澄净一个人的灵魂。茶道是日本人生活艺术的组成部分，是一种美的追求，最重要的是，茶道所注重的礼节，直接影响着日本人日常生活的礼仪。日本种茶、饮茶的风俗是从中国传入的，后来才形成茶道。所以，茶道实际上也是中日两国文化交流的成果。

日本人忌绿色，认为是不祥之兆；忌荷花图案，认为是妖花；忌“9”、“4”等数字，因“9”在日语中发音和“苦”相同。赠送礼品时，切勿赠数字为“9”的礼物，否则会产生误会，以为你把他看作强盗。“4”的发音和“死”相同，故在安排食宿时，要避开4层楼4号房间4号餐桌等。日本商人还忌“2月”、“8月”，因为这是营业淡季。此外，讨厌金银眼的猫，认为看到这种猫的人要倒霉。同日本人合影，不要三人，认为中间被左右二人夹着，是不幸的预兆，是死亡的预兆，故应回避。

（二）韩国

韩国位于亚洲东北部，朝鲜半岛的南部，是中国的近邻。韩国的传统、习俗、礼仪深受中国文化的影响。近年来，尤其是中韩建交后，两国的人员往来也更加频繁。

韩国人特别重视交往礼节。男子见面时，常施鞠躬礼，相互微微鞠躬，然后互握右手或双手，彼此问候。女士之间只互相鞠躬，男士一般不主动与女士握手。

迎接客人，不论对方是男是女，均要微微鞠躬，遇见长者应首先向其问候。韩国同中国一样，也有敬老的传统，对长者非常尊重。长者进屋时，屋内众人要起身问安；与长者谈话时，要摘去帽子和眼镜；当着长者的面，不能随意喝酒、抽烟。

韩国人的姓名排序也是姓在前、名在后。名字通常由两部分组成，其中一个字是家庭同辈共有的，另一个是个人的名字。用名字呼唤韩国人是不礼貌的，一般称呼女士用小姐，男士用先生，或用头衔、职称或尊称。

韩国人居室一般没有椅子，人们席地而坐。所以，到韩国人家做客，进屋前要脱鞋，鞋脱在前门，鞋尖不要对着房间，要等着人家邀请三次后再进去。客人一进门就应把所带礼品双手递给主人。礼品一般是一束鲜花或一份小礼物，与西方不同，主人不能当面打开包装，礼品分量也不宜太重。

与韩国人交往，应避免谈及国内政治、贸易摩擦、男主人的妻子等敏感话题。其余则可自由漫谈，甚至可以包括一些纯属私人的话题，如收入、去向、子女等。

在饮食习惯方面，韩国人喜辣且多用香料。烤牛肉、醋烧小排骨，泡菜是他们的风味食品，尤其是泡菜，几乎每餐必有。

韩国人对“4”非常反感。许多楼房的编号严忌出现“4”字；医院、军队绝不用“4”字编号。韩国人在饮茶或饮酒时，主人总是以1、3、5、7的数字单位来敬酒、敬茶、布菜，并力避以双数停杯罢盏。

（三）印度

印度是四大文明古国之一，也是一个人口众多、民族和宗教成份复杂的国度。印度居民中80%以上的人信奉印度教，10%左右的人信奉伊斯兰教。印度各族人民称他们的国家为“婆罗多”意为月亮。在印度，月亮是一切美好事物的象征，所以，亦称为“月亮之国”。由于宗教信仰方面的原因，印度人的日常生活中有一些特殊的戒律，这一点在同印度人交往时要注意。

印度教徒视牛为圣物，故印度教徒不食牛肉。而伊斯兰教徒不食猪肉。虔诚的教徒一般不喝酒。宴请印度客人时，如对方不愿喝酒，不要勉强劝酒。印度人认为左手是脏的，拿食物、礼品或敬茶时都用右手，也不用双手。

按照印度的习俗，到印度人庙宇或家庭作客，进门必须脱鞋。主人在迎接贵宾时，要向客人敬献花环。花环的大小、粗细要视客人的身份而定，献给贵宾的花环既粗且长，超过膝盖，给一般客人的花环仅及胸前。献花环时，当场将其挂在客人的脖子上。

印度人见面时的礼节是“合十礼”，同时口中致意祝福“纳马斯德”。行礼时弯腰摸长者的脚是尊敬的表示。妻子送丈夫出门，用摸脚跟和吻脚以表示最高礼节。到印度教徒的住宅或寺庙访问时，进门要脱鞋。见面行“合十礼”时，对长者掌宜高，可与前额持平；对晚辈掌宜低，可齐于胸前；对平辈掌宜平，可位于胸口和下巴之间。

印度人在交谈时，摇头或歪头表示“是”，点头表示“不是”。不要主动与印度妇女握手，印度许多家庭妇女甚至不会见陌生男子及在众人面前露面。此外，印度妇女还有在自己的前额正中点上一颗“痣”的传统习惯。印度人称其为“贡姆”，中国人称“吉祥点”。其颜色以红色为主，但也有其他颜色，视衣着及肤色而定。“吉祥点”不仅是美容，而且有一定的含义，它表示妇女的婚姻状况。

印度人非常重视卫生，每日有沐浴习惯。用餐前必须先洗手，每餐剩下的食物不可留着下次再吃。盛食物的器皿用后必须立即洗净擦亮。

印度人普遍喜爱绿色，认为绿色象征着春天和新生，被视为吉祥的色彩。荷花是印度的国花，被誉为“花中君子”。

印度人奉牛为神圣，一般人忌用牛皮鞋或牛皮箱。在印度人的心目中，孔雀和“神牛”一样，任何人不准伤害它。他们还忌讳用浴盆给孩子洗澡，认为是“死水”，是不人道的行为。

（四）泰国

泰国位于中南半岛中部，盛产大象，尤以白象为珍贵，敬之如神，故有“白象国”之称。泰国约有90%的人信奉佛教，僧侣多达15万人，僧人身穿黄衣，故有“黄衣国”之称。按照泰国的古老习俗，男人成年后，必须削发为僧，当3个月的和尚，连尊贵的国王也不例外。全国有寺庙两万多座。在泰国，寺庙乃圣洁之地，故严禁穿背心、短裤或赤脚露背进入寺庙，这些行为被称为亵渎神灵、玷污圣堂。到泰国烧香拜佛也要衣冠整洁，入寺时要摘帽脱鞋，以表示对神灵的尊敬。

泰国人热情友善，总是以微笑迎接客人，故享有“微笑土地”的雅号。在泰国，朋友相遇，双手合十于胸前，稍稍低头，互致问候。晚辈向长辈合十敬拜，双手要举到前额，长辈也要合十还礼，以示接受对方的礼拜。

泰国人认为头是灵魂所在，神圣不可侵犯。摸头对泰国人来说是极大的侮辱。打了小孩的头，则认为小孩要遭不幸。长者在坐，他人应坐地或蹲跪，注意头的高度不要超过长者，否则是极不礼貌的。别人坐着时，切忌将物品越过其头顶。

到泰国人家做客时，进门要脱鞋，还要注意不能蹲门槛。落座时不要坐得比别人高。同泰国人谈话时要注意礼节，手势要适度，不能用手指着对方讲话，这被认为是不尊重人的表现。

泰国人睡觉忌头向西方，因为日落西方象征死亡；忌用红笔签名，因人死后用红笔将其姓氏写在棺木上；泰国人认为脚是最低下的，忌用脚踢东西给别人，也忌用脚踢门。就坐时把鞋底对着别人也是一种侮辱性的举止。妇女落座更为严格，双腿必须并拢，否则被认为是缺乏教养、不文明的行为。在泰国，所有的佛像都是神圣的，不经允许不准拍照。

（五）新加坡

新加坡是马来半岛南端的小国，风景优美、气候宜人，有“花园城市”之称。新加坡人口267万，华人占76.9%，其余的为印度、巴基斯坦、斯里兰卡、欧洲或欧洲混血人等。华裔和斯里兰卡血统人多信奉佛教，马来人和巴基斯坦血统人信奉伊斯兰教；印度血统人信奉印度教，此外还有信奉基督教和天主教的。新加坡旅游业十分发达，每年接待的外国旅游者超过本国总人口。

新加坡人十分讲究礼貌礼节，服务质量很高。华裔新加坡人在礼仪方面与我国相似，而且还保留了中国古代传统，如两个人见面时，互相作揖，通常的见面礼节是鞠躬、握手。来华的旅游者中，多数人的华语水平很高，礼貌用语娴熟。印度血统人仍然保持印度的礼节和习俗，妇女额头上檀香红点，男人扎白色腰带，见面时合十致意，马来血统、巴基斯坦血统的人则按伊斯兰教的礼节行事。

新加坡人特别讲究清洁卫生，环境保护，如在公共场所随地弃物或涂写者，要收到法律严厉制裁。新加坡人忌说“恭喜发财”之类的话，他们认为“发财”两字，会有“横财”之意，而“横财”就是不义之财。因此，祝愿对方“发财”，无异于挑逗，煽动他人去损人肥己，是对社会有害的行为。

二、美洲和大洋洲主要客源国的习俗

（一）美国

美国地处美洲中部，是一个较大的移民国家，号称“民族大熔炉”。美国有两亿多人口，一半以上的人信奉基督教和天主教，另有一千万左右的人信奉犹太教和东正教。美国是一个高速发达的资本主义国家，从总体实力看，在世界各国处于领先地位，美国旅游业十分发达，是我国最大的客源国之一。美国人崇尚自由，性格开朗，生活随便，以不拘小节著称于世。所以，同美国人交往，可以比较轻松和随和。美国人见面，常常直呼对方的名字，说声“嘿”或“hello”就算问候礼节了；在分手时，也只是向大家挥挥手或说声“再见”，“明天见”。但这并不意味着美国人不讲礼貌。在美国，陌路相逢，不管对方民族和肤色，彼此均主动招呼问好。

在社交场合，美国人与欧洲人一样，见面时一般施鞠躬礼、点头礼、举手注目礼、握手礼、接吻礼或吻手礼。美国人谈话时喜欢用手势表达自己的意思。与美国人谈话要保持一定的距离，不可过于靠近，通常以50厘米左右为宜。否则，会让人感到不舒服。在谈话中，他们无拘无束，热烈辩论，如果在谈话中突然默不作声了，那就表示彼此再也谈不下去。

美国人性格开朗外向，待人热情，妇女亦然。他们举止大方，爱打扮，穿戴新奇。美国人的生活习惯是比较随便，自由自在。晚上睡得晚，早上则起的迟。和所有的西方人一样，美国人对卫生要求极其严格，从不马虎。

在社交活动中，美国人十分讲究时间和效率。如果事先约好，又无特殊原因，一定要准时到达，否则是极不礼貌的。

美国人在谈判、会议等正式交往中，没有敬烟、敬茶等应酬习惯，相互介绍后立即办事。

美国人忌数字“13”、“星期五”等日，忌蝙蝠图案的商品与包装，认为它是凶神恶煞的象征。忌问个人收入与财产情况，忌问妇女婚否、年龄及服饰价格等私事。

（二）澳大利亚

澳大利亚位于太平洋南部和印度洋之间，是一个移民国家，多为英国和其它欧洲国家移民的后裔。98%的居民信奉伊斯兰教，其余信奉犹太教、佛教和伊斯兰教。澳大利亚人性格外向，容易接触和交往。在社交中，澳大利亚人礼貌友善，也比较随和。

和澳大利亚人交谈，除工会、宗教和个人问题外，其他话题几乎均可涉及。但是对于澳大利亚土著和白人的关系、袋鼠的数量及控制则属于较为敏感的话题，不宜过多涉及。此外，评论他们与英、美的异同，也是不明智和不受欢迎的。

在社交礼宾方面，澳大利亚与英、美无十分明显的差异。澳大利亚人乐于结交朋友，即使是陌生人，也一见如故。他们有崇尚友善精神，并有谦逊礼让习性，重视公共道德，组织纪律强。时间观念强，赴约准时并爱惜时间；去别人家做客可送葡萄酒和鲜花。

由于澳大利亚汇集了来自世界各地的移民，饮食菜肴风味也呈多元化，印度菜、中国菜、日本菜、意大利菜均有。澳大利亚人喜欢喝啤酒、葡萄酒，也喜欢喝茶和咖啡，喝茶时也同喝咖啡一样，加牛奶和糖。

澳大利亚人酷爱体育活动，他们认为，如无体育活动，生活就会空虚，游泳及日光浴是人们的癖好，若有谁不会游泳，则不仅自以为耻，而且必成为众人嘲讽的笑料。

三、欧洲主要客源国的习俗

（一）英国

英国是由英格兰、苏格兰、威尔士、北爱尔兰组成的联合王国，居民大多信奉基督教。长期以来，英国人给人最突出的印象是矜持庄重，追求绅士风度。他们在日常生活中也非常注意庄重的仪表和谨慎的态度。我们很少能够看到英国人当众拥抱或携手而行。

英国人尤其讲究“绅士”、“淑女”风度，不轻易动感情或表态。特别是受过高等教育的英国人，更是谈吐幽默、高雅脱俗、谦虚谨慎。他们视夸夸其谈为缺乏教养，视自吹自擂为低级趣味。英国人在谈判桌上也比较稳重，不轻易表态，只有在冷静观察后，才会做出判断。

英国人平时很少跟别人握手，一半只是在至爱亲友、初次相识、朋友间久别重逢或长途旅行告别前才握手。人们交往时常用“请”、“对不起”、“谢谢”等礼貌用语，即使家庭成员之间也是如此。用表示胜利的手势“V”时，对英国人一定注意手心对着对方，否则会招致不满。

英国人的饮食习惯是每天四餐，即早餐、午餐、午后茶点和晚餐，通常晚餐最为讲究。用餐时，对服饰、座次、用餐方式等往往都有规定。英国人吃饭比较有节制，一般只吃八成左右，狼吞虎咽或打嗝被认为是失礼的表现。此外，英国人也爱喝茶。喝茶有固定的时间，多半是在清早、每顿饭后、午休时分、临睡前，且一次只喝一杯。英国的工作机关每天都有上下午两次各20分钟的喝茶时间。除了茶和咖啡之外，英国人也爱喝啤酒、葡萄酒等非烈性酒。

英国人忌用大象、孔雀作服饰图案和商品装潢。他们认为大象是愚笨的，孔雀是淫鸟、祸鸟，连孔雀开屏也被认为是自我吹嘘和炫耀。忌“13”这个数字。还忌“3”这个数字，源于1899年英布战争中英国士兵点燃第3支烟时被打死者甚多。所以忌用同一根火柴给第三个人点烟。与英国人坐着谈话忌两腿张得过宽，更不能跷起二郎腿。若站着谈话不可把手插入衣袋，忌当着英国人的面耳语和拍打肩背。忌送百合花，他们认为百合花意味着死亡。

（二）法国

法兰西共和国位于欧洲大陆的西部，有五千多万人口，居民大都信奉天主教。法国人性格开朗热情，处事乐观，尤爱音乐、舞蹈。即使明天要上前线，今晚也要参加舞会。法国人衣着讲究，爱漂亮，对商品和服务的品位和消费要求很高。法国时装和化妆品享有全球性声誉。

法国人邂逅或分手时行握手礼。但握手时间不能太长，也不能使劲摇晃。一般是女士、上级、长者先伸手。如果人多，握手的顺序应该是先女后男，先长后幼。如是亲朋好友相遇，则以亲吻和拥抱代替握手。亲吻女士的习俗只保留在某些社交场合，年龄较大的儒雅之士有些仍保留这一古礼。

和其他西方国家的人一样，法国人对女士也是有礼有加。若在一条窄道上与女士相遇，男士一定要闪身让女士先过。男女约会，男士绝不能迟到，应走在前面为女士开门，并按女士意见选好餐桌。饭毕，要帮助女士拿东西、穿大衣，然后开门让女士先走。

法国人的饮食也很讲究，其烹调技术和美味佳肴闻名遐迩。烹调用料讲究，制作精细，品种繁多，色、香、味、形俱佳。此外，法国人也很喜欢喝浓咖啡。在巴黎的林荫道边，到处可见热闹的露天咖啡馆。法国的葡萄酒举世闻名。

传统的法国公司职员习惯别人称呼其姓而不是名。同法国人约会要事先商定好，按时赴约是有礼貌的做法。法国人不喜欢把公司业务同个人生活搅在一起，因而到法国人家做客的情况并不多见。如登门拜访，需征得对方的同意。访问时，可送些鲜花或精致的巧克力糖果等礼品。

法国人忌黄色的花，认为是不忠诚的表现。忌黑桃图案，认为不吉祥；忌墨绿色，因二次世界大战期间德国纳粹军服是墨绿色；忌仙鹤图案，认为是蠢汉和淫妇的象征，忌送香水和化妆品给女士，因为它有过分亲热或图谋不轨之嫌。与法国人谈话，应避免谈及政治和金钱。会谈时不要开玩笑。

（三）德国

德意志联邦共和国位于中欧西部，人口七千多万，大多数人信奉基督教或天主教，他们的典型性格特点是勤勉矜持、有朝气、守纪律、好清洁、时间观念强。德国人非常喜爱旅游，尽管平时生活比较节俭，但外出旅行却舍得花钱。

德国人在交往中经常互送礼品，礼品的选择要适宜得当。女子一般不先送男子礼物，男子不可送长筒袜或内衣给女士。最常见的礼品有花束、糖果、书籍、相册、围巾等。礼物包装要精致。送礼的时机是在和主人互致问候或脱去外衣之后递给女主人。接受者应表示惊喜并立即打开包装纸，对礼物作适当的赞许。

由于德国人时间观念甚强，与德国人有约，一定要准时赴约。失约或者迟到是极为不礼貌的行为。德国人也不喜欢人直呼其名，除非经他本人允许。在宴席上，男子坐在妇女和地位高的人左侧，女士离开和返回饭桌时，男子要站起来以示礼貌；请德国人进餐，事先必须安排好。与他们交谈最好谈原野风光，个人的业余爱好多为体育活动。接电话要首先告诉对方自己的姓名。

在饮食方面，德国人对早餐、午餐比较讲究，晚餐则简单随便，饭后有饮咖啡的习惯，平时则喜欢喝啤酒。德国是世界上饮啤酒最多的国家之一，有“啤酒之国”之称。

德国人忌讳茶色、红色、深蓝色。服饰和其它商品包装上忌用纳粹标志。忌食核桃。

(四)俄罗斯

俄罗斯联邦位于欧洲东部和亚洲北部，东正教为他们的主教。俄罗斯人性格开朗豪放，喜欢说笑，重礼貌，组织纪律性强。

俄罗斯人见面时，总要互相问好、致意。不称呼对方的名字和父名，只称呼姓是不礼貌的。初次与俄罗斯人见面，不可主动问这问那，也不要深谈自己的事，否则对方会疑心，不愿与你接触和交往。主人给客人吃面包和盐，是最殷勤的表示。他们与人见面，大都行握手礼，熟人之间还行拥抱接吻礼。男子外出活动时，十分注重仪容仪表，一定要把胡子刮净。赴约准时，在社交场合，处处表现尊重女性。

俄罗斯人有着非常良好的公德意识。在公共场合，很少有人大声喧哗，更没有随地吐痰、乱扔纸屑的现象。

俄罗斯人的婚礼仪式也颇俱特色。结婚登记仪式在国歌声中开始，然后新郎新娘由男女傧相陪同一起乘车游览市容，有的还要到无名烈士墓前献花。

在饮食方面，俄罗斯人口味喜浓，油水要足，并喜酸、甜和微辣，特别喜欢用土豆、西红柿、卷心菜制作的“罗宋汤”。此外，俄罗斯人爱饮酒，尤其是伏特加酒，而且多数人的酒量也都较大。

与俄罗斯人说话，要坦诚相见，不能在背后议论第三者，更不能说他们小气，对妇女要十分尊重，忌问她们的年龄和衣饰价格等。

(五)意大利

意大利共和国公民90%以上信仰天主教，她们热情好客，待人接物彬彬有礼。

在正式场合，穿着十分讲究。见面礼是握手或招手示意；对长者、有地位和不太熟悉的人，需称呼其姓，并冠以“先生”、“太太”、“小姐”和荣誉职称；与意大利人谈话要注意分寸，一般谈论工作、新闻、足球皆可；但不要谈论政治和美国橄榄球。

在饮食习惯方面，意大利人喜欢吃通心粉、馄饨等面食，菜肴特点是味浓，尤以原汁原味闻明。意大利人有早晨喝咖啡、吃水果、喝酸牛奶的习惯，葡萄酒是意大利人离不开的饮料，不论男女几乎每餐都要喝酒，甚至在喝咖啡时，也要掺上一些酒。每逢佳节，更是开杯痛饮。

意大利人忌菊花，因菊花盛开季节，正是他们扫墓祭亡灵之时。

四、非洲及阿拉伯国家的礼俗风情

(一)非洲国家的礼俗介绍

非洲是人类的发祥地，也是人类古代闻名的摇篮之一。非洲现有居民约四亿六千多万人，分属于两大种族，即北部非洲的欧罗巴种族和撒哈拉以南非洲的黑色种族。

非洲人性格热情奔放，其风俗习惯也因地而异。非洲最流行的打招呼方式——举起右手，手掌向着对方，目的是表示“我的手并没有握石头。”显然，它是在表明“没有武器”。这个习俗，自古在世界各地普遍地被采用，只不过样式稍微不同而已。它可以说是友好的象征。在非洲，握手时如果握得有气无力，被称为礼貌不周，毫无诚心，他们会生气的。尤其在阿尔及利亚，握手是愈用力愈受尊敬。他们认为，用力的程度跟对方好意的程度是成正比的，最好握得他们手都感到麻木叫痛。

非洲人普遍信奉本土的传统宗教。“上苍”被认为是最高的主宰，巫师和宗教性秘密活动在非洲人的精神生活中占有重要的位置。

北部非洲的居民多数为阿拉伯人，其风俗习惯与阿拉伯世界相同。埃及是非洲最大的阿拉伯国家。埃及人忌蓝色和黄色，认为蓝色是恶魔，黄色是不幸的象征，遇丧事都穿黄衣服。埃及人还忌针，因为针在埃及是贬义词，每日下午 3 到 5 时，是严忌买针和卖针的时间，以避“贫苦”、“灾祸”。

（二）阿拉伯国家的礼俗

阿拉伯国家的主要特点是，居民大都信奉伊斯兰教，《古兰经》是伊斯兰教的经典，也是穆斯林各项生活的最高行为准则。阿拉伯人热情豪爽、重情守义、慷慨大方、不拘小节，这些性格特点在他们的人际关系和日常礼俗中得到了明显的表现。

阿拉伯人见面时，如果关系一般，只要握手就可以了，关系比较密切的或久别重逢时，见面后互相拥抱。同时，在握手、拥抱时还要互相致意问候。

热情好客是阿拉伯人的传统美德。有贵宾来访，最隆重的待客方式是向客人熏香和喷香水，以示主人的一片情意。客人要告辞时，主人要用香水喷洒客人的脖子和前胸，再一次使客人陶醉于香水浓郁的友好气氛中。

阿拉伯人认为左手是不洁的，忌用左手送食物。因此，在阿拉伯人的社交场合，切不可使用左手。

阿拉伯人严格信守伊斯兰教义，妇女不能在非亲属面前抛头露面，所以，在阿拉伯人家里做客，不要东张西望，这会引起主人的不悦。在许多阿拉伯国家，妇女外出必须蒙上面纱，即使是外国妇女到此也要入乡随俗，在公众场合穿着必须袖长及腕，裙长及踝，领口严密。

一些阿拉伯国家如沙特阿拉伯实行严格的男女分开的礼仪。男女学生分校分班，即使男教师给女学生上课也要通过闭路电视进行；公共汽车也有男女分开的车厢，各有一门上下。

第二节　我国主要少数民族的习俗

一、蒙古族

我国的蒙古族共有 400 余万人，其中大多数居住在内蒙古自治区，少数分布在东北三省、青海、新疆和新疆维吾尔自治区境内。蒙古人多信奉藏传佛教，世代生活在大草原上，主要从事畜牧业，因而，他们的生产、生活及习俗、日常礼仪同游牧生活息息相关。牧民们爱穿滚边长袍、头上戴帽或缠布，脚穿皮靴，多住蒙古包。

蒙古族同胞性格粗犷豪放，性情耿直。蒙古族的日常礼节主要有献哈达、递鼻烟壶、装烟及请安四种，现在又增加了鞠躬礼和握手礼。

蒙古族牧民十分热情好客、讲究礼仪。在请客人进入蒙古包时，总是立于门外西侧，右手放在胸部微微躬身，左手指门，请客人先行。客人就座后，主人按浅茶满酒的礼俗热情敬献上奶茶和美酒，并用哈达托着献给客人。招待来客的佳宴有手抓羊肉和全羊席。接待贵宾或喜宴时要摆全羊席，有烤、煮全羊两种。送客时，主人送客人到包外或本地边界。如骑马，主人要扶客人上马，并说“再见”或“一路平安”等语。当目送客人走出一段后，主人才返回住处。

蒙古族的婚礼隆重而又独特，尤以鄂尔多斯草原的蒙古族传统婚礼更具特色。迎亲的队伍于傍晚十分启程，带着弓箭、食品和礼物及一只装满酒的小瓶子，骑着骏马前去迎亲。到达新娘家后，迎亲队伍要绕着蒙古包转一圈，并将一条哈达及一只剥好的小羊给操办婚事的厨师。带来的弓箭则放在象征勇敢精神的玛尼宏旗杆下。婚礼上人们一边畅饮，一边对唱。到达婆家后，新娘头上蒙的红纱巾要由婆婆揭下来。婆婆还要给新娘送礼并取个名字。然后新娘要给公婆及众宾客行磕头礼。

蒙古族日常生活中的传统食品分为白食（奶食品）和红食（肉食品）两种。白食待客乃最高礼遇，因为蒙古族认为白色象征崇高和吉祥。此外，奶茶和炒米也是蒙古族人最为喜爱的日常食品。

大部分地区的蒙古族人过春节、端午节和重阳节，每年的 6 月到 9 月，是牧闲季节，是一年一度的传统的“那达慕”盛会，会上还进行物资交流。

二、回族

回族是我国主要少数民族之一，人口约有 860 万。回族是少数民族中在全国分布最广的民族，有 1/3 的人口居住在宁夏回族自治区，其余散居在全国各地，有大分散、小集中的特点。

回族是全民族信仰伊斯兰教的民族。阿訇是清真寺主持教务的人，极受穆斯林及回族人的尊敬。当他们在祈祷时，千万不要打扰他们。与宗教有关的开斋节、古尔邦节和圣纪节是回族的传统节日。

回族人尊敬长者，讲究卫生，室内整洁，一般家庭都窗明几净。他们尤其重视水源卫生，凡是供人引用的水井、泉眼，一律不许牲畜饮水，也不许任何人在附近洗脸、洗衣服或洗澡。

回族人在习俗方面受汉族文化强烈影响，衣着已与汉族相似，但是仍保留自己的特色。妇女头戴撮口帽、搭盖头，一般把头发、耳朵、脖子都掩盖起来。男人头戴白色或黑色无沿小帽，又称“礼拜帽”，上着对襟短上衣，穿白长衣、白袜子，喜欢在白衬衣外套坎肩。回族男子很注意自己胡须的修饰。回民喜欢各种富有民族风味的传统小吃，如清汤羊肉、牛羊肉夹馍、羊汤杂碎、酿皮、切糕等。回民家里盖碗很有特色，种类有红糖砖茶、白糖清茶、冰糖窝窝茶及“八宝茶”。

回族的饮食禁忌比较严格，严禁食猪肉，忌养猪，忌别人提着猪肉进回族的商店和住处。只吃反刍类的牛、羊、驼肉，不吃马、驴、骡、狗肉，以及自死的禽畜和畜血；

一切凶猛禽兽和没有鳞的鱼不能吃。回民忌说杀字，只能说宰鸡宰牛。严格禁止用食物开玩笑；不能用忌讳的东西做比喻，禁止在背后诽谤别人或议论他人的短处；反对赌博、游手好闲等；外出必须戴帽，严禁露顶；忌用左手递送物品。

三、满族

满族历史悠久，其统治者曾统治全国达295年，满族人口约900万，主要分布在东北三省，其余则散居在全国各地。由于历史的原因及长期同其他民族杂居，许多满族人的生活习惯已经有了很大的变化，但在一定程度上满族同胞仍然保留着一些传统的生活习惯。

满族人非常注重礼节，讲究卫生，平日相见要行请安礼，如遇长辈，须请安后方能讲话，以示尊重。最隆重的礼节为抱见礼，即抱腰见面礼。一般亲友相见，无论男女均行此礼，以示亲昵。

满族的婚姻礼仪也有自己的特点。定亲时，男方要请媒人到女方家，三次后才能知道婚姻能否成功，而且每次都要带一瓶酒。结婚典礼时，送亲车与迎亲车中途相遇时要举行换车仪式。新娘过门先不进房，而是在预先搭好的帐篷里坐一会儿，称为“坐帐”或“坐福”，坐的时间为三刻钟，意为不忘祖先游牧围猎的艰苦生活。

满族人在饮食习惯方面与汉族大体相似，但也保留了自己的一些特点。饽饽、汤子、萨其马是满族的风味食品。

到满族家中做客，不能随便坐西炕，因为西炕是最尊贵之处，是供奉祖宗的地方，产妇未满一年也不可坐西炕。满族还有一个习惯，不同辈的人不能同炕而眠，子女长大后也不同室而眠。不要当着主人的面赶狗、骂狗，否则主人会认为你在侮辱他。满族在饮食方面的忌讳是不准杀狗，不吃狗肉，在衣着方面不戴狗皮帽子，不穿戴狗皮袖头的衣服。据说远古时，有个满族人遇难，被家犬所救，后人以表“义犬救主”之恩，形成了这种习惯。还忌讳打喜鹊与乌鸦。忌在索罗杆（神杆）上拴牲口。

四、维吾尔族

维吾尔族是我国主要少数民族之一，人口约720万，主要居住在新疆维吾尔族自治区天山以南地区。维吾尔族信奉伊斯兰教，主要节日有肉孜节、古尔邦节和圣纪节。

维吾尔族人十分重视礼貌，在路上遇到长者或朋友，或平时待人接物时，习惯将右手按在胸部中央，然后把身体向前倾30度，并连声道“您好”。维吾尔族端茶和接物都用双手，以示尊敬。维吾尔族素有“歌舞民族”的美称。优美、轻快、热烈的歌舞体现了维吾尔人热情、奔放的民族性格。

维吾尔族人讲究卫生，常喜欢在自来水龙头下直接冲洗手脸。到维吾尔族家里做客，进门前和用餐前女主人要用水壶给客人冲洗双手，一般洗三次。习惯个人使用专用茶杯，当第一次给客人茶杯时，须当着本人面，将茶杯消毒后才使用。

维吾尔族人不论男女老幼，都喜爱戴四棱小花帽，称为“朵巴”，妇女多喜欢耳环、手镯、项链等装饰品，喜欢画眉染指甲，画眉毛多把左右两条连成一线。少女以长发为美，将头发梳成十几条长发辫。

在饮食方面，他们喜欢喝奶茶、吃馕，喜食拉面和包子。最具维吾尔族风味的食品是烤羊肉串和“抓饭”，维吾尔族很少吃蔬菜，但离不开水果。

维吾尔人禁食猪、驴、狗、骡肉，自死的牲畜一律不吃；在麻扎和清真寺以及河坝、伙房等地忌携带不洁物品；吃饭时不能随便拨弄盘中食物，不能随便到锅灶前，不剩食物在碗中。衣忌短小，上衣一般过膝，裤脚达脚面，最忌户外着短裤；屋内就座时，应跪坐，忌双腿直伸、脚朝人；忌睡觉时头东脚西，故在安排客房、摆放卧具和枕头时要特别注意。探望卧床病人忌站在病人头和脚的方向。

五、藏族

藏族是一个历史悠久的民族，西藏自治区是藏族同胞的主要聚居地。除此之外，邻近的甘肃、青海、四川、云南等省也生活着一些藏族同胞。藏族人多信仰藏传佛教，也有少数人信仰原始宗教－苯教。在高山环境、游牧生活、宗教信仰的共同影响下，藏族人形成了自己独特的生活习俗和礼仪文化。

献“哈达”是藏族最常见的礼节。在迎接宾客时，将洁白的哈达双手托起，高举过头，献给客人。献哈达时不鞠躬或单手送都是不礼貌的。接受哈达的人通常做好与敬献的人一样的姿势，并表示感谢。送别亲友时，则要敬酒、唱酒歌、碰额头，以示眷恋与祝福。敬献青稞酒、酥油茶也是藏族人特有的习俗。藏族的节日很多，藏历新年是藏族一年中最盛大的节日，相当于汉族的春节。此外，还有酥油灯节、沐浴节、萨噶达瓦节、驱鬼节等。

藏族人民的忌讳较多。凡行人碰到寺庙、金塔、嘛尼堆和龙树时，都必须下马，并遵守从左边绕行的规定，信仰本教的人则从右边绕行；进入寺庙，忌讳戴眼睛、吸烟、摸活佛、翻经书、敲钟鼓。不准用单手接、递物品；主人倒茶时，客人须用双手把茶碗向外倾出，以示敬意；藏民一般不吃鱼虾、鸡肉和鸡蛋，忌吃狗、驴、马肉，忌吃尖嘴动物的肉，有爪动物的肉；忌讳当着当事人的面谈婚事；忌讳在家中吹口哨、拍巴掌；忌讳扫地时直接从别人手中接过扫帚；家有病人或妇女生育时，忌生人来访；亲人出门忌讳马上扫地。

六、壮族

壮族是我国人口最多的少数民族，全国壮族人口约1548万，90%以上聚居在广西壮族自治区南宁、百色、河池、柳州4个地区，其余少部分分布于云南、贵州、广东、湖南等省境内。壮族人喜爱唱歌，每年农历三月初三都要举行“歌圩节”。节日这天，青年男女盛装打扮，云集到山头旷野或竹林草坡，即兴对唱山歌。在对歌的同时，还要举行抛绣球等有特色的活动，借以助兴。

壮族人待人热情、讲究礼貌、客人来访，必由主人出面热情招待。主人让座递烟，双手捧上香茶。茶不能太满，否则视为不礼貌；有客人在家，不得高声讲话，进出要从客人身后绕行，与客人共餐，要两脚落地，与肩同宽，切不可跷起二郎腿；客人告辞时，主人要将另留的鸡肉和客人盘中的余肉菜叶包好，让客人带回去，给亲人品尝，客人绝不能拒绝；用餐时，菜要一次夹起。

壮族人还十分尊重老人，德高望重的老人自然称为村寨的领袖，办事多听从老人意见；窄路相逢，主动给老人让路；赴宴做客，给老人让上座，要将鸡头等菜留给老人。

与西南地区的其他许多少数民族一样，壮族人也喜欢吃糯米饭。每逢节日，壮族人家家户户都要做一种叫“五色饭”的花糯米饭，并且相互赠送，以示祝福。壮族人在节日里还有做五色蛋的习惯。他们将染成五种颜色的鸡、鸭、鹅蛋串成一串，挂在孩子们的颈上，祝愿风调雨顺、五谷丰登。

壮族人忌食牛肉和蛙肉；忌讳用脚踩踏锅灶，禁止在灶上煮狗肉；吃饭时忌用嘴把饭吹凉，更忌把筷子插在碗中；忌讳从晾晒的妇女裤子下走过；夜间行走禁止吹口哨。壮族人给人递茶时，应双手捧杯，忌讳单手递送，夹菜时忌讳来回挑着吃。

【案例】

Matthew 先生住在酒店 1306 房已有两天了，每天早出晚归，房间的、衣服总是扔得到处都是。服务员小袁做卫生时都会不厌其烦地帮他把衣服整理好，放在衣柜内。

小袁发现房间里的茶杯每天都原封不动的放在那里，通过向中班服务员打听后，小袁得知每次送袋装茶他都不喝，但是他每天都会买一瓶矿泉水。

第三天上午，1306 房来了 Matthew 先生的一个朋友，小袁想，他的朋友可能和他一样不喜欢喝袋装茶叶，于是抱着试试看的心理用散装茶叶为他们泡了两杯茶送进房。

过了不久，小袁看见客人和朋友出去了。为了弄个明白，她马上进房去查看，发现两个茶杯都空空如也，原来他们爱喝散装茶。于是，小袁高兴的在常客卡上记录了这一点，又为 Matthew 泡了一杯散装茶，并用英语给他留了一张条：“It′s the tea for you! Wish you like it !”（这杯茶是为您准备的，希望您喜欢！）

案例分析：

酒店给客人提供袋装茶叶，客人不喝，这在很多酒店都是常事。但本案例中服务员小袁对此却非常上心，并试着给客人上散装茶，结果赢得了客人的满意。作为酒店服务员，要了解不同国家民族宾客的不同习惯，以及他们所特有的生活方式，这样才能为客人提供有针对性的服务，同时也避免在服务当中遇到一些不必要的麻烦。

酒店服务之间的差别不是服务技能的问题，而是服务意识的问题。作为酒店服务员，不仅要做“规范人”，更要做“有心人”。酒店在进行员工培训时，要加强案例分析，对服务规范之外的东西加以引导，以真正提高酒店的个性化服务水平。

本章小结：

涉外饭店服务的对象，是接待来自世界各国各地区的旅游者，要做到文明接待、礼貌服务，就必须了解各国的国情和民俗，懂得他们的生活方式、饮食习惯以及爱好和禁忌，以便采取正确的服务方式，使他们乘兴而来，满意而归，这不仅是饭店员工自身文化素质的需要，而且有利于饭店服务质量的提高。否则，不仅会妨碍正常的国际交往，而且有时会发生一些不必要的误会。

通过本章的学习，使饭店从业人员了解了不同国家和民族不同的风俗习惯，有利于不断提高饭店的服务质量，增强我国饭店行业在国际竞争中的优势，从而立于不败之地。

关键词： 习俗　礼仪　宗教信仰
民族　禁忌　饮食习惯

复习思考题

1. 试比较不同国家的宗教信仰。
2. 不同国家的禁忌有何不同。
3. 我国主要少数民族见面礼各有什么特点？
4. 论述我国主要少数民族的风俗习惯。
5. 通过对不同国家和民族风俗习惯的学习，试论述在饭店经营管理中如何接待不同国家、民族的客人。

附　　录

案　例

一天晚上，住在某酒店的一位美国老太太觉得房间内温度太低，有些冷，就叫来客房服务员，希望能给她加一条“Blanket”(毛毯)。

“OK，OK!”服务员连声说。

过了一会儿，这位服务员拿了一瓶法国“白兰地”(Brandy)进房来。客人一见，苦笑不得，只好说：“OK，白兰地能解决我一时的温暖问题，可不能解决我一晚上的温暖问题啊!”

……

案例分析 客房服务员的工作需要和客人面对面的进行，所以必须具备较好的业务素质和良好的外语会话能力，否则，不仅会影响服务质量，还可能闹出很多笑话。

一、客房部专业词汇

客房种类：

single room　单人间

double room　双人间

triple room　三人间

double - double room　两张双人床的房间

suite　套间

deluxe suite　双层房间

presidential suite　总统套房

connecting room　连通房

客房状况：

vacant(V)　空房

room status　客房状况

vacant clean(VC)　可出租房

occupied(OCC)　住客房

vacant dirty(VD)　脏的空房

guest in(G/I)　客人在房内

make up room(MUR)　请即打扫房

do not disturb(DND)　请勿打扰房
double locked(DL)　双锁房
sleep out(S/O)　住客未留房
out of turn(OOT)　保留房
check out room(C/O)　走客房
out of order(OOO)　待修房
leaving room(L)　计划走客房
stay room(S)　续住房
requested　急需房
long staying guest(LSG)　常住客
very important person(VIP)　贵宾

客房部工作人员

executive housekeeper　客房部经理
assistant executive housekeeper　客房部副经理
supervisor　主管
captain, monitor　领班
secretary　秘书
room attendant(cleaner), home maid　客房清洁员
laundry man　洗衣工
seamstress, tailor　缝纫工
runner　搬运工
liner　布件工
uniformer　制服管理员
carpet cleaner　地毯清洁员
window cleaner　窗户清洁工
public area cleaner　公共区域服务员
trainer　实习生
coordinator　中心联络员
delivery　物料员
head floor supervisor　楼层总管
floor supervisor　楼层主管
mobile cleaner　循环清扫工
toilet attendant　客厕服务员

对客服务

laundry service　洗衣服务
dry cleaning, dry - wash　干洗
wash　湿洗

pressing　熨烫
express service　快洗
laundry bag　洗衣袋
to pay extra for express service　付快洗费
laundry list　洗衣单
date sent　送洗日期
same day service　当日可取
stain　污点
soiled linen　脏衣服
oil stain　油渍
shrinkable　缩水
unshrinkable　不缩水
faded　褪色
fadeless　不褪色
silk　丝绸服装
silk fabrics　真丝
woolen fabrics　毛料织品
chemical fabrics　化纤服装
cotton cloth　棉布服装
gentlemen　男装
suit　西服
overcoat　大衣
kimono　和服
windcoat　风衣
jacket　夹克衫
trousers　裤子
shirt　衬衫
sweater, pullover　毛衣
tie　领带
undershirt　内衣
sport shirt　运动衣
singlet　背心
socks　袜子
ladies　女装
night dress　晚礼服
dress　套裙
slacks　长裤
blouse　罩衫
pyjamers　睡衣

underpants 内裤
handkerchief 手绢
scarf 丝巾
unit price 单价
turn－down service 做夜床
wake－up call 叫醒服务
shoe－shining，shoe polishing 擦鞋服务
baby sitting 婴儿照管
light－color shoe 浅色皮鞋
shoe shine cloth 擦鞋纸
shoe polish 鞋油
nurse 保姆
baby sitting，baby cot 婴儿床
caring for sick guest 病客照料
caring for drunk guests 醉客照料
service on guest's arrival 入住接待
service on guest's leaving 送客离店
lost and found 失物认领
emergency escaping guide 安全通道图
smoke detector 烟感器
sprinklers 花洒
fire hydrant 消防栓
emergency exit 紧急出口
extinguisher 灭火器
fire alarm 火警器

清洁剂及清洁设备

maid's cart 工作车
vacuums 吸尘器
wet vacuums 吸水机
rotary floor scrubber 洗地机
carpet shampoo machine 洗地毯机
mop 拖把
mop wringer 拖把拧干器
rubbish handling conveyor 垃圾搬运车
spray bottle 喷瓶
broom 扫帚
cleaning bucket 清洁桶
convertible mobile linen shelving 可调节式布件架车

floor dust mop　　尘推
rags　　抹布
steel wool　　钢丝绒
rubber gloves　　防护手套
all – purpose cleaner　　多功能清洁剂
disinfectants　　消毒剂
germicidals　　杀菌剂
window cleaner　　玻璃清洁剂
acid bowl cleaner　　便器清洁剂
metal polishes　　金属清洁剂
furniture polish　　家具上光剂
sewing machines　　缝纫机　　wheelchairs　　推车

房间家具及用品

bed　　床
night table　　床头柜
single bed　　单人床
double bed　　双人床
desk　　桌子
tea table　　茶几
sofa, studio sofa　　沙发、多用沙发
sofa bed　　沙发床
chair　　椅子
chest of drawers　　壁橱
dresser　　梳妆台
sheets　　床单
pillow cases　　枕套
blanket　　毛毯
bedspreads　　床套
blackout drapes　　厚窗帘(隔热帘)
wall picture, paintings　　壁画
sheer curtains　　薄窗帘
accent drapes　　隔音帘
wall lamp　　壁灯
desk lamp, bedside lamp　　台灯，床头灯
floor lamp　　落地灯
lampshade　　灯罩
slippers, disposable slippers　　拖鞋(一次性)
match　　火柴

green tea　绿茶
black tea　红茶
jasmin tea　花茶
laundry tickets　洗衣单
pen　笔
writing paper　信纸
envelope　信封
note paper　便笺
sewing kit　针线包
room service menu　房内用餐菜单
shoe born　鞋拔
emery board　指甲挫
individual packs of coffee　小包装咖啡
stationery　服务夹
postcards　明信片
magazines　杂志
notepads, service directory　服务指南
clothes hangers　衣架
plastic utility bags　购物袋
mini bar　小酒吧，小冰箱
ice buckets　冰筒
waste baskets　垃圾桶
hot water bottle　热水瓶
cold water bottle　冷水瓶
tea cup　茶杯
glasses　玻璃杯
ashtrays　烟灰缸
clothes brush　衣刷
tea caddy　茶叶盒
switch　开关
television(TV)　电视机
ice - box, fridge, refrigerator　冰箱
closed - circuit TV　闭路电视
telephone　电话
radio　收音机
air - conditioner　空调

卫生间用品

bath tub　浴缸

shower 淋浴
shower head 淋浴喷头
toilet 坐便器
washing basin 洗脸盆
bath towels 浴巾
tap 水龙头
wash robe 浴袍
washcloths 小方巾
bath mats 地巾
specialty towels 面巾
shower curtains 浴帘
bath soaps 浴皂
facial soaps 洗面皂
facial tissue 面巾纸
toilet tissue 卫生纸
sanitary bag 卫生袋
tissue holder 卫生纸架
comb 梳子
tooth – brush 牙刷
tooth – paste 牙膏
mug 牙杯
foam bath 沐浴液
shampoo 洗发液

租借物品

ironing boards 烫衣板
irons 熨斗
hair dryers 吹风机
razor 剃须刀
electric shaver 电动剃须刀
ice packs 冰袋
alarm clock 闹钟
bed board 床板
plug 插头
transformer 变压器
rollaway bed 折叠床
wheelchair 轮椅
rectifier 整流器

二、常用客房会话

Dialogue A:

The lobby attendant, carrying Mr. Paul's suitcase, ushers him onto the floor of his room, where the room attendant is waiting for them.

Lobby attendant: (Lobby attendant to Room attendant) This is Mr. Paul of room 1012.

Room attendant: (Room attendant to Paul) How do you do, Mr. Paul.

Paul: How do you do?

A: I'm the attendant for this floor. We are glad to have you here, Mr. Paul.

P: I'm pleased to be here.

A: (Opening the room door for the guest) Please, this is your room, Mr. Paul. Could I put your suitcase by the wardrobe?

P: Yes.

A: (Leaving the room and then bringing in a cup of tea) Let me offer you a cup of tea with our compliments.

P: Ah, I know to offer a guest tea is a Chinese traditional courtesy. (Speaking Chinese) nimen tai keqi la (you are being too formal).

A: Do you speak Chinese.

P: Just a little.

A: You come from England, dont you?

P: Yes, I come from London.

A: I've been told that England people like to drink tea better than coffee. Am I right.

P: Yes, most of us. Could you tell me what time breakfast is, please?

A: Breakfast is served from seven - thirty (7: 30) to nine (9: 00); lunch from twelve (12: 00) to two (2: 00) p. m. and dinner from six (6: 00) p. m. to eight (8: 00) p. m.

P: Is there hot water most of the day?

A: Yes, twenty - four hours.

P: You have a bar, I suppose.

A: Yes, we have a bar and a cafe on the third floor. Besides, we have a barber's shop, a post and telegraph service, a billiard room, and a bowling alley.

P: Excellent. And where I have my laundry done?

A: There's a laundry bag in the bathroom. Just leave your laundry in the bag. It's picked up after I make the bed every morning.

P: Thanks.

A: Would you please keep your valuables in the hotel safe?

P: Certainly.

对话 A:

门厅服务员拿者保罗先生的手提箱，引他走上了指定房间的楼面。客房服务员正在等着他们。

门厅服务员:(门厅服务员对客房服务员)这位是1012号房间的保罗先生。

客房服务员:(对保罗先生)您好，保罗先生。

保罗:你好。

服务员:我是这个楼层的服务员。保罗先生，您来这儿住，我们感到非常高兴。

保罗:住在这儿也很合我的意。

服务员:(替旅客打开房门)请吧，保罗先生，这是您的房间。我把您的手提箱放在衣橱旁边，好吗?

保罗:好的。

服务员:(走出房间，接着就拿了一杯茶进来)我来敬您一杯茶，表示敬意。

保罗:啊，我懂得给来客敬茶是中国的一个传统礼节，(讲中国话)你们太客气啦。

服务员:您会说中国话吗?

保罗:只会说一点儿。

服务员:您是英国人吧?

保罗:是的，我是英国伦敦人。

服务员:听说，英国人喜欢喝茶不太喜欢喝咖啡，是吗?

保罗 :是的，大多数人是这样的，请问，什么时候供应早餐?

服务员:早餐是早上七点半到九点，午餐是中午十二点到下午两点，晚餐是下午六点到八点。

保罗:全天都有热水吗?

服务员:是的，二十四小时都有。

保罗:我想，这里有酒吧间吧。

服务员:有的，在三楼我们有个酒吧间和咖啡室。此外，我们还有理发店，邮电服务处，弹子房，滚球场等。

保罗:好极了。再问一下，洗衣房在哪里?

服务员:浴室里有一个洗衣袋，您只要把要洗的衣服放在洗衣袋里，每天早上我铺好床后就会收的。

保罗:谢谢。

服务员:请把贵重的东西放在旅馆的保管处，好吗?

保罗:好的。

Dialogue B :

Attendant: (knocking at Mr. Green's door) It's just six o'clock, Mr. Green. It's the time you asked me to give you a call.

Green: Oh, yes. Thank you.

A: May I open the window?

G: Yes, please.

A: (Putting aside the curtains and opening the window) Would you like to have breakfast in your room?

G：That would be nice，thanks. Bring me a cup of coffee，would you?

A：(Going out and bringing in coffee) Here's you coffee.

对话 B：

服务员：(客房服务员敲了敲格林先生的房门)刚好六点，格林先生。是您要我六点来叫您的。

格林先生：哦，是的。谢谢。

服务员：我可以开窗吗?

格林先生：可以，请开吧。

服务员：(拉开窗帘并打开窗户)您要在房间里用早餐吗?

格林先生：很好，谢谢。请给我拿杯咖啡来，好吗?

服务员：(走出房门，接着就端来了咖啡)您的咖啡。

Dialogue C：

Attendant：Good morning，Mr. Harris.

Harris：Good morning，

A：Did you sleep well last night?

H：Yes，very well. I slept like a dog. Is it time for breakfast?

A：Yes，the dinning－room opens at seven－thirty. It is a quarter to eight.

H：It is rather cold this morning，isn't it?

A：Yes，it is.

H：I wonder what the weather will be today.

A：I expect it will be windy. You had better dress warmly when you go out.

H：Right you are (taking his coat out of the wardrobe).

A：Can I help you?

H：Thanks. I can do it. By the way，what's the Chinese for "thanks"?

A：Pardon? I didn't quite catch you. Would you say again，please?

H：I said what's the Chinese for "thanks"?

A：Oh，I see. We say "xiexie" for "thanks".

H：So xiexei.

对话 C：

服务员：早上好，哈里斯先生。

哈里斯先生：早上好。

服务员：您昨晚睡的好吗?

哈里斯：睡的好极了，我睡得很熟。现在是早餐时间吗?

服务员：是的，餐厅早上七点半开，现在七点三刻。

哈里斯：今天早晨有点冷，是不是?

服务员：是的。

哈里斯：我不知今天天气会怎么样。

服务员：我看会起风。您出去时最好穿暖和些。

哈里斯：对，对！（从壁橱里取出他的外套）

服务员：要我帮忙吗？

哈里斯：多谢。我自己来。顺便问一下，“ thanks” 用中国话怎么讲。

服务员：对不起，我没有听清楚，请您再说一遍好吗？

哈里斯：我刚才说，“ thanks：用中文怎么讲？

服务员：哦，明白了。我们管“thanks” 叫谢谢。

哈里斯：那么，谢谢了。

Dialogue D：

Guest：What's the time?

Attendant：It is a quarter past eight.

G：Oh，I have to hurry. I have an appointment at nine.

A：Would you like breakfast in your room?

G：Yes，please.

A：What would you like to have?

G：A coffee and ham and eggs，please.

A：Yes.（Bring in breakfast）Here are your coffee and ham and eggs，sir.

对话 D：

客人：现在几点了？

服务员：现在是八点一刻。

客人：哦，我得赶紧了，我九点钟有个约会。

服务员：您是否要在房间里用早餐？

客人：是的。

服务员：您想要点什么？

客人：请给我一杯咖啡和一碟火腿蛋。

服务员：好的。（端来早餐）您的咖啡和火腿蛋来了，先生。

Dialogue E：

Attendant：Excuse me，have you any laundry? The laundryman is here to collect it.

Guest：No，not now. Thank you.

A：If you have any，please just leave it in the laundry bag behind the bathroom door. The laundryman comes over to collect it every morning.

G：Thank you.

对话 E：

服务员：对不起。您有衣服要洗吗？洗衣房的人来收衣服了。

客人：谢谢，现在没有。

服务员:如果您有什么要洗的，只要放在浴室门背后的洗衣袋里，洗衣房的人每天早晨来收衣服。

客人:谢谢你。

Dialogue F:

Guest: I want to have my shirt cleaned. I will need it tomorrow evening.

Attendant: In that case, I'll send it to the laundry right away.

G: Yes, please. But I would like the collar and cuffs starched.

A: Yes, but not too stiff, right?

G: Exactly. And is it possible to have my overcoat dry – cleaned, too? There are a few spots on it.

A: I'm afraid you will not have it tomorrow. Dry – cleaning usually takes three days.

G: Oh, no. I have to wear it tomorrow evening, too.

A: If that's the case, suppose I ask the dry – cleaner to clean up the spots for the moment and have the coat well pressed. You might get it back in time then.

G: That's a good idea.

对话 F:

客人:请把我的衬衫洗一下，我明晚要穿的。

服务员:那样的话，我立刻就把它送到洗衣房去。

客人:好的，不过领口和袖口请上一下浆。

服务员:好的，但不要浆的太硬，对吗?

客人:完全正确。另外，能不能把我的大衣也给干洗一下? 上面有几处污点。

服务员:大衣恐怕明天拿不到，干洗一般要三天。

客人:哦，那不行，大衣我明晚也要穿的。

服务员:如果是这样的话，我叫洗衣房暂且把大衣上的污点先擦洗掉，然后把大衣好好烫平。这样的话，您到时候就能拿到。

客人:这到是个好注意。

Dialogue G:

Attendant: Excuse me, your clothes are ready. Will you see if they are all right?

Guest: Good.

A: Here they are. A shirt... And a pair of gloves... And a suit of pyjamas... And two handkerchiefs... And a pair of trousers... And a man's suit.

G: Oh, no. This pair of socks isn't mine. Mine is black with dark stripes.

A: I'm sorry, I'm afraid I've made a mistake. Let me check again.

对话 G:

服务员:对不起，打扰了，您的衣服洗好了。请您看看是不是这些。

客人:好。

服务员:这里是:一件衬衫,一幅手套,一套睡衣裤,两条手帕,一条裤子和一套男式西服。

客人:哦,不对,这双袜子不是我的。我的一双是黑色带暗色条纹的。

服务员:对不起,我恐怕是搞错了,我再去查一查。

Dialogue H:

Guest: Excuse me, but could you do something about the air conditioning in my room?

Floor Clerk: Yes, sir. What's wrong with it?

G: There is no cold air coming out from the air conditioner and t he control knob doesn t work.

F: I see. I'll report it to the maintenance. We apologize for the inconvenience. Anything else, sir?

G: Yes, do you have larger size slippers than the ones I have in my room? They are too small for me.

F: I'm not really sure, sir. But I'll try and see if I can get you a pair of larger ones.

G: One more thing, I also need a couple more of hangers.

F: I'll fetch you some more right away. Is four enough?

G: Yes, that's more than enough. Thank you.

对话 H:

客人:对不起,您能修一修我房间里的空调吗?

楼层服务员:可以,先生。您房间里的空调怎么了?

客人:空调机不出冷气。控制旋钮也不好。

楼层服务员:原来是这样。我去维修部反映。很抱歉给您带来不便。还有什么别的事吗,先生?

客人:有,你们有没有大一点儿的拖鞋。我房间里的拖鞋太小了,穿不进去。

楼层服务员:我说不准,先生。但是我想办法给您找一双大点的来。

客人:还有一件事,我还需要再加几个衣架。

楼层服务员:我马上就给您再拿几个来。四个够吗?

客人:够了,四个很富余了。谢谢。

参 考 文 献

1. ROBERT J. MARTIN 著，《现代美国饭店客房管理》，湖南科学技术出版社，2001 年出版。

2. 姜鹏霖主编，《餐旅设备》，东北财经大学出版社，1997 年出版。

3. 谢明成编，《最新旅馆管理实务》，辽宁科学技术出版社，2000 年出版。

4. 李钦明编，《饭店客房管理实务》，辽宁科学技术出版社，2001.9 出版。

5. 张宗道编，《饭店管理知识大全》，广东旅游出版社，1997 年出版。

6. 平文英著，《客房服务与管理》，东北财经大学出版社，2000 年出版。

7. 范运铭编，《客房服务与管理》，高等教育出版社，1995 年出版。

8. 邓兰珍编，《客房服务》，中国劳动社会保障出版社，2001 年出版。

9. 李钦明著，《饭店客房管理实务》，辽宁科学技术出版社，2001.9 出版。

10. 郭春敏著，《酒店客房服务管理》，南宁日报出版社，2004.2 出版。

11. 范运铭著，《客房服务与管理》（修订版），高等教育出版社。

12. 刘伟著，《现代饭店客房部服务与管理》，广东旅游出版社，2003 年出版。

13. 支海成著，《前厅与客房服务》，高等教育出版社，1995.5 出版。

14. 范运铭著，《客房服务与管理案例选析》，旅游教育出版社，2000.11 出版。

15. 叶秀霜著，《客房服务与管理》，旅游教育出版社，2002.2 出版。

16. 蔡万坤著，《新编酒店客房管理》，广东旅游出版社。

17.《饭店客房部的运行与管理》，国家旅游局人教司编。

18. 范运铭主编，《客房服务与管理》，高等教育出版社，2002 年出版。

19. 张杰主编，《客房服务》，旅游教育出版社，2002 年出版。

20. 国家旅游局人事劳动教育司编，《客房服务与管理》，旅游教育出版社 2001 年出版。

21. 沈桂林、陈淑冰著，《现代饭店设备管理》，广东旅游出版社，1999 年出版。

22. 孟庆杰、唐飞著，《前厅客房服务与管理》，东北财经大学出版社，2003 年出版。

23. 孟庆杰、黄海燕主编，《前厅客房服务与管理》，东北财经大学出版社，2001 年出版。

24. 赵景卓主编，《现代礼仪》，中国物资出版社，2001 年出版。

25. 段建国、李莉主编，《旅游接待礼仪》，中国人民大学出版社 2001 年出版。

26. 国家旅游局人事劳动教育司编，《旅游服务礼貌礼节》，旅游教育出版社，2001 年出版。

27. 平文英主编，《客房服务与管理》，东北财经大学出版社，2001 年出版。

28. 张玉平主编，《现代礼仪》，东方出版社。

29. 田晓娜主编,《礼仪全书9》,青海人民出版社。

30. 邹益民 张世琪编著,《现代饭店房务管理与案例》,辽宁科学技术出版社,2003.8 出版。

31. 刘伟编著,《前台与客房管理》,高等教育出版社,2002.7 出版。